公安院校创新应用型
精品规划系列教材

# 治安勤务

## The operations of public security officer

主　编　宫志刚　王占军
副主编　李春勇　薛俊强　万　甜　肖振涛

WUHAN UNIVERSITY PRESS
武汉大学出版社

**图书在版编目(CIP)数据**

治安勤务/宫志刚,王占军主编 .—武汉:武汉大学出版社,2020.9(2024.8 重印)
公安院校创新应用型精品规划系列教材
ISBN 978-7-307-21627-3

Ⅰ.治…　Ⅱ.①宫…　②王…　Ⅲ. 治安管理—中国—教材　Ⅳ.D631.4

中国版本图书馆 CIP 数据核字(2020)第 117182 号

责任编辑:田红恩　　责任校对:汪欣怡　　版式设计:马　佳

---

出版发行:**武汉大学出版社**　(430072　武昌　珞珈山)
(电子邮箱:cbs22@ whu.edu.cn 网址:www.wdp.com.cn)
印刷:武汉中科兴业印务有限公司
开本:787×1092　1/16　印张:13.75　字数:349 千字　插页:1
版次:2020 年 9 月第 1 版　2024 年 8 月第 4 次印刷
ISBN 978-7-307-21627-3　定价:68.00 元

---

**宫志刚** 中国人民公安大学教授，原治安学院院长，法学博士，博士生导师，中国警察协会学术委员会委员。长期从事治安学和犯罪学研究，教育部国家级重大课题公关项目“新时期社会治安防控体系研究”首席专家，发表30余篇学术论文，专著《社会转型与秩序重建》获北京市哲学社会科学优秀成果一等奖，有关治安学基础理论方面的论文为治安学二级学科建设奠定了基础。

**王占军** 铁道警察学院教授，治安学系副主任，社会治安治理研究中心主任，治安学学科带头人，全国公安教育系统优秀教师。长期从事治安学和警察学的教学研究工作，近年来公开发表专业学术论文40余篇，主持完成省部级课题6项，出版学术专著2部，主编教材6部。

# 公安院校创新应用型精品规划系列教材编委会名单

# 公安院校创新应用型精品规划系列教材编委会名单

# 前　　言

紧跟时代、紧贴实战，培养造就应用型人才是现时代公安高校人才培养的基本要求。如何立足于社会治安形势和治安管理实践的实际需求，培养学生系统掌握相关治安管理的基础理论、基本知识、基本方法和基本技能，进一步拓宽和增强公安高校有关专业学生的岗位适应性和从事治安管理的实际工作能力，是治安学专业课程教学改革的基点和方向。

基于此，在深入调研的基础上，结合社会治安形势发展要求和专业人才培养需求，我们梳理和整合了现有治安学专业课程教学内容，开发治安勤务课程，注重以“模块”的科学界分将具体治安管理行为实操化，注重勤务原理、勤务内容、勤务规范、勤务实施要求、勤务技能的有机结合，尽量以实战主导教学内容，引导学生开发思维，强化能力。

本教材由铁道警察学院、中国人民公安大学和江西警察学院有关专业老师编写完成，由宫志刚教授、王占军教授担任主编，由李春勇、薛俊强、万甜、肖振涛担任副主编，由主编负责确定编写框架、设计编写大纲、拟定编写体例，由作者分工撰写完成，其文责自负。作者个人完成初稿后，全书由主编修改定稿。各章撰写分工为：

第一章：宫志刚

第二章：殷文洁　王树民

第三章：薛俊强

第四章：万　甜　殷文洁

第五章：薛俊强　李春勇

第六章：师秀霞

第七章：肖振涛

第八章：万　甜　王树民

第九章：王占军

第十章：李春勇　肖振涛

第十一章：肖振涛

第十二章：王占军

第十三章：祝昌鸿

在编写过程中，本书参考了许多专著、教材和有关资料，吸收借鉴了不少专家、学者的研究成果，在此一并表示衷心感谢！

当然，愿景的美好改变不了现实的尴尬，尽管编写者都很努力，力图求实创新、锐意变革，力图做得更好，却囿于能力和时间，未能达到预先设定的理想效果，本书难免存在不尽如人意之处，还请各位同仁和读者不吝批评指正。

**主编**

2020 年 1 月

# 前言

# 目　　录

# 第一章　绪　　论

【**学习目标**】掌握治安勤务的含义和特征，正确理解、熟练掌握和灵活运用治安勤务的原则和实施要求。

【**教学重点**】治安勤务的含义，治安勤务的内容和分类，治安勤务的原则和实施要求。

【**教学难点**】治安勤务的分类，治安勤务的实施要求。

要坚持以严格规范公正文明执法为生命线，坚持不懈推进执法规范化建设，全面深化执法权力运行机制改革。要注重理念先导，牢固树立以人民为中心的执法理念，正确处理活力与秩序的关系，坚持以法为据、以理服人、以情感人，使当事人既感受到法律的权威和尊严，又感受到公安机关的关爱和温暖。①

## 第一节　治安勤务的含义和特征

### 一、治安勤务的含义

勤务用于公安工作领域，最初表述为“警察勤务”，意味警务人员执行警务的活动。“警察勤务是警察业务的执行，警察业务是警察勤务的执行内涵。”②我国台湾警政学者李郁华、田骥龙认为：“所谓警察勤务，系警察机关为执行警察业务以达成警察任务对警察人员之一有计划编组活动也。亦即警察机关所为之各种措施与实践活动之行为，这各种措施，即是执行警察业务的方法，所谓实践活动就是警察人员为了达成警察任务，执行警察业务时所表现的实践行动，就是警察勤务。”③中国人民公安大学汪勇教授则认为警察勤务是指对警察工作的具体操作。警察勤务应该表述为：警察部门以高标准完成任务为目标，以警察业务为基础，以追求最小投人最大产出为原则，科学安排警察工作的一切计划、措施、方法、原则、制度等要素的总和。④ 而“治安勤务是治安管理机关及其警务人员为履行治安管理职能，依法行使治安管理手段和措施，执行治安管理业务的活动”。⑤

本书认为治安勤务是警察勤务的重要组成部分，是国家公安机关治安管理部门及其警务人员为实现社会治安管理目标而在预设时间内实施的一切有计划、有规律的治安管理活动，

---

① 摘自于国务委员、公安部长赵克志 2018 年 7 月 25 日在全国公安厅局长座谈会暨全面深化公安改革推进会上的讲话。

② 邱华君. 警察学通论. “国立”编译馆，1991：464.

③ 李郁华、田骤龙. 警察勤务. “中央”警官学校印行，1970：8.

④ 汪勇. 警察勤务的理论与实践. 中国人民公安大学学报，2000(2).

⑤ 廖志恒. 治安勤务教程. 中国人民公安大学出版社，2006：2.

是具体治安管理行为实施过程的具体体现。

其一，治安勤务的实施主体是国家公安机关治安管理部门及其警务人员。

公安机关治安管理部门是国家公安机关中专门从事治安管理的职能部门。国家为了维护社会治安秩序，保障公共安全，而依法赋予公安机关治安管理部门治安行政管理权，依法保障其从事治安行政管理工作。公安机关治安管理力量是治安管理的主体力量，是开展治安勤务的组织保证，包括各级治安管理组织如中央治安管理组织、省级治安管理组织、市级治安管理组织、县级治安管理组织以及公安派出所、巡警队、治安拘留所、公安检查站、收容教育所、强制隔离戒毒所等治安管理基层组织。企事业单位的保卫组织和各类保安机构是社会治安管理的重要辅助力量，虽然有维护社会治安的职能，但原则上不能使用治安勤务手段，即便其按照有关规定实施巡逻等活动，也不具有治安警务人员在巡逻勤务中所享有的管辖权和处置权。

其二，治安勤务的实施目的是实现治安管理目标。

维护社会治安秩序是治安管理的基本职能，也是治安管理区别于国家其他行政管理重要方面。良好的社会治安秩序，稳定的社会局面是进一步深化改革、扩大开放、加快社会主义现代建设的前提和保证。公安机关治安管理部门通过依法进行的治安勤务活动，积极防范、制止危害社会治安的违法犯罪行为人，维护良好的社会治安秩序，创造良好的社会生活、工作环境，从而保障公共安全，保护公民合法权益。

其三，治安勤务的实质是执行治安管理业务。

治安勤务是治安管理业务的履行方式，是治安行政管理行为的具体体现。治安管理部门及其警务人员通过实施治安勤务而充分履行治安管理职能。“警察勤务是警察业务的手段，警察业务是警察勤务的本体，无论哪一种警察业务，如果不通过警察勤务就不能够顺利实施，如果警察勤务忘记了警察业务，那就像一个人只有躯壳没有灵魂，再也谈不到意义和价值了。”①

其四，治安勤务的表现形式为治安管理手段和措施。

治安勤务的表现形式是实际的治安管理行为，其具体表现为各种治安管理手段和措施的具体运用。如治安教育手段的运用、约束的运用、传唤的运用、强制隔离的运用、强行驱散的运用等。

其五，治安勤务的实施方式是依法公开。

治安勤务作为国家的一种行政管理活动，必须依法实施公开管理。国家根据治安管理需要，制定了相应的法律规范，要求各级治安勤务主体严格按照国家法律规范规定的权限，贯彻、执行、监督和保证治安管理及其相关法律规范的实施，治安管理的内容、范围、方法、手段、程序等，都要遵循相应的法律规范，严格做到“有法可依、有法必依”。治安勤务主体依法实施治安勤务并对自己的勤务行为承担法律责任，有关国家机关、组织或公民对治安管理部门及其工作人员的勤务行为进行监督。

治安勤务活动以公开为主，要求治安勤务主体在日常勤务中，要尽量增加透明度，切实做到依法行政。中共中央办公厅、国务院办公厅 2016 年 2 月发布的《关于全面推进政务公开工作的意见》强调，公开透明是法治政府的基本特征，要求各级政府坚持以公开为常态、不公开为例外，推进行政决策公开、执行公开、管理公开、服务公开和结果公开，打造法治政

① 詹道存. 警察勤务及户口查察. 高点文化事业有限公司，1997：4.

府、创新政府、廉洁政府和服务型政府。但是，由于治安管理的性质、内容、对象等具有不同于国家其他行政管理的特殊性，担负着预防、发现、制止违法犯罪的任务，所以只依靠公开的勤务方式和手段是不够的，也需要根据实际管理需要采取某些必要的秘密方式和手段，用以辅助和补充公开管理活动。否则，可能难以达到理想的管理效果。

## 二、治安勤务的特征

治安勤务的特征是治安勤务性质的外化，是治安勤务本身所固有的、确定的东西，具有专属性，它不同于国家的其他行政管理或其他社会组织开展的活动。我国治安勤务的特征集中表现在以下几个方面：

### （一）职能的行政性

治安管理的本质是国家行政管理。治安管理的行政属性决定了治安勤务的行政性。公安机关作为国家行政机关，所从事的治安管理活动是国家设置的专门机构和人员代表国家实施的治安执法行为。治安勤务活动所采取的各种方法和手段，实施的程序和要求均有治安管理法律规范设定，其实质是治安行政执法活动。

### （二）主体的武装性

武装性是治安管理主体的属性，是治安管理的基本特征，也是治安勤务的基本特征。人民警察在实施治安勤务的过程中，往往要面对各种各样的违法犯罪行为人，甚至同穷凶极恶的暴力犯罪对抗，必须以武装力量作保障。《中华人民共和国人民警察法》即明确规定，公安机关的人民警察依照国家有关规定可以使用武器和警械。《人民警察使用警械和武器条例》第2条规定："人民警察制止违法犯罪行为，可以采取强制手段；根据需要，可以依照本条例的规定使用警械；使用警械不能制止，或者不使用武器制止，可能发生严重危害后果的，可以依照本条例的规定使用武器。"

### （三）运用的强制性

所谓强制，即指用政治和经济等力量强迫压制实行。而行政强制即指行政主体为了保障行政管理的顺利进行，通过依法采取强制手段迫使拒不履行义务的相对方履行义务或达到与履行义务相同的状态，或者出于维护社会秩序或保护公民人身健康、安全需要，而对相对方的人身或财产采取紧急性、即时性的管理措施。通常情况下，国家各类行政机关的行政管理活动都具有一定的强制性。治安勤务的强制性是由治安管理工作的性质和任务决定的。治安问题是社会各种消极因素和矛盾的综合反映，要处理治安问题，创造良好的社会治安环境，就必须有强制性的手段作保证，否则就难以完成管理的任务和目标。其以警察权力为依托，以国家强制力为后盾，以治安管理的武装性为实际实施保障。其不以被管理者的意志为转移，只要出现法律规范规定的情形，公安机关治安管理部门及其警务人员即可采取相应的治安勤务手段。

### （四）内容的多样性

治安管理的内容广泛，管理对象复杂多样，涉及社会生产生活的方方面面。既有对一般居民的管理，又有对各种各样违法犯罪行为人的管理；既有对危险物品、违禁物品的管理，又有对其他日常工作中发现的可疑物品的查处；既有对各种场所、行业、地域的管理，又有对各类治安案件、一般刑事案件、治安事件、治安灾害事故的预防和查处。管理内容的广泛性和复杂性决定了治安勤务内容的多样性，在不同的治安管理业务中，治安勤务的内容也有所不同。如治安教育、治安调查、约束、传唤、禁止、取缔、盘问、检查、守望、堵卡、强制扣留、强制隔离、强制戒毒、强行驱散、交通管制、现场管制等。

**(五)过程的延展性**

在治安勤务实践中，勤务类别的相互渗透现象或包容现象十分普遍。虽然每种勤务类别都有其独立存在的形式，并发挥各自的应有作用。但不同勤务类别之间存在较强的关联性，具体运用时，往往要相互结合，交替使用，才能收到更好的效果。首先，治安问题大都有先期、中期和后期之分，都有产生、发展和消亡的过程，治安勤务的实施也不可避免要根据治安问题的不同情况作出不同处置；其次，尽管不同治安勤务的内容和实施要求有所不同，但严格地说没有特别严格的区分，互相渗透、延展的情况较为普遍。如巡逻和盘查的接续，守望和盘查的接续等。治安情况千变万化，治安勤务的实施也需要根据变化了的治安情况随时发生变化，选择何种勤务方式、实施何种强制措施，均要依据治安形势和治安规范进行。

## 三、治安勤务保障

古人云：兵马未动，粮草先行。勤务保障是治安勤务职能作用得以充分发挥的物质基础，是保证治安勤务有效实施的必要条件。要求建立完善治安勤务的警力保障、装备保障、指挥保障、信息保障、后勤保障等。所谓“工欲善其事，必先利其器”，警力、装备、后勤供应等保障是经常性的基础工作，应当创造条件满足治安勤务主体执勤保障的要求，切实确保保障充足、及时到位、运作合理，有效满足社会治安管理需求。2018 年 2 月 18 日重庆民警杨雪峰在执勤中不幸遇袭牺牲的案件发生后，人民公安报发表短评文章《短评：为有牺牲多壮志》，再次阐明了警务装备的执勤保障作用。“事发现场，民警只能徒手夺刀以血肉之躯应对凶顽的一幕令人心酸，加强民警执法执勤安全防护必须迅速提到议事日程。严打各类袭警凶徒的同时，必须考虑如何减少民警伤亡，从规范执法程序到配备必要的武器装备，着眼长远，研究对策，从而更好地维护社会公共安全、保障国家长治久安。”

当前的勤务保障规范主要有：

1.《公安单警装备配备标准》规定了各警种民警的警务装备配备。

2.《公安派出所执法执勤工作规范》第 11 条、第 85 条明确规定了公安派出所民警在执法执勤时的警务装备要求。

第 11 条规定：公安派出所民警在执法执勤时，除特殊情况外，应当按规定着制式警服，并遵守下列规定：

(1)执行责任区工作、案(事)件处理、巡逻、治安检查等工作时，应当按照有关规定携带枪支、警棍、警绳、手铐、警笛、对讲机等警用装备。

(2)值班时，应当按照规定携带警械和枪支。

(3)备勤时，应当将警械、枪支放置在安全且随时可以取用的地方。

执勤车辆内应当配备防弹(防刺)背心、头盔、盾牌、警戒带及救生圈、灭火器等物品。

第 85 条规定：执行特定勤务的民警着装及携带警械、武器等装备，应当按上级指令执行。

3.《中华人民共和国人民警察使用警械和武器条例》明确规定了警察的武器和警械使用权。

第 2 条规定：人民警察制止违法犯罪行为，可以采取强制手段；根据需要，可以依照本条例的规定使用警械；使用警械不能制止，或者不使用武器制止，可能发生严重危害后果的，可以依照本条例的规定使用武器。

第3条规定：本条例所称警械，是指人民警察按照规定装备的警棍、催泪弹、高压水枪、特种防暴枪、手铐、脚镣、警绳等警用器械；所称武器，是指人民警察按照规定装备的枪支、弹药等致命性警用武器。

第4条规定：人民警察使用警械和武器，应当以制止违法犯罪行为，尽量减少人员伤亡、财产损失为原则。

第5条规定：人民警察依法使用警械和武器的行为，受法律保护。人民警察不得违反本条例的规定使用警械和武器。

## 第二节　治安勤务类别

### 一、治安勤务的基本内容

治安勤务内容广泛，涉及的管理对象众多，包括社会活动的方方面面。而且，在不同国家、不同历史时期、不同的社会形态下，治安管理的范围、内容都会有所不同，管理对象也有所差异，即使在同一个国家的同一历史时期，社会治安状况的差异和变化也使管理机构对管理内容和管理对象作出调整，所以治安管理范畴也不尽相同，其范围的确定，往往随着社会治安状况的变化而变化。故治安勤务的内容也在不断发展变化。如《公安派出所执法执勤工作规范》第四条明确规定，公安派出所执法执勤工作范围包括：(1)责任区工作；(2)户籍室工作；(3)值班、备勤；(4)案(事)件处理；(5)巡逻；(6)治安检查；(7)特定勤务。根据现行治安管理法律规范规定和治安管理实践，治安勤务的主要内容包括值班、备勤、治安调查、治安教育、治安检查、治安强制、接处警、治安调解、巡逻、盘查、守望、堵截等。

1. 值班是民警根据公安机关的相关规定在规定时间规定地点轮流执行任务的一种勤务方式。

2. 备勤主要基于公安工作所面临任务的不可预测性而展开，是公安机关根据自身工作特点及实际工作需要，在特定的工作时间及地点内安排适当的警力资源，以备应对随时可能发生的突发性事件或执行临时派遣的工作任务。

3. 治安调查是治安勤务主体为了掌握社会治安情况、获取专门信息，进行专门考察、调查所采取的措施。

4. 治安教育是治安勤务主体在治安管理活动中，对管理对象采取一定的行政管理措施和手段而进行的教育活动。

5. 治安监督检查是治安勤务主体依法对特定的场所、人员、物品、证件等进行查看、了解、审查、核实、督促，以发现和消除各种不安全因素所实施的治安管理活动。

6. 治安强制是治安勤务主体依法对有关行政相对人的人身自由、财物、证件、行为(场所)等以强行的方式加以制约而实施的行政行为。

7. 接处警是治安勤务主体接受警情和现场处置警情的行为。

8. 巡逻是治安勤务主体依法在一定空间内进行的有组织的巡视查看勤务活动，是强化社会治安控制的重要手段。

9. 盘查是治安勤务主体依法对有违法犯罪嫌疑人员进行的当场盘问、检查行为。

10. 守望是治安勤务主体选择位置对有关区域进行的守护、瞭望行为，是预防、控制和打击勤务区域各种违法犯罪活动，并受理群众报案、求助，同时监控勤务区域治安动态，实地实时了解、收集违法犯罪活动信息的一种治安勤务方式。

11. 堵截是治安勤务主体在违法犯罪行为人或违法犯罪嫌疑人可能逃往的前方组织警力设点卡控，迎头守候、围堵截获在逃人员或者现行犯的一项勤务活动。

12. 治安调解是行政调解的重要门类，是指对于因民间纠纷引起的打架斗殴或者损毁他人财物等违反治安管理、情节较轻的治安案件，在公安机关的主持下，以国家治安法律规范为依据，在查清事实、分清责任的基础上，劝说、教育并促使双方交换意见，达成协议，对治安案件做出处理的活动。

## 二、治安勤务的分类

**(一)根据勤务内容的构成不同，可分为单一性治安勤务和综合性治安勤务**

单一性治安勤务是指行使某一种勤务方式实施的勤务活动。如治安调查、治安检查等。

综合性治安勤务是指综合运用多种勤务方式实施的勤务活动。综合性治安勤务是个相对复杂的勤务过程，有时可能需要较多的警力、花费较长的时间、运用多种方式才能得以有效实施。如群体性事件的现场处置，即可能运用治安教育、治安调查、治安检查、现场管制、交通管制、强行驱散等多种勤务方式。

**(二)根据勤务内容的属性不同，可分为一般性治安勤务和特定治安勤务**

一般性治安勤务是指治安勤务主体按照既定规定或程序运作的日常性勤务活动，又称为例行性治安勤务或常规性治安勤务。

特定勤务是指治安勤务主体执行的上级公安机关指派的专门任务，主要包括警戒、警卫和现场管制。

**(三)根据勤务方式的实施主体不同，可分为个别治安勤务和共同治安勤务**

个别治安勤务是指警察个体承担的治安勤务方式，如治安调查、治安宣传教育等。

共同治安勤务指由治安管理部门按照勤务工作安排轮流交替互换实施的勤务，如值班、备勤、巡逻、守望等。

**(四)根据勤务实施条件的不同，可分为常规性治安勤务和紧急性治安勤务**

常规性治安勤务是指治安勤务主体按照既定规定或程序运作的日常性勤务活动。如社区民警开展的治安调查、入户走访，巡逻民警开展的治安巡逻等。

紧急性治安勤务是指治安勤务主体对各种突发警情进行紧急处置的勤务活动。如恐怖事件处置、临时堵卡等。

**(五)根据勤务目的的指向不同，可分为有预期目标的治安勤务和无预期目标的治安勤务**

有预期目标的治安勤务是指治安勤务主体针对特定案件或专项任务，根据有关方面的情报和线索，在特定的时间、地点、范围内，对特定的人员、物品、车辆、场所进行勤务活动。

无预期目标的治安勤务是指治安勤务主体在治安管理实践中，根据当地治安实际状况，选择适当时间、地域，定期或不定期地进行的勤务活动。

**(六)根据勤务提起方式的不同，可分为主动性治安勤务和被动性的治安勤务**

主动性治安勤务是指治安勤务主体依据职权主动实施的勤务活动。如治安检查、巡逻、盘查等。

被动性治安勤务是指治安勤务主体依据相对人申请而提起的勤务活动。其以相对人申请为前提条件，如治安登记、治安许可等。

**(七)根据勤务限制程度的不同，可分为羁束性治安勤务和自由裁量性治安勤务**

羁束性治安勤务是指治安勤务主体须依据明确、具体治安管理规范规定实施的勤务活动。该类勤务活动的内容、范围、条件、程序等均有法律规范作了明确、具体的规定，治安勤务主体必须严格遵守法律规范规定的羁束，否则将导致勤务活动无效。如对继续盘问审批程序和时限的规定等。

自由裁量性治安勤务是指治安勤务主体可在法律规定的幅度和范围内，根据治安情况自由斟酌实施的勤务活动。如盘查的实施、强行驱散的实施等。

## 第三节　治安勤务原则和实施要求

### 一、治安勤务的原则

治安勤务原则，是指体现治安勤务性质和目标，贯彻于治安勤务实践始终的指导治安勤务活动的基本准则。如《公安派出所执法执勤工作规范》第三条明确规定：公安派出所执法执勤工作遵循依法、公正、文明、高效和确保安全的原则。

**(一)依法勤务的原则**

依法勤务，就是要求治安勤务主体必须严格按照治安管理法律规范的规定进行治安勤务。

**(二)公正勤务的原则**

依法勤务，就是要求治安勤务主体平等对待不同身份、民族、性别和不同宗教信仰的治安行政相对人。不徇私情，同样条件给予同等对待。

**(三)文明勤务的原则**

文明勤务，就是要求治安勤务主体在治安勤务中要遵守职业道德，遵纪守法，讲究工作方式和方法，坚持文明执法、文明执勤。

**(四)科学效率的原则**

科学效率，就是要求治安勤务主体从治安管理的实际情况出发，实事求是，按客观规律办事。在法律规范规定的范围内，广泛应用现代管理理论，采用现代管理方法和现代科学技术手段，合理调配使用人力、物力，形成高效率的治安勤务制，最大限度地发挥治安勤务的职能作用。

**(五)因情施策的原则**

因事施策，就是要求治安勤务主体区别现场不同情况、实施相应的处置对策。要求治安勤务主体及时了解和掌握有关治安信息，根据人、事、地、物、环境、态势等不同情形，灵活运用治安勤务策略。

**(六)确保安全的原则**

确保安全，就是要求治安勤务主体在实施治安勤务时要保持高度警惕，随时准备应对突发情况，尽可能保障自身和周围群众安全，防止违法犯罪行为人穷凶极恶反扑伤人，或者千方百计伺机逃脱，防止造成不必要的损失。

**(七)教育与处罚相结合的原则**

教育与处罚相结合，就是要求治安勤务主体在治安勤务过程中要同时结合运用教育和处罚两种手段，两者相辅相成，不能混淆、不能偏废。其基本要求是以教为主、寓教于罚；教育多数、处罚少数；当罚则罚、罚如其分。

## 二、治安勤务的实施要求

治安勤务作为警察维护社会治安秩序的警务行为，应当以既有治安法律规范规定为依据，根据现场治安状况灵活处理，既要尽量保证最低代价付出，又要维护勤务对象的合法权益，不能任意而为。要依法而为、及时处置、准确应对、酌情裁量。

### （一）执法理念要求：以民为本，人权至上

要求执法理念端正，树立民本思想和人权意识，正确认识与处理严格执法和人性化执法的关系，真正做到严格执法与人性化执法的统一。所谓人性化执法，意指警察在执法过程中应当尽量体现人文关怀，尽量考虑客观实际和人情世故，尊重相对人、提供优质服务、保护社会公众。所谓严格执法，意指警察在执法过程应当严格遵照法律的规定执法，坚决摒弃有违法律规范规定的行政行为。法律只有和民情结合起来才能表现它的公正，公正只有和法律结合起来才能符合社会的正义。正如“不平等可归因于天意，而平等只能是人类行为的结果。不平等是‘自然’，平等就非自然化了……追求平等的社会则是同自己作战的社会，也就是同自身的内在惯性定律作战”。① 人性化执法并不排斥严格执法，不是要放弃法律和执法原则，人性化执法也是在法律规定框架内讲究人性化，是在法定的尺度内体现“人性”的光辉。正如歌德所说：“不管应惩罚人、还是关爱人，必定把人当人看。”而严格执法也必须限定在法律既定框架内，两者统一于社会主义法制化。且人性化也有其特有的限度，不存在超越严格执法的人性化。否则，法律的威慑力将大为削弱，警务行为的惩罚和保护功能也必然大打折扣。

治安勤务主体要适应新时期社会发展要求，明确执法理念，平衡执法心态，以“服务执法”取代“管理行政”，以“依法行政”取代“以法行政”。明确自体执法的中立地位，建立“管理负责制”，在法律基础上保证“政治负责制”。要以“人”为中心开展工作，注重人格尊重、人心相融、人文关怀，注重体谅民心、体察民情、体恤民伤。始终坚持“立警为公、执法为民”这一根本要求，正确警察权力，真正做到权为民所用、情为民所系、利为民所谋，切实实现人民公安为人民。

### （二）执法素质要求：综合全面，一专多能

民警执法素质一般包括政治思想素质、职业道德素质、组织纪律素质、权限义务素质、文化素质、科技素质、警务素质、身体素质、心理素质等。

治安勤务实施对于民警的素质要求较高，尤其从现代社会治安的特点和社会发展趋势来看，应当更重视民警综合素质的培养，强化全面教育和发展潜能，培养通才基础上的专才、复合型人才以及一专多能人才，使其具有更强的适应性和创造力。要求民警根据各自工作岗位的特点和要求，扩展自己的知识面，掌握相关的学科知识，提高自身综合业务素质。强调总体工作能力的培养和提升，而不是只专不广。没有广泛的知识、修养的积累，专业的技能也无以附着，它们是相辅相成的。水无定势，法无常法。在执法活动中所面临的情况是纷繁复杂、千变万化的。故要求公安民警除了必须具备丰富的法律知识、公安管理知识、敏锐的观察能力和灵活的应变本领外，还必须具备良好的语言表达能力，掌握文明规范的执法用语，使执法相对人无“把柄”可抓。询问语言的使用要具有高度的针对性。尤其强调“德”的

---

① ［美］乔·萨托利．民主新论［M］．东方出版社，1998：338.

必备性，“德”是普通公众为人处世的要求，更是执法警察的必备要素，雪莱讲道：“除了道德和才能之外，任何人无权凭其他条件而受人尊重。”①而最能体现警察职业的“德”就是职业正义。其集中体现为“公正、法律、公平”。《中华人民共和国人民警察法》第20条尤其强调规定了人民警察的执法素质，即人民警察必须做到：秉公执法，办事公道；模范遵守社会公德；礼貌待人，文明执勤；尊重人民群众的风俗习惯。执法实践中要求执法警察坚持警察职业正义性，重视警察主持法的正义的果敢性，《论语·为政》有云：“举直错诸枉，则民服；举枉错诸直，则民不服。”要求警察具有庄重威严的外在气质，大义凛然、不惧凶险、不畏权势、敢爱敢恨、公允正直、刚强正派的刚直不阿的正气表现。要有高度稳定的心理素质，遇变不惊，处乱不慌。

当然，在关注警察内涵素质的同时，还要强调警察执法程序意识素质，警察要严格按照法定程序执法，执法程序不能出错，被相对人挑出问题。某些相对人“得理不饶人”，揪警察小辫子，使执法陷入被动境地。如果对待相对人水平高，方法得体，语言到位，态度合理，就能够避免矛盾激化。相反，如果把相对人简单地看成被处罚对象，单纯视自己为居高临下的执法官，就会激化矛盾，甚至遭到谩骂、恐吓、威胁。执法民警要充分展示自己的素养，做到不说过头话，不做过头事，一切依“法”处理。有效执法必须提高执法能力和技巧。某些民警在执法过程中，往往单纯靠警服、警察地位、警械等去威胁、恫吓当事人，靠态度的粗暴蛮横去压服人来执法，结果往往“压而不服”，当事人很不满意，警察也陷入被动境地。

**（三）执法心态要求：宠辱不惊，达观面对**

所谓“草不谢荣于春风，木不怨落于秋天”。治安勤务主体在勤务过程中一定要把握好执法心态，切忌勿把工作之外的事情带入工作过程中，影响执法工作心态。即使工作中遭遇诸多不如意，也不怨天尤人，以达观的心态面对工作。如某些民警对严格执法的理解为“严厉情绪执法”，演变为单纯处罚执法，执法中感情用事，以个人的主观好恶代替法律做为判断标准，工作中出现简单化和情绪化现象，严重影响到执法的实际效果。《治安管理处罚法》第5条即规定：“办理治安案件应当坚持教育与处罚相结合的原则。”教育与处罚相结合是治安管理的基本手段和方法，也是处理违反治安管理行为时必须遵循的重要原则。教育与处罚两者相辅相成，不可偏废。教育是管理目的，处罚是管理手段，通过处罚达到教育的目的。不能以教育来否定或代替处罚，当罚不罚难以有效遏制违法行为的发生，对违反治安管理的人，在采取批评教育难以奏效的情况下，就必须施以强制处罚。也不能以处罚代替教育，违反治安管理行为大多由于群众法制观念不强所致，大多数违法行为人通过教育，能够认清错误，迅速改正，一味处罚，可能会收到更坏的效果，违背了管理的目的。只有将两者有效结合，才能调动群众维护社会治安的积极性，才能维护法律的尊严，才能减少违反治安管理行为的发生。要“怒不变容，喜不失节”，受辱不冲动，修身养性，“内正其心，外正其容”，热情但不失威严，灵活但不失庄重，耐心但不失果断，坚定中不失柔韧，干练中不失细腻，言谈举止得体。

**（四）执法环境要求：因景施策，区别对待**

治安勤务实施中要考虑人性，要结合中国的现实状况，国人的整体法治化水平和可接受程度，要因时、因地、因人而异，但一切都应归于“法治”理念下。一般而言，冲突是人与

---

① 雪莱政治论文选[M]. 杨熙龄译，商务印书馆，1981：70.

人或群体与群体之间为了某种目标或价值观念而相互排斥或反对的过程。警察在执法中由于维护法律尊严，处理或处罚相对人与相对人逃避或规避处罚的矛盾必然形成冲突。关键在于，如何使冲突化为相对人自觉遵守法律、服从警察命令、接受警察处理的最终行为。中国人好面子，也富有求善趋吉，执法时要根据现场状况考虑到“面子”和“心态”，美国传教士史密斯曾说：“乍一看，要把整个人类共同具有的脸面说成是中国人的一种特征，是不合情理的。但‘脸面’这一词汇在中国并非指人头上的面庞，它在用法上是一个多义的复合名词，比我们描述的或可能理解的意思还要多。”①在执法过程中，要根据现场情况，适时运用武力，但要秉承“最小使用武力”的原则，即如罗伯特·比尔的“警务九原则”第6条所阐明：只有在说服、建议和警告都不足以实现警务目标的情况下，警察才能使用所需要程度的武力，以确保法律得到遵守和秩序得到恢复。并且，警察应该在任何情况下都仅仅使用最低限度的武力以实现警务目的。治安勤务效果不仅仅体现在警察实力的威慑力上，更体现在其执法道义的感召力上，法律的条文是刚性的，但法律的执行方式是可以灵活多样的。所以从法律内在的要求出发，要求警察执法在将法律付诸实施中不得背离其人性化的内涵和本质。

**【实例分析】**

### 民警应否返回取枪?

**案情**：2016年3月某村发生了一起特大恶性凶杀案。犯罪行为人梁某与邻居黎老太为两棵树发生争吵，回家后被老婆骂：“你连家都看不住，还算什么男人!”一怒之下即手握着两把砍刀去敲开了黎老太家的大门，大声吵嚷。听到吵架声，东溪村的邻居们纷纷围过来，有的劝架有的看热闹。黎老太打开门，看见了梁某拿着的刀，便说：“你有本事就砍我啊!”梁某正破口大骂着，受此一激，就用刀向老太太头上劈去。黎老太忙用手挡，结果手腕几乎被砍断，血流如注。这时，老太太的二儿媳梁甲听到声响，抱着16个月大的儿子也走过来，准备劝架。砍红了眼的梁某一见她过来，丢开老太太，就向梁甲砍了过去。梁甲头部中了数刀，儿子则连中两刀，都倒在血泊中。梁某接着持刀砍向邻居梁乙一家。村民黎丙见状迅速打电话向一桥之隔，距离有六七百米的派出所报警：“梁某拿刀砍人，砍断一只手了。”数分钟后，接警的两名警员赶到现场，见到一老汉正举刀砍向受害人梁丁，他们即在巷子口随手捡了竹竿和木棒去应对凶犯，并警告对方“不要动手杀人”，但梁某并没放下手中的两把刀，两次砍过梁丁后，提着刀迎着民警走去，围观村民赶紧四散逃命，两个警员这时也随着村民向巷子外奔跑，一名往塘基跑，另一名往村前跑。当村民黎戊说“我家有把刀很长，可以对付凶手”时，警察毫无反应。苦于没有武器，民警遂决定返回派出所取枪、求援。在这个过程中，凶手再次行凶，终致梁乙的妻子、母亲、女儿、儿子4口人分别被凶手两次砍伤致死。事后，死者亲属准备提起行政诉讼。他们认为，人民警察没有尽到“救死扶伤、保护人民群众生命财产安全”的职责，才导致这起惨剧的发生。

**案例分析**：

1. 警察是否作为?

判断作为与不作为主要有两点，一是行为人是不是负有法定的职责，二是行为人是不是尽了最大的努力。在这一具体案件中，警方只是形式上的作为即接警后出警，事实上是不作

① Smith, A. C. The Chinese Concept of Face. American Anthropologist, 1944: 45-46.

为，因为警察没有尽最大的可能去制止正在发生的严重的犯罪行为。维护社会治安秩序，保护公民的人身安全、人身自由和合法财产，预防、制止和惩治违法犯罪活动，是人民警察的任务。在遇到公民人身、财产受到侵犯时应当立即救助，是人民警察的义务。这些在人民警察法中是明文规定的。我们不赞同警察作出无谓的牺牲，但如果付出代价可以挽救公民的生命，这种牺牲也是必须的。按照110接处警的规定，对正在发生的案件，最先到达现场的处警民警不足以制止或者控制局面的，应当立即报告请求增援。是不是一定要用枪才能制服歹徒姑且不说，取枪绝不能成为该警察在犯罪行为正在进行时离开现场的理由，这是严重失职。本案中的犯罪分子并没有持枪且是一人作案，民警和保安两个人不是没机会将其制服，至少可以通过谈判、政策攻心、亲属规劝、语言感化等一系列手段与其周旋对峙等待增援，避免事态进一步扩大。警察离开现场使得犯罪分子更加肆无忌惮，直接导致犯罪结果的恶化。

2. 警察警械武器的使用是否违规？是否一定有枪才能处置罪犯？出警应当携带必要的武器警械，面对现场应当适时判断正确使用武器警械。现场处置除了随机应变外还需要勇敢果断。

警械的使用、管理有很严格的制度规定，而该起案件出警不携带枪支、警械，恰恰是不严格执行制度的表现。但该事件中，民警明知是犯罪分子持刀，却在巷子口随手捡一根竹竿和一根木棒去应对。在应对不力时，本应迅速请求增援，同时采取应急措施，防止危害后果扩大。而现场警察竟然选择了逃离，返回取枪。当然客观上，我们的公安工作还有许多方面有待完善：比如是警用枪支的管理使用方面应当更接近实战，应当尽量多的装备非杀伤警械和武器，如辣椒水、催泪弹、网枪、伸缩电警棍，等等。同时还要重视提高民警的实战技能，特别是单兵作战的能力。

**【拓展阅读】**

## 罗伯特·比尔的“警务九原则”

1. 警察存在的基本使命是预防犯罪和无序，而不是用军事力量和严厉的法律惩罚来镇压犯罪和骚乱。

2. 警察履行其职责的能力有赖于公众对警察的存在、行动、行为和警察获得和保持公众的尊重的能力的认可。

3. 警察必须获得公众心甘情愿的合作，让他们自愿地遵守法律，以便能得到和保持公众的尊重。

4. 警察预期公众配合程度的高低，与警察为实现警务目标而采用的武力与强制的程度成反比。

5. 警察不能靠迎合公众意见，而只能靠自己对法律绝对公正的忠诚来寻求和保持公众的喜爱。他们要靠乐于不分种族与社会地位地为所有社会成员提供个人服务与友谊；要靠礼貌和友谊等良好秉性；靠乐于牺牲个人以捍卫和保护生命等等，来获得公众的喜欢和支持。

6. 只有在说服、建议和警告都不足以实现警务目标的情况下，警察才能使用所需要程度的武力，以确保法律得到遵守和秩序得到恢复。并且，警察应该在任何情况下都仅仅使用最低限度的武力以实现警务目的。

7. 任何时候警察都应该和公众保持这样一种关系，以实现警察是公众和公众是警察的历史传统。警察仅仅是这样一种公众，他们专职就社区的福利向每个市民负责并由此获得报酬。

8. 警察应该一直为实现其功能而行动，而绝不用为个人和国家报仇或武断地审判犯罪和惩罚罪犯的方式篡夺审判权。

9. 警察效率的判断标准是没有犯罪和骚乱，而不是警察为对付它们而采取的行动之类人们容易看见的证据。

**【本章小结】**

治安勤务是警察勤务的重要组成部分，是公安机关及其警务人员为实现治安管理目标而在预设时间内实施的一切有计划、有规律的治安管理活动。其主要内容包括值班、备勤、治安调查、治安教育、治安检查、治安强制、接处警、巡逻、盘查、守望、堵截等，具有职能的行政性、主体的武装性、运用的强制性、内容的多样性、过程的延展性等特征。治安勤务主体在实施治安勤务时，要遵循依法、及时、准确、适度等要求。

**◎ 思考题**

1. 什么是治安勤务？
2. 治安勤务的特征有哪些？
3. 如何理解治安勤务的原则？
4. 如何理解治安勤务的实施要求？

# 第二章 值班备勤

**【学习目标】**理解掌握值班备勤的概念，正确理解和熟练掌握值班备勤的工作方法和要求。

**【教学重点】**教学重点是公安派出所民警在值班备勤中的职责和工作要求，包括接警、受理报案、接待群众、接受临时任务、做好随时出警的准备等。通过对本章内容的学习和训练，能够独立承担值班工作，并能够在备勤中完成任务。

**【教学难点】**值班勤务的职责和工作方法、备勤的要求。

2016年3月10日(星期四)晚上8时左右，某县公安局巡逻大队防暴中队民警付某在值夜班过程中，未请示报告擅自将值班警车开到黄梅镇水产街吃夜宵，导致当班其他民警无法出警，在社会上造成不良影响，被给予行政记过处分。

在当前社会背景下，社会治安问题的发生具有突发性、随机性、全时空性等特点，这就决定了公安机关的工作不可能像其他政府机关那样按部就班。为了及时有效的处理各种突发警情，也为了保证公安机关内部安全，公安部于2000年印发了《公安机关人民警察内务条令》(公安部令第53号)。在此《条令》中，明确规定县级以上公安机关及刑警、巡警、交警部门和看守所、拘留所、派出所应当设置值班室，建立值班备勤制度。因此，值班备勤就是公安机关常用的一种全天候制度，以保证有必要的警力能够应对随时发生的各种警情。

## 第一节 值 班

### 一、值班的含义和任务

#### (一)值班的含义

1. 值班的定义

值班是指为了达到维护社会治安秩序的目的，民警根据公安机关的相关规定在规定时间规定地点轮流执行任务的一种勤务方式。值班勤务是一种静态的勤务方式，具有在室内执行勤务为主的典型特点。从广义上来讲，值班包含两方面的内容：一方面是内勤人员的值班，如户籍室、档案室等。内勤人员的值班实际上是依据职责分工，在所属机构内部处理相关事宜。一般包括：收发文件、整理材料、保管档案文卷、组织部门学习、制订部门计划、组织部门考核、警察问题的研究、适用法律规章的拟定及人事管理等事项。内勤的值班一般在白天，采用8小时工作制，根据所属地域不同，办公时间也有所不同。值班人员相对固定，非经允许，不得擅自离开岗位。另一方面是外勤人员的值班。外勤人员的值班是指在勤务执行机构中设置执勤台，以执勤人员值守，以担任通讯、联络、传达命令、接受报告为主，必要时，也可站立门口瞭望附近地带，担任临时守望勤务。① 根据《公安机关人民警察内务条令》第 33 条规定，公安机关应当实行 24 小时值班备勤制度。所以，外勤人员的值班一般实行 24 小时轮班制。由领导干部带班，配备相应器材和交通工具，保障随时执行各种紧急任务。从狭义上来讲，值班仅仅指外勤人员的值班。本教材从勤务方式的角度去界定值班勤务，所以，主要介绍外勤人员的值班。

2. 值班的作用

值班要求各级公安机关抽取部分警力常年处于常备不懈的戒备状态，不分警种、不分区域、不分时间段，为公安机关传递外界警情信息并在公安机关内部传递信息，起到上情下达、下情上报的作用。帮助上级公安机关能够及时的掌握民警的工作情况，并及时传递上级公安机关对各项工作的部署、指示。从而保证公安工作的有序性和连续性，在公安机关的信息沟通方面起到枢纽的作用，也是加强公安民警警务化管理的一个重要方面。同时，从勤务方式的意义上来讲，值班也是各项外勤勤务的中心枢纽，在巡逻、盘查、守望、堵截、治安检查、守卫、警卫等各项勤务中传递信息，保证各种勤务能够协调一致。因此，虽然值班属于静态值守式勤务，但是责任重大。

**(二)值班的任务**

公安机关是本级政府的重要组成部分，承担着为人民服务，保一方平安的重要职责。为了维护当地社会治安秩序，必须了解和掌握当地社会治安状况，时时掌控社会治安动态，并及时传达贯彻上级领导的指示精神，确保各级领导和基层实战部门之间不间断的信息沟通。为此，各级各警种公安机关建立了值班制度。根据《公安机关人民警察内务条令》第 34 条规定，县级以上公安机关及刑警、巡警、交警部门和看守所、拘留所、派出所应当设置值班室，建立值班备勤制度。根据部门和警种的区别，值班的任务也不同。

1. 公安指挥中心的值班

为了适应当前社会治安形势的需要，改进公安机关处理警务信息的方式，加强协调处置各种紧急警务活动的能力，及时为报警群众提供帮助，各级各地公安机关设有公安指挥中心。这也是新形势下公安机关密切联系群众，专门工作与群众路线相结合的客观要求。公安指挥中心是公安机关掌握公安工作主动权，把握社会治安动态，有效维护社会稳定，实现和强化多警种合作下的统一指挥、统一领导、快速反应的前沿阵地。

各级公安指挥中心因所处的级别不同，值班所担负的任务也不同。省、自治区、直辖市公安厅、局指挥中心值班的主要任务是，收集和报送本省、自治区、直辖市发生的重特大案(事)件的信息，传达上级领导的指示精神，协调和指挥对重大案(事)件的处理。同时，做好本省、自治区、直辖市内 110 报警服务的业务指导工作。市、县级公安指挥中心值班的主要任务是，在负责收集、汇总、报送、传达信息之外，重点是指挥各部门、各警种对辖区内发生的重大案(事)件进行处置。

110 报警服务平台是市、县级公安指挥中心的重要组成部分，是协调多警种一线出警、处警的中心枢纽。市、县级公安指挥中心要理顺 110 报警服务平台与各警务部门之间的关系，具有在紧急情况下有先期处置、调用器材装备、优先报送信息等权力。同时，公安指挥中心要主动向有关部门通报情况，配合支持其他部门的工作，认真履行各自职责。

---

① 汪勇．警察勤务的方式[J]．中国人民公安大学学报，2001(3)．

2. 刑警的值班

刑事侦查部门是侦查破案的主力军，是同刑事犯罪作斗争的重要力量，为了提高刑侦部门的快速反应能力，达到快速出警，及时赶到现场进行侦查的目标，刑侦部门按照有关规定建立了24小时的值班制度。主要负责随时听候公安指挥中心的指挥，在接到报警后，根据刑事案件管辖范围，迅速调集警力，组织技术人员和侦查人员到达犯罪现场进行现场勘察和案件侦查。通过快速准确侦办和侦破案件，及时打击刑事犯罪，以保障社会安全稳定。

3. 巡警的值班

巡警在街道、广场、社区等公共场所进行路面巡逻，能够随时以最快的速度到达案发现场及警情发生地。严密的勤务布局网络和移动岗亭的设置，具有方便群众报警的特点，因此，巡警是直接从事社会面控制的力量之一，也便于公安指挥中心的调度和指挥。巡警值班的主要任务是，听从公安指挥中心的调遣，随时准备执行紧急任务或上级临时交办的任务。如赶到突发事件现场抢救人命、抢险救灾等。

4. 交警的值班

交警主要是负责在道路上执行指挥交通、维护交通秩序、纠正和处罚交通违章行为等工作的一个警种。交警值班的主要任务侧重于处理涉车犯罪、交通肇事逃逸、打击道路上的车匪路霸等案件；对道路上出现的交通事故、群体性堵塞交通事件、治安事件等进行先期处置；与其他警种进行通力合作，维持城市的交通秩序。

5. 看守所、拘留所的值班

看守所是是羁押依法被逮捕、刑事拘留的犯罪嫌疑人的机关。拘留所是依据中国现行的法律、法规、条例和相关规定而设置的具有行政性质惩戒、教育和矫治的羁押场所。虽然两者性质不同，但值班的任务具有相似之处。一方面保证在押或被拘留人员的人身安全，预防和制止在押或被拘留人员自杀、逃跑、行凶、破坏、骚乱、暴动等事故的发生；另一方面，预防和制止敌对分子、违法犯罪分子袭击，不定期对所内进行安全检查，收缴违禁品，消除所有不安全因素，并及时向上级公安机关进行报告。

6. 派出所的值班

派出所是公安机关的最基层组织，处在维护社会治安的第一线，也是各项治安管理任务的直接执行者。根据《公安派出所正规化建设规范》第63条规定，公安派出所实行24小时值班备勤制度。派出所值班的主要任务是，维护辖区的治安秩序，保障辖区内的人身和财产安全，同时，根据公安指挥中心的指令及时出警、赶赴现场对警情进行有效的处置。

本教材讨论的重点是治安勤务，治安勤务主要的实施主体是派出所。因此，在本节中，也主要以派出所的值班为主要介绍对象。

## 二、值班勤务的职责和工作方法

根据《公安机关人民警察内务条令》第35条的规定，值班人员具有以下职责：(1)接待报警、报案、检举、控告、投案自首或者其他原因来访的人员；(2)发生案件、事故或者其他紧急情况，立即报告上级，并按照上级指示或者预案做出应急处理；(3)及时、妥善处理公文、电话等；(4)维护本单位工作、学习、生活秩序，承担内部安全保卫工作；(5)完成领导交办的其他任务。结合《公安派出所正规化建设规范》第64条规定、《公安派出所执法执勤工作规范》第44条规定，派出所值班应履行以下职责：

**(一)接待群众来访、查询和求助**

公安派出所是公安机关为人民服务的窗口单位，也是直接解决群众困难的具体实施者。人民群众在遇到危难时，往往也是最先联系派出所，因此，派出所的服务质量与服务态度直接影响人民群众对公安机关的印象。接待群众来访、查询和求助是派出所值班勤务中非常普遍的一项内容。在实际工作中，群众来访、查询和求助的事项涉及面也较广、情况较为复杂。《公安派出所正规化建设规范》和《公安派出所执法执勤工作规范》中也专门对接待群众来访、查询和求助做了具体规定。

1. 在态度上，要认真倾听群众提出的问题，并耐心进行解答。在群众的眼中，派出所代表政府，代表国家的强制力量，有困难就会想到来派出所寻求帮助。值班民警应当本着对人民群众高度负责的态度，热情接待，妥善处理，耐心解答群众提出的问题，尽自己所能帮助群众尽快解决困难。

(1)对于直接询问的，值班民警要尽自己所能，认真介绍讲解让群众解开疑惑。

(2)对于问题不清的，值班民警应当在自己的业务范围内进行引导，搞清楚群众的疑惑后再予以解答。

(3)对于聋哑人前来咨询的，值班民警应当找手语翻译，如若短时间内实在找不到的，可以进行书面交流，并进行耐心解答。

(4)对于少数民族或外国人前来咨询的，值班民警如若语言不通，可以借助翻译软件进行交流，并予以解答。

2. 根据职责划分，区别对待各项事务。公安一直在宣传“有困难找警察”，在群众眼中公安民警往往是万能的，到派出所求助的事项也是五花八门。值班民警在接待群众求助时，要注意区分群众所求助的事宜是否属于自己的职责范围内。

(1)如果属于自己的职责范围，应当依法受理，并尽快积极的帮助解决。例如：群众前来咨询户口办理、开无犯罪记录证明。

(2)如果属于公安机关的管辖范围但是超出自己的职责范围，应当向群众情况并告知可以受理的部门。例如：群众前来咨询办理护照、给机动车上牌照。

(3)如果不属于公安机关的职责范围，要耐心向群众说明理由。在力所能及的前提下，告知群众应该向哪些部门求助，并帮助群众联系相关部门。同时，群众求助的所有事项和值班民警的处理情况都应当详细记录在案。例如：群众前来咨询房屋拆迁。

3. 如果接待群众寻人或者查找住址的，值班民警应当详细问明与寻找的人或住址的关系、寻找的人的体貌特征、身份特征或住址的外貌特征及其他相关信息，如若属于正常情况的咨询应当积极帮助查找。

4. 对群众送交拣拾物品的，应该按照各地方制定的拾遗物品管理相关规定详细记录捡拾人姓名、工作单位、捡拾时间、地点、捡拾物品特征等信息，把物品移交公安机关案管中心进行保管，尽快查找失主。如若查找到失主，应及时归还拣拾的物品。如若没有找到失主，拣拾的物品应按照拾遗物品相关规定进行处理。对于归还物品的情况或者无主物品的处理情况，应当向送交拣拾物品的群众反馈。

5. 如果有群众报告有走失人口，值班民警应当认真做好登记，详细记录走失人口的身份信息、体貌特征、走失的起因和经过、报告人的身份信息、联系方式等，并与监控记录、旅馆记录等进行比对，积极帮助查找。在查找过程中，如若发现属于疑似被侵害情形的，应及时报告公安指挥中心，并移交刑侦等有关部门进行处理。

**(二)接受报案、控告和举报**

报案是指机关、团体、企事业单位和公民(包括被害人)将发现的有犯罪事实或者犯罪嫌疑人向司法机关报告的行为，可以以口头或书面的形式。控告是指机关、团体、企事业单位和个人向司法机关揭露违法犯罪事实或犯罪嫌疑人，要求依法予以惩处的行为。举报即检举和报告，是指向有关部门或组织揭发违法、犯罪行为的行为。可以通过写举报信、电话举报、网络举报等方式进行。控告权和举报权是国家宪法赋予公民的一项基本权利也是公民同违法犯罪行为作斗争的重要手段。不论是由遭受犯罪行为直接侵害的被害人还是其近亲属或其他人提出，值班民警都应接受，不能以任何理由拒绝。报案、控告和举报往往是基于维护自身权益而要求追究当事人法律责任的一种途径，也是公安机关立案材料的主要来源。同时，值班民警在接受报案、控告和举报时不需要区分是否符合公安机关的主管权限，要坚持“先受理、后移交”的原则。因为接受是在依法确定主管权限之前的一种前置发来行为，并不等于直接立案。在接受群众报案、控告和举报之后，公安机关才能根据相关的材料进行调查，进一步依法审查判断是否属于公安机关的管辖范围，是否应当依法立案，是否需要移交其他部门。如果在群众前来报案、控告和举报是就拒绝接受，就谈不上确定管辖权，更谈不上立案及后续的其他处理。在接受报案、控告和举报时，值班民警除了依法做到有报必接以外，还应注意：

第一，根据相关规定做好询问笔录。对群众所反映的事件经过、具体行为、涉及人员等涉及事件的法律定性的相关情况一定要详细询问，制作询问笔录，填写《接受案件回执单》。必要时，比如：群众普通话表达不清时，少数民族、外国人等，可以让报案、控告和检举人写相关的书面材料，并给群众开具接受证据清单。

第二，及时上报值班领导，根据指示进行依法处理。案件记录完成后，根据值班领导的意见交相关民警进行处理。如若属于派出所管辖范围内，按照领导指派交相关民警处理。如若属于刑事案件，尽快移交刑侦部门进行办理。如若属于违纪事件，尽快移交所属党政部门进行办理。

第三，遇到紧急情况时，应当立即依法采取紧急措施，妥善处理后，再向公安派出所所长汇报，并根据管辖权进行后续处理或移交。

公安派出所接受报案有一个非常重要的途径，就是通过110报警服务平台。接收110报警服务平台的指令也是公安派出所要24小时值班的主要原因。公安派出所是公安机关的基层组织，维护社会治安、保护人民群众生命财产安全的具体实施者，而当前110报警服务平台已经成为人民群众向公安机关报案的最重要渠道。值班民警在值班期间，要保证电话、无线通信工具等传输设备保持畅通，且有专人负责全天候接听110指挥中心的来电。根据《公安派出所执法执勤工作规范》第47条规定，公安派出所值班民警在接到110指挥中心出警指令后，应当做到：第一，立即向公安派出所所长报告并通知距离案(事)件发生地最近的民警赶赴现场。需备勤民警出警的，应当立即告知其发案地点及基本情况；第二，接到案(事)件现场民警回报后，立即向公安派出所所长、110指挥中心报告，并做好相关记录。接到指令后的值班民警，应根据案(事)件的初步定性，立即携带规定的警械装备迅速赶到案发现场，并按照接处警处置规范依法进行处置。

**(三)接收投案自首人员和群众扭送的违法犯罪嫌疑人**

公安派出所根植于社区，与人民群众的关系最为密切，投案自首人员和群众扭送的违法犯罪嫌疑人往往都是到派出所。值班民警在遇到有投案自首人员和群众扭送的违法犯罪嫌疑人时要认真对待，问明整个事件的相关情况，规范制作询问笔录，并及时向值班领导报告。同时，值班民警在处理此项勤务工作时要注意：

第一，要依法采取必要的控制措施，比如：使用手铐、约束带，尽快带入审讯室，防止自首人员和违法犯罪嫌疑人逃跑并保证其安全。值班民警要提高警惕，在控制自首人员和违法犯罪嫌疑人的同时，防止发生自杀、自残、袭警、伤人等意外事件。当违法犯罪嫌疑人态度恶劣、不愿意配合或出现过激行为时可以使用警械，采取临时强制措施。对扭送违法犯罪嫌疑人的群众，尽快做好笔录，并表示对公安工作的支持。

第二，对于自首人员和违法犯罪嫌疑人要进行必要的人身检查和物品检查。对于扣押的物品要依法进行登记，并存于专门的物品存放处妥善保管，如若案件移交，一并予以移交。

第三，解送违法犯罪嫌疑人时，要求有两名以上公安民警执行。不得把违法犯罪嫌疑人交由不具有警察身份的人员单独看管。

**（四）传达所领导和上级公安机关的指示、命令**

公安派出所是公安机关全面履行管理、防范、服务职责的具体实施者，要确保辖区内治安稳定，提高整体战斗力，就必须要保障信息畅通、警令及时。值班民警在值班期间应当保持电话、无线电通信工具及其他通信渠道的畅通，随时待命。一方面，当前反恐形势如此严峻，公安工作每时每刻都可能面临危险，面临流血和牺牲，随时随地可能需要支援。值班民警需要随时听候上级领导的调遣和命令，迅速组织警力赶往案(事)件发生地。另一方面，所领导和上级公安机关如若有最新指示精神、需要交办的事项也需要值班民警及时传达相关人员，从而保证公安工作能够协调统一，各项措施能够落到实处。

**（五）向所领导和上级公安机关请示报告相关事项**

值班民警在处理值班事务时经常会遇到超出自己职责权限或影响较大无法作出准确判断的事宜，因此，要及时向所领导和上级公安机关请示报告。让上级领导了解事情的具体情况，并作出指示授权，使事件能够妥善的解决。值班民警要抱着认真负责、一丝不苟的态度处理每一起事件，特别是遇到重特大案件、事故或紧急情况时，要立即进行上报，并按照上级指示作出应急处理。发生重特大案(事)件或紧急情况时，上级领导得到信息的速度和质量对于领导的决策和事件的妥善处置起至关重要的作用。因此，值班民警要提高向上级报告的准确性、主动性和及时性，在第一时间让上级了解准确的信息。同时，对于上级下达的指示、命令在做好记录的同时准确传达给其他民警。

**（六）保卫公安派出所内部安全**

公安派出所是公安机关的基层综合性战斗实体，是公安民警办理公务、处理案件、休息备勤的地方。派出所内存放有依法配发的警械、武器，保管许多机要文件、档案、资料和公安信息设备，设有审讯室、候问室等场所，同时，每日进出派出所的人员多而杂。因此，值班民警确保公安派出所的内部安全至关重要。值班民警在处理值班业务时，要高度重视派出所内的安全。

一是要坚守岗位，不能擅离职守。如若有特殊情况需要离开，要与其他民警交接后再离开岗位。

二是要认真组织所内巡查，及时清除安全隐患，尤其是下班时间要加强对重点部位的巡查，比如：枪库、档案室等。注意检查水、电、气、暖等生活设施是否正常，防止发生安全事故。

三是要对进入内部办公区的外部人员应当查验证件，问清情况，并进行登记。特别是非警务人员要详细登记姓名、工作单位、联系方式、进入事由等信息。

四是注意阻拦无关人员进入非接待区，特别是警械和武器的存放室、留置室。注意可疑人员，及时制止和防止各种袭击事件的发生。

**(七)做好值班记录和工作交接**

派出所日常工作繁杂，每日来派出所报案、举报、求助的人员众多，且每日值班民警并不一直固定。为了群众所托办事宜能够有始有终，方便其他民警日后调用相关材料，值班民警对于值班期间发生的重要事宜和处置情况应当详细记录。值班民警要充分重视此项工作，做到项目内容齐全、准确，字迹清晰。值班记录应当妥善管理，由内勤民警定期存档。《公安机关人民警察内务条令》第 36 条规定：值班记录应包括以下内容：第一，问题或者事件发生的时间、地点、有关人员的姓名和主要情况；第二，向上级报告的时间，接受报告人的姓名和答复的主要内容；第三，对上级指示的传达、办理情况和时间；第四，负责处理的单位和人员姓名；第五，值班人员姓名。

值班民警在离岗或者下班前，应当将工作与下一班值班民警交接清楚，把亟待完成的工作事项、当日工作情况交代清楚，并履行交接手续。接班的民警也要认真核查交接事项的相关材料，并主动询问是否有其他需要办理的事宜。交班要在岗位上完成，做到交接班的完整、准确和规范。如果当班民警遇到下一班民警未能及时到岗时，不能擅自离岗，应当坚守岗位，直至有值班民警前来接班。如果接班民警不能按时接班，应当及时通知在岗民警，并采取其他补救措施。比如：与下一班进行调班。

## 三、值班勤务的要求

**(一)纪律作风的要求**

结合《公安机关人民警察内务条令》《公安派出所正规化建设规范》《公安派出所执法执勤工作规范》的相关规定，值班民警在值班期间应达到以下要求：

1. 公安派出所民警在值班时，除特殊情况外，应当按规定着制式警服，并按照规定携带警械和枪支。

2. 值班人员必须坚守岗位，切实履行职责。做到警容严整，举止端庄，精神饱满。严禁脱岗、漏岗，严禁使用不具有人民警察身份的人员代替民警值班。

3. 公安派出所民警值班时，必须按时上岗，严格遵守工作交接制度，做好值班记录，有情况及时请示报告，不得从事与值班工作无关的活动。

4. 值班人员因故经批准离开岗位时，应当有人代岗。换班时，下班人员应当将工作情况向接班人员交代清楚，并履行交接手续。

5. 值班民警应当严格执行“五条禁令”，在值班之前和期间不得饮酒，值班期间不得进行妨碍值班秩序的娱乐活动。

**(二)接听报警电话的要求**

值班民警在受理群众报警、求助时应当根据《公安机关接处警工作规范》做到以下几方面：

1. 对报警人到公安机关报警、求助的，应当向报警人表明接警人单位和姓名；接受报警应当态度和蔼，语言文明；

2. 询问报警人或者接听报警电话时，接警人应当主动引导报警人讲明案(事)件主要情况(时间、地点、主要情节)及本人的基本情况、联系方式；

3. 对有疑问的报警或者报警人未说准警情即挂断电话的，应当及时回拨报警人电话，进一步核实情况，回拨电话无人接听，警情也明确的，应当立即派人到现场核实；

4. 属于求助报警的，应当问明具体内容，对不属于公安机关职责范围的一般性报警求助，应当根据报警者心情和态度给予恰当的答复和安慰；

5. 对于投诉的，应当问明投诉人基本情况及投诉内容，同时，告知投诉人应承担的法律责任；

6. 属于公安机关职责范围内的，应当立即向领导报告应按指令出警。

**(三)接待来访群众的要求**

公安派出所的值班室直接面向社会，接待和服务群众，值班民警的精神面貌、接人待物的方式方法直接影响人民群众对公安民警的整体评价。因此，值班民警在接待和服务群众时，必须坚持依法、公开、公正，便民、利民和务实、高效的原则，严格执法，热情服务。根据《公安机关窗口单位服务规定》，值班民警在接待来访群众方面应达到以下要求：

1. 落实警务公开制度和首接责任制度。

值班室作为窗口服务单位，应当落实警务公开制度，依法公开工作职责、执法依据、办事程序、法定时限、收费标准、监督方式以及其他相关内容，主动接受群众的监督和评议。当有群众前来咨询或评议时应积极予以讲解或记录。

另外，值班室也应当落实首接责任制度。接待群众报警、求助、咨询及外来办公、办事人员的首位民警，对属于职责内的事应当及时办理；对不属于自己管辖或职责以外的事，应当先行受理，做好接待记录，及时移交有关部门和人员办理，并向群众说明情况。

2. 在服务行为上，值班民警应当做到：

(1)接待群众态度热情，语言文明，举止得体，执法、服务规范。

(2)严格依法办事，提高工作效率，严格执行有关办事时限的规定。对符合法律规定、手续齐全的，应当当场办结；手续不全的，应当指导群众完备手续；对依法不能办理的，应当向群众说明原因。

(3)严格按照法定的收费项目和标准收费，严格执行有关罚缴分离和“收支两条线”的规定，严格执行票据的管理和使用制度。

(4)严格遵守警务工作纪律和有关廉洁自律的规定。

3. 值班窗口民警不得有下列行为：

(1)对待群众作风粗暴，态度冷漠，语言生硬，行为蛮横，办事推诿、拖拉，刁难群众；

(2)工作时间从事与工作无关的活动；

(3)工作时间或工作之前饮酒，或在接待场所、执勤期间吸烟、饮食、闲聊、进行娱乐活动等影响工作形象和工作环境的行为；

(4)向服务对象及其代理人托办私事；

(5)接受服务对象及其代理人请客送礼；

(6)向服务对象及其代理人敲诈勒索或者索取、收受贿赂；

(7)违法实施处罚或者收取费用；

(8)玩忽职守、滥用职权，不依法履行义务；

(9)其他违法违纪行为。

# 第二节 备 勤

## 一、备勤的概述

### (一)备勤的含义

为了及时、有效地应对社会各类紧急事态，维持良好而稳定的社会治安秩序，公安机关不仅需要严格执行值班制度，而且还需要依据工作惯例及经验制定科学、灵活的备勤制度。根据《公安机关人民警察内务条令》第33、34条规定：公安机关应当实行24小时值班备勤制度，由领导干部带班，安排适当警力备勤，配备相应器材和交通工具，保障随时执行各种紧急任务。县级以上公安机关及刑警、巡警、交警部门和看守所、拘留所、派出所应当设置值班室，建立值班备勤制度。根据《公安派出所执法执勤工作规范》第46条规定：备勤是指由公安派出所民警在所内整装待命，以备发生突发性事件时机动使用或者执行临时派遣任务。概况而言，备勤是指公安机关根据自身工作特点及实际工作需要，在特定的工作时间及地点内安排适当的警力资源，以备应对随时可能发生的突发性事件或执行临时派遣的工作任务。备勤作为一种特殊的勤务方式，主要基于公安工作所面临任务的不可预测性而展开，具体表现为突发性事件或其他特特殊情况下的专门警力安排。

### (二)备勤的任务

世界各国的警察机构都会抽调一部分警力来充当备勤力量，其任务一般分为两类：一是分驻(派出)所及巡逻队每日分配勤务时，按照规定安排少量警力充当备勤警力，以备缺勤替班或作为临时突发事故派遣之用；二是在警察局或分局专门组织机动队(相当于我国的防暴队)，作为有战斗力的机动化程度高的备勤力量，接受勤务指挥中心的派遣，专门应付大规模突发事件。① 我国的《公安派出所正规化建设规范》和《公安机关人民警察内务条令》等法律法规，明确规定了公安机关实施24小时值班备勤制度，备勤民警需要保持通信畅通，准备好必要的执勤装备及交通工具，以应对随时可能出现的各种紧急任务。由于公安机关内部不同层级、不同岗位以及不同警种之间的工作各不相同，而且不同的时间、地域以及所面临任务的重要性程度也不一样，所以，公安机关的备勤在执行层面要具有一定的灵活性，在制度要求允许的范围内作出合理的布置安排。

### (三)备勤与值班的关系

尽管值班工作与备勤工作联系紧密，甚至在制度层面并称“值班备勤制度”，但二者之间并非可以相互取代。或者说，值班与备勤是不同的。从工作性质和内容上来讲，值班往往是民警在公安机关或特定的地点接受报警、求助，除了在职责范围内处理力所能及的事情之外，更重要的是还发挥着上传警情或下达指令的作用；而备勤工作的性质主要体现在“备”上，往往需要民警在本单位或规定的地点整装待命，随时准备执行临时性任务。从工作任务来看，尽管值班也可以算是一种备勤状态，但值班工作更多是在公安机关特定的办公地点或区域进行，较少出外勤；而备勤工作所面临的外勤任务则相对较多。当然，对“值班”与“备勤”的辨析只是为了更好地认识二者之间的异同，以便于在现实中做好值班和备勤工作。公安机关的值班备勤制度既要求相关业务部门在24小时内安排一定值班人员，也要求合理配

① 汪勇. 警察勤务的方式[J]. 中国人民公安大学学报，2001(3).

备必要的备勤人员。如果值班人员安排不合理，则会导致紧急情况下的警情信息无法及时上传或下达，进而影响公安机关工作的正常运转；如果备勤工作不到位，则可能会造成应对突发性事件或执行临时性任务时警力缺乏的情况，影响到对紧急事件的有效处置。

## 二、备勤的原则

公安机关的备勤是基于工作的特殊性质而做出的一项专门性的制度安排，是公安机关长期以来维护社会稳定和确保社会治安管理有效开展的重要的措施。当前，我国正处于社会转型和体制转轨的关键时期，复杂多变的社会治安环境以及日益加剧的社会矛盾冲突，不仅时刻考验着公安机关应对危机和风险的能力，而且也对制度安排的科学性与合理性提出了更高的要求。公安机关的备勤同样需要作出相应的调整。具体来讲，公安机关的备勤需要重点考虑以下几个方面的原则：

### (一)差异化与分工协调原则

首先，由于各级公安机关以及不同警种、岗位所承担的任务各不相同，再加上不同地区、不同时段的社会治安状况也有所差异，公安机关对各级、各部门的备勤工作不能硬性做出统一要求，要因地、因时作出科学合理的安排，建立等级备勤体制。其次，合理的分工是备勤工作有效开展的前提。在公安机关的宏观层面上，要对不同警种和不同岗位的实际工作特点来作出安排，以应对不同工作开展时的需要。在具体的业务部门或岗位内部，要根据不同民警的工作能力、业务素质以及经验的丰富程度等特点来合理安排备勤团队，以便能够有效应对紧急事态。

### (二)适度布警原则

警力不足、民警工作负担沉重是当前我国公安工作面临的主要问题，在有限的警力资源条件下，要想使备勤成为一项长期的工作机制，就必须注意适度安排警力的原则。按照不同部门的实际情况和需求来合理配置警力。所安排的备勤警力既要保证能够满足完成备勤任务的需要，同时又要能够兼顾民警的身心健康与家庭生活，符合国务院和公安部规定的有关休假、工时制度。使民警始终保持良好的精神状态和旺盛的战斗力，为公安工作提供持续的、长久的力量支持。

### (三)动态调配原则

公安工作是一个有机统一的整体，备勤工作要服务于公安机关的统一指挥与总体作战要求，尤其是在处置紧急事件时更是如此。但在统一指挥与总体作战的前提下，也要注意备勤工作的灵活性与动态适应性，因为备勤工作所面临的任务具有不可预料的特点，复杂性与不确定性决定了备勤工作也要随时作出调整。对于区域性或整体性的备勤工作，要尽量采取分散布警的措施，增强应对较大突发性事件时备勤警力的及时流动。

## 三、备勤的要求

公安机关的备勤工作尽管涵盖了指挥中心、刑警、巡警、交警、派出所、看守所、拘留所等诸多业务领域，本节将重点介绍派出所备勤工作的基本要求。根据《公安派出所执法执勤工作规范》《公安派出所正规化建设规范》的相关规定，备勤民警应当做到以下几方面：

### (一)纪律作风的要求

1. 备勤民警没有临时任务时，根据需要，在公安派出所所内整理文书簿册、处理有关工作事宜及保养装备。如需外出需要向带班领导汇报，并保持通讯畅通，随时听候调遣。

2. 执行临时派遣任务时，应当记录执行任务的时间、地点和工作情况。完成临时派遣任务后，立即返回公安派出所所内待命，继续备勤。

3. 备勤人员在备勤之前和期间不得饮酒，备勤期间不得进行妨碍备勤秩序的娱乐活动，严格执行“五条禁令”。

**(二)配备勤务装备的要求**

当前，违法犯罪活动暴力倾向越来越突出，公安机关备勤民警需要随时应对各种突发警情。为了保证警情发生时能够快速反应，及时有效的打击违法犯罪活动，有效保证人民群众和公安民警的人身和财产安全，公安派出所民警在备勤时，应当将警械、枪支放置在安全且随时可以取用的地方。值勤车辆内应当配备防弹(防刺)背心、头盔、盾牌、警械带及救生圈、灭火器等物品。

**(三)临时看管被留置人员时的要求**

1. 将被留置人员置于留置室内，未经允许不能随意安置于其他房间。

2. 提高警惕，严加看管，注意留置人员的精神状态、配合程度等，防止发生自残、自杀、袭警、伤人、脱逃等行为。

3. 保护被留置人员的合法权益，合理合法使用约束警械，不允许对留置人员进行暴力看管。

**(四)临时解送犯罪嫌疑人时的要求**

1. 提高警惕，注意观察犯罪嫌疑人的精神状态、配合程度、是否藏有刀具等，防止被解送人员自残、自杀、袭警、伤人、脱逃等行为。

2. 对被解送人员依法使用戒具，防止过度使用约束性警械。

3. 始终将被解送人员置于有效的控制状态下。如若被解送人员配合度不高、身材魁梧、有当兵或运动员经历，可以加强约束力度，并适当增加解送警力。

4. 不得把犯罪嫌疑人交由不具有人民警察身份的人员单独看管，解送犯罪嫌疑人时应当由两名以上民警执行。

**【延伸阅读】**

## 《公安机关办理行政案件程序规定》(2014年6月29日)(节选)

### 第二节　受　　案

第四十七条　公安对报案、控告、举报、群众扭送或者违法嫌疑人投案，以及其他行政主管部门、司法移送的案件，应当及时受理，制作受案登记表，并分别作出以下处理：

(一)对属于本单位管辖范围内的事项，应当及时调查处理；

(二)对属于公安职责范围，但不属于本单位管辖的，应当在受理后的24小时内移送有管辖权的单位处理，并告知报案人、控告人、举报人、扭送人、投案人；

(三)对不属于公安职责范围内的事项，书面告知报案人、控告人、举报人、扭送人、投案人向其他有关主管报案或者投案。

公安接受案件时，应当制作受案回执单一式二份，一份交报案人、控告人、举报人、扭送人，一份附卷。

公安及其人民警察在日常执法执勤中发现的违法行为，适用第一款的规定。

第四十八条　属于公安职责范围但不属于本单位管辖的案件，具有下列情形之一的，受理案件或者发现案件的公安及其人民警察应当依法先行采取必要的强制措施或者其他处置措施，再移送有管辖权的单位处理：

(一)违法嫌疑人正在实施危害行为的；

(二)正在实施违法行为或者违法后即时被发现的现行犯被扭送至公安的；

(三)在逃的违法嫌疑人已被抓获或者被发现的；

(四)有人员伤亡，需要立即采取救治措施的；

(五)其他应当采取紧急措施的情形。

行政案件移送管辖的，询问查证时间和扣押等措施的期限重新计算。

第四十九条　报案人不愿意公开自己的姓名和报案行为的，公安应当在受案登记时注明，并为其保密。

第五十条　对报案人、控告人、举报人、扭送人、投案人提供的有关证据材料、物品等应当登记，出具接受证据清单，并妥善保管。必要时，应当拍照、录音、录像。移送案件时，应当将有关证据材料和物品一并移交。

第五十一条　对发现或者受理的案件暂时无法确定为刑事案件或者行政案件的，可以按照行政案件的程序办理。在办理过程中，认为涉嫌构成犯罪的，应当按照《公安办理刑事案件程序规定》办理。

**【本章小结】**

值班是指为了达到维护社会治安秩序的目的，民警根据公安机关的相关规定在规定时间规定地点轮流执行任务的一种勤务方式。备勤是指公安机关根据自身工作特点及实际工作需要，在特定的工作时间及地点内安排适当的警力资源，以备应对随时可能发生的突发性事件或执行临时派遣的工作任务。值班备勤制度是公安机关应对突发警情的一种保障性制度。在实际工作中，按照值班备勤的职责和要求合理安排民警实施才能充分发挥警力的最大效用。

**◎ 思考题**

1. 公安派出所为何要实行24小时值班制度？
2. 值班的职责有哪些？
3. 某派出所值班民警在值班过程中，有外地犯罪嫌疑人向该值班民警自首。由于犯罪嫌疑人是外地人又是在外地作案，所以该值班民警就劝说犯罪嫌疑人到当地派出所自首。请问：该值班民警的做法是否正确？为什么？
4. 备勤的原则是什么？
5. 备勤的基本要求有哪些？
6. 备勤民警的具体任务有哪些？

# 第三章 治安调查

**【学习目标】**了解治安调查的基本概念、特征和种类，掌握一些常用调查的方法和程序。

**【教学重点】**治安调查的概念，内容，开展治安调查需要注意的问题；治安调查的程序和方法。

**【教学难点】**开展治安调查需要注意的问题；治安调查的程序和方法。

**引导案例：**

### ××市学校周边社区的治安状况调查问卷

居民朋友：

您好！非常欢迎您参加这次调查！学校是社会培养人才的专门机构，搞好校园和周边环境的治安，不仅对学校自身的稳定发展，而且对生活安宁以及社会的稳定都有重要的作用。因此，消除学校周边安全隐患，维护社区治安现状就尤为重要。通过学校及其社区治安的调查研究工作，了解学校及其周边社区的治安现状及日常治安工作的开展情况，以便了解校园内的学生与一般社区居民的安全需求。希望您能配合我们如实回答以下问题，我们对您谈的问题予以保密，请您不要有任何顾虑。

您在填写问卷时，不用您署名，在所选的内容上划圈，在“______”上填写相应的文字，没有标明“可多选项”的只有一项。谢谢您与我们合作！

1. 您的性别：A. 男　　B. 女

2. 您的家庭成员构成是：

   A. 独身　　B. 二口之家　　C. 三口之家　　D. 三口以上

3. 您的职业：

   A. 公务员　　B. 家务　　C. 离退休人员　　D. 专业技术人员

   E. 商业服务人员　　F. 军人　　G. 学生　　H. 待业

   I. 其他/不详

4. 您所在的社区是？

   A. 不封闭　　B. 半封闭小区

   C. 封闭小区没有物业公司管理　　D. 封闭小区并有物业公司管理

5. 请问：您觉得居住在本社区里让您有安全感吗？

   A. 非常有安全感　　B. 比较有安全感

   C. 一般　　D. 不太有安全感

   E. 没有任何安全感

6. 您一般从何种渠道了解“安全社区”的相关信息？

   A. 公众传媒体（电视．报纸．户外广告）　　B. 上门宣传

C. 网络(宽带或小区网)　D. 宣传栏
E. 邮寄资料　F. 其他

7. 你所在社区治安问题中最突出的是什么？(可多选)
A. 车辆被盗　B. 入室抢劫　C. 街面扒手　D. 电脑被盗
E. 其他

8. 请问：您对你所在社区警务室的一些工作质量评价如何？
A. 非常好　B. 比较好　C. 一般　D. 比较差
E. 非常差　F. 不清楚

9. 您认为在宿舍或家居安全方面，最应优先完善的项目是
A. 火灾预防　B. 触电预防　C. 食物中毒预防　D. 煤气中毒预防
E. 防盗预防　F. 家庭用药安全

10. 你认为在交通安全方面，最应优先完善的项目是
A. 机动车驾驶人安全　B. 行人安全
C. 乘车人安全　D. 安全乘坐地铁、火车、飞机、轮船等
E. 道口安全　F. 标志、标识、警示

11. 你认为在消防安全方面，最应优先完善的项目是
A. 家庭或宿舍火灾　B. 高楼火灾
C. 人员密集场所火灾　D. 居民区火灾
E. 易燃易爆危险物品生产、储存场所等重大火灾危险源

12. 您认为有效改善社区治安的组织是？
A. 社区警务队　B. 治安联防队　C. 居委会　D. 社区志愿者巡逻队

13. 您认为目前以下哪些地区或场所最不安全(多选)
A. 繁华街区　B. 商场或集贸市场
C. 公共汽车或火车等交通工具上　D. 住宅小区周围
E. 野外公路　F. 娱乐场所
G. 其他

14. 住地近几年是否发生过违法犯罪事件：
A. 经常　B. 较多　C. 较少　D. 几乎没有

15. 居住地近几年青少年犯罪是否频繁：
A. 很多，经常发生　B. 较多　C. 有，很少　D. 没有

16. 您认为导致青少年犯罪的最主要原因是什么
A. 社会阅历浅和认知能力差　B. 家庭引导不当
C. 法律意识淡薄　D. 社会风气差
E. 心理状态不稳定　F. 其他

17. 当您受到不法侵害之后，比如抢劫、盗窃等，您会采取哪些行动：
A. 马上报警　B. 找亲戚朋友帮忙
C. 自己想办法解决　D. 不了了之
E. 其他

18. 您认为受到不法侵害的人，报警的多吗：
A. 很多　B. 有，少数　C. 几乎没有

19. 您认为不报警的人，是出于什么原因呢？
    A. 报案后警察也不行动
    B. 报案后警察也不侦查
    C. 警察侦查能力差
    D. 报案后警察态度不好
    E. 其他（请说明）
20. 您认为当地各级党政机关和官员是否重视社会治安监管工作
    A. 很重视　　B. 较重视　　C. 较不重　　D. 不重视
21. 您认为，目前当地派出所、当地街道办事处对犯罪打击力度如何
    A. 很宽　　B. 很严　　C. 宽严适当　　D. 时宽时严
22. 认为改善当地社区治安，当地政府应做好哪些方面的工作（可多选）
    A. 增加警员，增加巡逻　　B. 提高警察素质
    C. 加大违法犯罪打击力度　　D. 加强青少年法制教育
    E. 改善警民关系　　F. 鼓励见义勇为
    G. 加强法制宣传教育　　H. 加强外来人口管理
    I. 加大矛盾纠纷解决力量
23. 为今后更好地服务于广大居民，让大家在社区这个大家园里生活得更舒心，请问您对社区的工作还有哪些建议或意见呢？还有吗？麻烦您再想想还有吗？
24. 您认为在创建“安全社区”工作中应改进的内容有哪些？
25. 如何提高社区治安服务水平，有何好的建议？

以上是“××××市学校周边社区的治安状况调查问卷”，在日常治安管理中，这种问卷调查方式是属于治安调查的一种常见方式，这也是公安机关日常治安管理过程中的一种勤务方式，治安调查是否只有这一种方式？治安调查的功能和作用如何？在本章中将会详细介绍。

# 第一节　治安调查概述

## 一、治安调查的概念

关于治安调查，不同学者有不同认识。有学者认为，治安调查，也称为治安防范调查，是治安管理的基本措施之一，是客观了解和科学分析某一领域治安管理的现状、问题，为治安管理的科学决策和有效实施提供依据的一种认知活动。有学者认为，是指治安管理主体为了解和掌握社会治安状况，获取专门信息，而依法进行的专门考察、了解所采取的措施。有学者认为，治安调查，是指公安机关治安管理部门为了掌握社会治安状况，获取治安信息，处置违反治安管理行为或治安灾害事故，由专门人员所做的专门考察了解工作。还有学者认为，治安调查是治安管理部门为了解和掌握社会治安状况，运用各种工具和手段对调查对象进行观察、实验、测量、统计与了解的活动。以上各种观点基本描述出了治安调查的轮廓：第一，治安调查应当有特殊主体，即公安机关及其所属部门。有学者认为调查主体是公安机关的治安管理部门，我们认为具有一定局限性，从调查目的来看，不仅仅限于社会整体治安状况，也存在其他目的，比如为了某一行业或者领域某项的专门信息和治安状况，也有可能

是不同部门为了实现治安管理目的而进行的，如刑事案件办理部门为了更好掌握刑事案件发案状况，或者某一类刑事案件的发案率等，他们也可以进行一定范围内的调查，都可以称为治安调查，因此，主体应当多元，可以是公安机关的任何部门。第二，治安调查的目的性，从以上各位学者观点来看，治安调查的目的都是为了客观了解和科学分析某一领域治安管理的现状、问题，为治安管理的科学决策和有效实施提供依据。第三，治安调查的方式方法和形式多样，包括各种工具和手段对调查对象进行观察、实验、测量、统计与了解的活动。综上，我们认为，治安调查是公安机关的一项基本管理措施之一，是公安机关民警的一项基本勤务，指公安机关及其所属部门为了掌握社会治安状况，获取治安信息，合法合理处置违反治安管理行为或治安灾害事故，为治安管理的科学决策和有效实施提供依据，综合或者单独运用各种工具和手段对调查对象进行观察、实验、测量、统计与了解的活动。

治安调查与社会调查既有相通的地方，又不同于一般的社会调查，在一些基本原则和途径方法上与社会调查有一致的地方，在治安调查的主体和内容方面来看，治安调查又具有特定性，它是特定机关——公安机关了解和掌握社会治安调查治安情况，调查处理治安案件、治安事件和治安灾害事故的专门措施，也是公安民警的必备的基本功。治安调查也不同于治安、刑事案件办理中的调查，不像案件调查那样有对象确定性、法定程序性、内容精确性，也不像安全检查那样有具体认知行为、严格的程序与法定条件要求，而是相对宏观、泛化、灵活、多样性的调查和分析研究活动和过程。

## 二、治安调查的特征

**(一)基础性**

治安调查是治安管理的基础性的勤务活动。治安调查既不同于治安案件查处活动中的调查，也不同于治安检查，它是为了解治安状况，收集治安管理的有关信息而开展的调查。它既不像治安案件、治安事件、治安灾害事故调查为弄清案件、事件事实真相那样，具有特定的调查范围、调查内容、调查对象和严格的调查程序、调查方法，也不像治安检查对治安管理相对人实施那样，具有具体的认知目标的活动，它是一种针对宏观的治安现象、治安问题、治安规律，采取通常的社会调查方法而实施的基础性调查。这种基础性调查的对象具有广泛性，是针对影响社会治安秩序和治安管理的各个方面；调查目的具有非精确性，它不是为了弄清某一具体案件、事件真相，而是要获取可供决策参考的面上的资料；调查方式具有非法定性，它不是严格按照法定的程序和方法开展的研究，而是根据治安管理实际需要而开展的，方式方法也灵活多变；调查的结果能为治安管理决策和各种治安管理手段方式的运用提供背景材料和基本依据，它是整个治安管理工作的支撑。各项治安管理活动的开展都必须以治安调查所获取的情报信息为依据，否则，治安管理活动就很难做到有针对性，其科学性也就无从谈起。

**(二)认知性**

治安调查是一种认知活动，它必须要遵循认知活动的一般规律，既要达到弄清“社会事实是怎样”的目的，还要达到“社会事实为什么这样”的认知目的，在一定意义上来说，治安调查更重于弄清社会事实为什么这样的问题，还要根据已知的社会事实，预见和推断新的社会事实。这是治安调查区别于查处治安案件、事件调查和其他治安勤务活动的重要特征。

**(三)时效性**

治安调查总是围绕着一定时期、一定范围、一定目的所展开，治安调查的目的是为现实治安管理实践服务。治安调查的内容、范围都具有非常强的时效性，往往都有一定的时间上的限制，否则，调查内容和结果则无法为治安管理决策和制定治安对策服务。

## 三、治安调查的作用

通过治安调查，治安调查是一种社会认知活动，是一种基本的治安勤务，是其他治安管理活动的重要基础。通过治安调查，治安管理部门可以及时地把握各种治安问题的现状、原因及其发展、变化的规律，或者对一定时期和一定范围内治安方面存在的问题、发生的原因及其发展趋势，作出科学的判断和预测，从而为治安管理的科学预测与决策奠定坚实的基础，为各项治安管理工作提供条件。治安管理主体可以从而采取有效的对策和相应的措施，把握治安管理的主动权。具体来说有以下作用：

**(一)治安调查是获取治安信息的基本途径**

治安信息就是关于治安工作及其有关事物运动状态和方式的反映。治安工作涉及社会的各行各业和人们生活的各个方面，凡是与人类社会有关的活动，在某些特定的情况下都有可能与治安工作发生联系，这种现象一旦发生就表现为治安信息。公安机关治安管理部门要想及时地了解和把握社会治安动态，掌握工作的主动权，就必须全方位地获取各种治安信息。而获取治安信息的途径无外乎两种：一是被动获取，即人民群众主动向公安机关提供，如群众控告、检举、揭发等；二是主动获取，即公安机关通过治安调查主动向群众了解、收集。在当前群众主动向公安机关提供治安信息的热情有所降低的情况下，治安调查在获取治安信息方面的作用就显得尤为重要。

**(二)治安调查是做好各项专业管理工作的基本前提**

各种治安管理专业管理的落实、各项措施的实施，都需要针对具体的对象、特定的环境，当然需要在实施前重新进行相应的原因调查研究，事前的全面调查研究，可以为研究具体问题、落实具体措施提供可靠的参照和有益的启示。治安管理是国家赋予公安机关的行政管理职能，从其管理对象划分，它包括户政管理、公共治安秩序管理、特种行业管理、危险物品管理、消防管理、道路交通管理、出入境管理、内保单位管理等多项专业管理工作。这些专业管理工作虽然侧重面各有不同，但其管理目标无不是为了维护社会治安秩序、保障社会生活的正常进行，进而为经济建设提供一个良好的社会治安环境。然而无论哪项管理工作，要想取得预期的管理成效，实现管理目标，均离不开对管理对象的调查与研究，这也就是说，对管理对象现状及其变化、发展规律的把握，是我们做好各项专业管理工作的前提条件，而对管理对象现状及其变化、发展规律的把握无不是通过治安调查的方式来加以实现的。因此，治安调查是做好各项专业管理工作的基本前提。

**(三)治安调查是治安决策依据的基本来源**

任何决策都是一种主观见之于客观的活动，正确的决策只能建立在全面、客观的正确认识之上，不能正确把握现实状况的决策，要么是本本主义地生搬硬套传教、上级指示、别处经验，要么是主观主义地闭门造车、凭空想象，治安决策也不例外。从广义上讲，它是治安管理部门领导者对治安管理方案的设计、选择和实施的整个过程；从狭义上讲，就是治安管理部门领导者对治安管理方案的选择，即通常所说的决策。领导者这种主观见之于客观的活动，是整个治安管理活动中不可或缺的一个重要组成部分，从某种意义上讲，它是各项治安管理活动的“启动器”。要想使决策达到主观与客观的完美融合与协调，使治安管理活动沿着正确的方向开展，除了要依赖于科学理论的指导外，还要依据于决策对象的客观现实状况，而这种客观现实状况的把握，除了决策者自身深入实际的调查了解外，更大程度上依赖于治安民警日常治安调查所获取的各种治安信息。由此可见，治安调查是治安决策依据、尤其是科学决策依据的一个基本来源。

**（四）能对治安管理工作进行全面的检验与客观评判**

治安调查要全面调查各种社会治安状况，这些状况的形成是治安管理工作的结果，因此，治安调查本身就是对已进行的治安管理工作的重新审视；治安调查不仅要了解情况、发现问题，还要客观分析原因，甚至需要提出相应的对策建议，因而更是对已进行的治安管理工作的全面检验与客观评判。

**（五）能提高公安机关的治安调控能力和治安民警的综合素质**

治安调查的成果，一般是对某一领域、地域治安管理现状、特点、问题、趋势等方面的宏观的、综合性的认识，得出这种具有相当的超前预见性的认识，公安机关就可能未雨绸缪，使自己的工作处于主动地位，从而更有力、更有效地调控社会治安；要完成宏观、超前认识和把握治安态势的任务，就要独立地认识现状、发现问题、分析原因、解决问题，不管是对直接从事调查的警察还是对其他警察，都将是综合素质的巨大提高。

## 四、治安调查应当注意的问题

**（一）实事求是，防止主观误导**

科学、可靠的调查研究，首先要客观真实。实事求是，即要求在治安调查过程中，一切从实际出发，尊重客观事实与事物的本来面目，对各种情况和信息不夸大，不缩小，不改变真实面貌，不主观臆断和先入为主，不把个人的感情和见解加入到调查的事实之中。只有这样，才能保证治安信息的真实可靠，也只有这样的信息才能作为治安决策的依据，否则势必影响治安决策的正确性和科学性，甚至给治安管理工作带来不应有的负面效应。要做到实事求是，必须做到三个方面：一是调查的组织者和实施者必须有客观的立场、求是的精神、严谨的作风，防止先入为主，各取所需，更不能主观臆断甚至编造资料；二是要建立科学、完备的治安调查制度，用制度确保治安调查勤务活动的真实客观；三是要掌握科学、规范的治安调查方法，确保治安调查活动能做到“去粗取精、去伪存真、由此及彼、由表及里”。

**（二）主动及时，防止时过境迁**

主动及时是由治安调查活动的时效性特征所决定的。事物发展总是千变万化的，事物是发展变化的，中国社会、尤其是与社会治安相关的很多方面，特别是中国特色社会主义进入新时代，随着网络的普及和人工智能技术的发展，社会和治安现象更是瞬息万变，其变化的规模、幅度、范围都是前所未有的。要了解其动态、把握其规律，必须要不断地开展调查，跟踪社会治安发展动态，随时把握社会治安的新情况、新问题、新特点。各级、各类治安管理机构都应当重视调查研究，随时发现新现象，及时组织对新课题的调查研究，防止时过境迁、事过境迁，相关信息散失，公众感受淡漠，从而影响治安调查成果的社会效益。

**（三）全面系统，防止以偏概全**

全面调查、典型调查、抽样调查、个案调查，调查的方式多种多样，但在方式、方法选择和运用中，一定要注意确保调查结果的全面性、系统性。全面，是指调查活动应围绕社会治安各个方面的情况及其有机联系进行。对涉及治安秩序的人、物、事等，要做到多听、多看、多方收集资料，了解情况的来龙去脉及其互相联系。准确，即要求调查活动应将社会治安情况搞清楚，不能模棱两可，似是而非。要深入细致地开展调查工作，力争掌握第一手资料，并对有关情况进行查证核实，切忌含糊其辞和道听途说，做到时间、空间、人物、事件、因果关系等清楚无误。调查若失去了全面性和准确性，就势必会使依此而制定、采取的各项安全防范制度和管理措施失去其应有的针对性，也就难以发挥其应有的作用。例如，各地都搞的流动人口调查，就需要更大范围相对统一组织、规范实施、数据共享，如果各自为战，就容易受地区、单位的局限；即使在本地区，也应当考虑调查的时间可比性，从临时进行逐步提升到定期进行，从临时设计转变为规范运作。再如，典型调查简捷有效，但一定要选取能真正指导全局的单位而不能只选取领导重视或者工作开展得好的地区和单位。

**(四)准确规范，防止粗疏凌乱**

与其他调查一样，治安调查是一种需要很高组织、协调水平的社会实践活动，其工作过程中的诸多行为，都需要专业人员事先全面精细设计与规范，否则，缺乏科学组织、调控的调查研究，往往各行其是，成果必然缺乏科学性，甚至可能出不了结果。

社会治安是一种复杂的社会现象，治安管理是一项复杂的管理工作。要使社会治安的手段、对策、方略适应治安形势的发展变化，就必须要有准确规范的治安调查。首先，治安调查在内容和范围上要规范，要形成系统、完备的治安调查体系；其次，调查的时间、层次、方法要规范有序，要将零星、非制度化的治安调查加以整理提高，使之规范化、制度化；再次，要提高治安调查人员的素质和水平，使他们能正确地运用科学的调查方法和技术手段开展治安调查。

## 第二节　治安调查的内容

治安调查的内容十分广泛，大体可归纳为四个方面：即社会治安状况调查，影响治安秩序的因素调查，治安管理专业调查和治安案件、事件、事故调查。

### 一、社会治安状况调查

社会治安状况是某一地区一定时期社会治安秩序的综合反映，它是进行治安决策、制定治安对策的重要依据，是公安机关实施专业管理的基础。社会治安状况调查的内容主要是以治安秩序构成要素为重点开展调查，主要包括维护治安稳定的控制力调查、威胁治安秩序和安全的破坏力调查、公众安全感调查等。

**(一)维护治安稳定的控制力调查**

控制力主要是由政法机关的人员数量、人员素质、装备及经费、保障、工作效率，治保组织数量、群众法律意识等构成。在调查中应重点调查以下内容：每万人中公、检、法及其他司法工作人员数和治安保卫组织数；公安民警的文化程度、素质状况及年龄结构；政法经费及装备的人均数量和人均破案数、批捕数、判决数；社会面控制的民警数量和维护治安的基层派出所民警数；人民群众的守法状况和扭送违法犯罪分子到公安机关的数量；社会防范能力和群防群治网络的组建情况；社会治安综合治理措施的落实情况；基层政权组织的工作运转情况；基层基础工作建设。

**(二)威胁治安秩序和安全的破坏力调查**

破坏力是直接危害社会治安的各类消极因素的总和。主要包括刑事案件、治安案件、治安事件、治安灾害事故的发案数以及财产损失和人员伤亡数。在调查中应重点调查：公安机关发现和群众报警的一般刑事案件数量和各种治安案件数量；抢劫、爆炸、持枪犯罪、集团犯罪、黑社会性质组织犯罪等严重犯罪案件和其他重大、特大刑事案件数量；“刑满释放人员和解除劳教人员”、羁押人员、通缉犯、流窜犯的情况；“法轮功”及其他邪教组织、会道门、封建迷信组织的活动情况；工作、生产环境和各种公共复杂场所的秩序受到扰乱和破坏的情况；重要社区、重大节日、大型纪念活动、娱乐活动的秩序受到扰乱和破坏的情况；法令、政令的执行情况和国家行政机关、司法机关执行公务行为遭到拒绝和阻碍的情况；政法机关及其他行政机关人员违法行政和违法犯罪的情况。

**(三)公众安全感调查**

公众安全感是人民群众对社会安全的期望值与实际社会安全状况相比较的一种心理感受。在安全感调查中，主要调查以下内容：群众对治安秩序的总体评价；群众对违法犯罪的态度，一般调查公众在自己或他人合法权益遭到不法侵害时，是挺身而出与之斗争还是明哲保身见死不救，以及群众对不同类型的违法犯罪案件和不同场合发生的案件及后果的态度；调查群众在了解某类案件发生后的心理状况，一般多选常见案件、多发案件，重大、特大案件进行排序调查；群众对遭受治安事故和非法侵害的可能性估计，一般调查人身安全、财产安全、精神安全的担心程度以及在特定时空段遭受非法侵害的可能性；群众对公安机关、司法部门的信任感以及工作效率和作风的评价，一般调查政法机关在人民群众中的形象、见面率、工作效率以及是否愿意控告、检举、作证及是否害怕报复等方面。

## 二、影响治安秩序的因素调查

治安秩序是社会多种因素综合作用的结果，与政治、经济、文化、社会生活等方面都有密切的联系，通过调查，能正确分析形势，提供决策依据，把握治安管理的主动权。

**(一)政治因素的调查**

政治稳定是治安秩序稳定的重要基础和条件，是影响和决定社会治安秩序好坏的重要因素。对政治因素的调查，有助于从宏观上把握治安形势，为党和政府的决策提供参考。调查内容主要包括：国外、境外敌对势力对我国的颠覆、破坏和和平演变情况；民族问题、民族矛盾以及对祖国统一和“一国两制”的认识及存在问题；国内外重大政治事件、自然灾害在人民群众中引起的反应，群众对党和政府出台的重大决定、政策的态度、看法和意见；官僚主义作风、腐败现象带来的社会影响，人民群众对此的主观看法和由此带来的内部矛盾。

**(二)经济因素的调查**

随着社会主义市场经济体制的逐步建立，社会经济结构、产业结构和人们的利益格局发生了深刻的变化，这些变化在带来积极效应的同时，由此而引发的社会矛盾也给社会治安带来了极大的冲击，使经济日益成为影响社会治安秩序的最基本的因素和条件。对经济因素的调查主要应包括以下内容：群众对国家的经济政策、社会主义市场经济制度变革中体制转轨、产业结构调整等的认识和看法，经济体制改革带来的失业、破产、贫富差距等方面情况对公众的心理影响及反应状况；生产力发展水平与日益增长的物质文化需要的矛盾和社会保障水平情况以及对治安秩序的影响；居民角色分化，社会成员收入差距以及人们对这种差距的主观看法和心理平衡状况及承受能力；各种扰乱和破坏社会主义市场经济秩序的违法犯罪情况及各种劳资矛盾、债务纠纷、征地补偿、房屋拆迁补偿、移民安置补偿等情况。

**(三)文化和教育因素调查**

文化、教育因素是影响社会公众心理、道德、意识的重要因素，也是制约和影响社会治安秩序的重要因素。一定时期的主体文化的导向、社会宣传以及非主流意识的影响，对公众的社会治安安全感和治安意识都有巨大的影响作用。教育是涉及千家万户、关系到青年一代的重要问题，教育的成败、教育质量的高低教育政策等对社会治安影响也是至关重要的。对文化和教育因素的调查主要包括：社会思潮的调查，即对某一时期反映一定阶层利益和要求并形成一定影响的思想倾向的调查；对大众传播媒介宣传内容的调查；宗教因素的影响调查；对“法轮功”等邪教组织的调查；道德因素的调查；民俗因素的调查；社会学校教育的缺陷调查；不良家庭、缺陷家庭、破裂家庭和一般家庭的子女教育缺陷、教育方法情况调查及公民的法制教育、人民群众法律意识的水平情况调查等。

## 三、治安管理专业调查

治安管理专业调查主要包括：户口调查，如重点人口活动情况，流动人口犯罪问题；公共场所情况调查、特种行业情况调查，如违法犯罪人员在某类特种行业或公共场所活动的特点；重点单位及要害部位情况调查和危险物品情况调查等。其他如道路交通安全状况调查等。

### (一)户口调查

户口调查是指户籍民警为了熟悉辖区内的各种情况，掌握辖区治安动态，依照有关规定，对辖区内住户及居民情况所进行的熟悉了解活动。其调查的主要内容包括常住人口情况、暂住人口情况及常住人口、暂住人口中依法列管的重点人口情况。其中对一般常住人口应调查了解其基本情况、现实表现、经济状况及主要来往关系；对一般暂住人口应调查掌握其基本情况、原住址及租住地址情况从业及经济收人情况和人际关系情况；对重点人口则要在达到对一般人口了解要求的基础上，进一步调查掌握其曾用名、绰号、体貌特征、违法犯罪记录及作案习惯、现有嫌疑及主要活动场所、来往人员等情况。

### (二)公共场所情况调查

公共场所种类多，情况复杂，涉及面广，容易发生违法犯罪活动和治安灾害事故，是治安管理的重点场所。公共场所又包括公共娱乐场所，公共交通场所，公共游览场所等。对公共复杂场所的调查主要应调查掌握其是否具有合法经营资格、是否具备相应的安全条件、是否建立并落实了各项安全防范制度、是否配备有相应的治安防范力量及治安防范设施、是否存在安全隐患、是否存在违规违法经营问题及场所内是否发生过违法犯罪活动等方面的情况。从而为开展一般性和特殊性的治安管理措施打下良好的基础。

### (三)特种行业情况调查

特种行业由于所经营的业务内容和性质容易被违法犯罪分子利用进行违法犯罪活动，历来是公安机关阵地控制的重点，也是治安管理工作的重要内容。对特种行业的调查应重点调查其行业数量及分类情况、行业分布及发展变化情况、从业人员构成情况、房屋建筑及设备设施等“硬件条件”的安全情况、贯彻执行各项治安管理法规和规章制度情况、治安保卫组织及力量构成情况、出入特种行业的人、财、物构成及运转情况、行业中发生的违法犯罪及治安灾害事故情况等

### (四)重要单位和要害部位情况调查

重要单位和要害部位关系到一个国家或地区的安危，对国计民生起着重大作用，一旦发生案件、事故，将带来不可估量的损失。在调查中应抓住以下几方面：一是调查重点单位、要害部位的数量、业务特色、重要程度和主管单位的情况；二是调查重点单位、要害部位所处的位置，周围的道路、地形、地物情况；三是调查重点单位要害部位的从业人员政治、业

务素质，保卫机构、保卫力量情况和保密观念情况及责任感状况；四是调查重点单位、要害部位的技术防范装备和制度建设情况；五是调查重点单位、要害部位周围各种可疑迹象、可疑人员情况和周围高层建筑情况；六是调查重点单位、要害部位及附近发生的违法犯罪情况，治安灾害事故的种类、数量、方法、手段、损失和社会影响情况。

**(五)危险物品情况调查**

危险物品如果管理、使用不当或被违法犯罪分子利用，会造成各种案件、事故，给公共安全带来严重威胁，必须加强管理。在调查中应重点调查以下几方面：一是调查当地危险物品的生产、贮存、运输、销售、配备情况，使用的单位、个人的数量、种类、目的、范围以及国家的计划情况；二是调查危险物品流失在社会上的数量、种类、性能，流失途径等情况；三是调查危险物品生产、贮存数量、地点与城镇人口密集区域的距离，运输数量、路线、时间与沿途的治安状况；四是调查危险物品从业人员的政治、业务素质，调查涉及危险物品行业的保卫力量和治安保卫组织建设情况；五是调查与当地危险物品有关的风俗习惯环境保护、法律意识情况；六是调查与危险物品有关的违法犯罪和治安灾害的数量、种类、方法、手段、特点及人员伤亡和财产损失情况；七是调查危险物品从生产到使用各环节的制度建设、装备、技防措施等情况；八是调查危险物品过期、失效、销毁的数量、种类等情况。

### 四、治安案件、事件、事故的调查

治安案件、事件、事故的调查并不是指为查破治安案件、事件、事故真相而开展的办案调查，而是指作为治安问题发展动态状况的社会治安现象的调查。其目的主要是通过调查掌握治安案件、事件的存量、结构，发展变化的动态规律和趋势等方面的情况，以便为治安决策，采取相应对策提供依据

## 第三节 治安调查的程序和方法

### 一、治安调查的类型

治安调查的类型是多种多样的，根据调查的目的、内容、方式方法的不同可以进行不同的分类，不同的调查类型具有不同的特点，这是进行治安调查必须要掌握的，并且根据不同的调查类型采用不同的程序和方法。

**(一)根据调查内容不同，可以将治安调查分为全面调查、重点调查和个案调查**

全面调查又称普遍调查，是指对某一调查对象的构成总体进行全面调查。例如，户口普查、年终户口调查等都属于全面调查。全面调查耗用的人力、物力、财力相对较多，仅靠民警个人难以完成工作任务，需要在党委、政府领导和大力支持下，组织有关部门和人员才能做好，此种方式一般用于获取全国性、全省性等带全局性的综合信息的调查。重点调查又称典型调查，是指在对调查对象进行初步分析的基础上，选取若干具有代表性的对象作典型而开展的调查。这是一种常用的治安调查方式，它是选取社会治安的某些方面、某些问题、从某个角度开展的调查活动。这种调查可以深入了解事物的某一方面特征、某一类现象、某一行业的情况，它既能说明和反映总体对象的基本情况，又能相应节约人力、物力、财力和时间，具有较高的适用性。个案调查是指对某个特定对象或案件进行深入调查，全面查清案件、事件或事故的事实真相，以解剖麻雀的方式获取信息，以点带面，发现新情况、新问

题、新特点。个案调查在治安调查中，针对具体案件、事故、事件或特定对象等运用较多。

**(二)根据调查的目的不同，可以将治安调查分为研究性调查和工作性调查**

研究性调查是为了探索、描述治安现象和治安问题的现状、特点和规律而开展的调查活动。这类调查往往不仅要解决“是怎样”的问题，而且还要解决“为什么是这样”的问题，这类调查通常是综合性治安管理部门组织的调查，其目的是为分析现状、研究对策、制定方针政策和领导决策服务的。工作性调查是为完成治安管理任务、履行治安管理职能，根据工作部署和职责要求，对工作对象而开展的调查。其目的主要是探寻工作对象的状况、问题，是为治安管理人员及时采取相应措施和处置方法服务的。这类调查通常是基层治安民警根据工作需要而开展的，它是大量的、经常性的治安调查活动。

**(三)根据调查对象确定的方法不同，可以将治安调查分为随机抽样调查和非随机抽样调查**

抽样调查又称概率抽样调查，是按照概率原理，从需要调查的全部对象中随机性地抽取若干调查对象进行调查，并由抽样调查结果来获取全部对象信息的方法。随机抽样调查的基本原理就是保证总体中的每个单位都具有同等被抽中的可能性而选取调查样本，这类调查往往在比较规范的研究性调查中采用，如公众安全感调查。非随机抽样调查又叫非概率抽样调查，它是根据调查者个人的方便，以人的主观经验、设想，选择调查样本的调查。治安警务人员日常的治安调查基本上都是非随机抽样调查。

## 二、治安调查的方法

根据调查目的、调查对象的不同特点，选择适当的方法开展治安调查具有针对性和实效性。在治安调查中，调查方法主要有以下几种：

**(一)观察法**

观察法是指通过人的视觉器官，有意识、有目的地对治安情况进行了解和考察的方法。这既可以对静态情况进行观察，也可对动态情况进行观察，这种方法简单易行，不受时间、条件的限制。如对道路交通、地形地物、人员流量、面部表情、肢体动作、现场遗留物、痕迹、安全隐患等均可采用。

**(二)访谈法**

访谈法是指通过询问、谈话、座谈等形式进行人与人之间的语言交流以了解和获取情况、信息、情报的调查方法。这种方法了解内容广泛，深入细致，问听、记简便易行，访谈时间、地点选择余地大，容易掌握新情况、新问题，具有形式上的灵活性，交流上的主动性，问话上的技巧性等。访谈法在治安调查中大量使用，如进行现场访问、召开座谈会、进行询问、拉家常、情况汇报会等，目的是为了获取被访谈对象的观点、了解他们对一些治安现象和治安问题的态度。

**(三)问卷法**

问卷法是指将需要调查的内容设计成问卷或表格，通过被调查者进行笔答或代为填写，然后收回的方式获取信息。一般问卷法以填空、多选、简答等形式较多。在治安调查中多用于公众安全感调查、网络调查、对各种情况反映，提出意见或建议等。

**(四)查阅资料法**

查阅资料法是指从现有的档案、文件、网络资料、统计数据、记录材料、工作报告、工作总结、公安简报、通报、音像制品中检索有关信息的方法。这种方法可以不受时间、空间限制，借用已形成的成果，具有简便易行、范围广泛、客观真实的特点。

**（五）技术手段调查法**

技术手段调查法是指治安管理部门及其工作人员依法运用录音、摄像、电视监控、红外夜视、自动记录仪、智能机器人等手段了解和捕捉有关情况、信息的调查方法。通过这种方法了解的内容真实、准确，容易捕捉转瞬即逝的情况和信息，具有直观性和技术性的特点。

**（六）跟踪调查法**

跟踪调查法是指对需要了解的对象在一定时间内连续多次调查、了解发展变化情况或对重点人员在行程上的连续性观察以获取有关情况信息的方法。这是一种动态调查，在治安调查中多用于了解某对象的发展变化情况和了解重点人口的人员交往、行动变化、生活方式等。

以上调查方法既可单独使用，也可综合使用，在实际工作中仍需不断地摸索、创新。

## 三、治安调查的基本程序

治安警务人员日常开展的治安调查往往是非规范的、非随机抽样的调查，一般没有严格的程序要求，重要的是要依法调查和经常性调查。这种调查准备活动简单，调查方式灵活，调查结果因事、因人而异。但作为一个完整的、大型的治安调查，如户口普查、公众安全感调查等，必须要有严格规范的调查程序，否则便难以保证调查工作的有序性和调查结果的科学性。治安调查一般应按照以下程序进行：

**（一）治安调查的准备阶段**

治安调查准备阶段主要包括三个方面：确定调查的主题和内容、进行调查设计和准备调查的人员和工具。

确定调查的主题和内容是治安调查的首要环节，也是决定治安调查的范围内容、对象和方法的前提。治安调查的主题和内容的确定应坚持依法确定、工需要的原则进行。所谓依法确定，是指治安调查的内容必须是在法律允许的范围和法律规定的内容上进行选择，不得超越法律规定的范围进行调查；所谓工作需要，是指治安调查要紧紧围绕公安工作的中心、围绕上级的总体部署、围绕现实治安管理实践的需要、围绕履行治安管理职责的需要选择调查主题和内容，不要把治安调查当作学术研究进行选择和确定。

治安调查设计是准备阶段的主要工作，治安调查的成败与治安调查设计的科学性、严密性、合理性是直接相关的。调查设计就是根据调查目的，对整个调查工作进行规划，制定出调查的最佳途径、选择恰当的调查方法和策略，制定具体的操作步骤和方案的过程。调查设计主要包括选择和确定调查的对象、确定研究进度、人员分工、费用预算等内容。调查设计实质上是对调查内容、调查人员、调查过程、调查手段方法进行统一协调的活动。

治安调查人员和工具准备包括确定由谁来开展调查、对调查人员进行培训以及为治安调查筹措物质经费保障等方面。特别是大型的治安调查这个环节是非常重要的。例如，户口普查就需要选定普查员，并对普查员进行必要的培训，还要为整个普查工作做好后勤保障。

**（二）治安调查的实施阶段**

治安调查实施阶段是按照调查设计中所确定的方式、方法和技术进行资料的收集、整理工作。它主要包括收集资料、整理资料、储存资料三个环节。

1. 收集资料。收集资料是整个调查过程中最具体、最显而易见的勤务活动，同时也是最辛苦、最复杂的工作。收集资料工作的质量将直接影响到调查的结果。调查收集资料往往是根据调查内容、目的，采取不同的方式方法。最常用的方法有查阅文献资料、开展社会调查。

查阅文献应该说是大型的治安调查活动的重要环节，特别是一些研究、探究性的治安调查，收集资料显得尤为重要。开展社会调查是治安调查最基本的收集资料的方法。社会调查收集资料的方法有很多，其中最主要有观察法、问卷法、访谈法三种。

2. 资料的处理。治安调查资料形成的治安信息是比较零散和杂乱的，有的还真假混杂。因此必须进行筛选、排序、核实和去粗取精、去伪存真的处理，才能发挥应有的作用

治安调查资料的处理方式一般有三种：一是手工处理。这是一种最基本的处理手段，它是运用人脑，借助于感观进行的处理。二是机械处理。就是通过机械仪器进行一定的数据、图像等识别以完成分类排序、检索制表等工作。三是计算机处理。就是利用程序软件，完成各种分类排序、汇总、计算、制图、制表等多方位的处理。

治安调查资料的处理程序主要有整理分类、资料核对、资料制作三个方面：

(1)整理分类。治安调查形成的资料，往往非常零散、杂乱和面广，层次多般处于无序和不系统状态，因此处理程序的第一步就是整理、分类和排序。由于分类方法较多，分类要求不同，分析研究目的不同，因而同一资料可进行多种分类。我们在实际工作中可按照全国性、地域性、区域性分类；按整体、局部、个别分类；也可以按治安状况、影响治安问题因素、治安专业管理情况、案件、事件、事故进行分类。在分类上应层层归口分类。

(2)资料核对。对经过合并、归类、整理的调查资料、信息要进行核对，剔除其中不真实或无用的部分，从中选择能反映客观本质的信息。资料核对有再调查、互相印证和进行判断的特点。

(3)资料制作。就是对经过筛选、排序、核对的有价值的调查资料以填写卡片、绘制图表、文字表达、音像制品、计算机录入等方式表现出来。资料只有经过制作，才能便于分析研究，为治安管理提供有效的服务。

3. 治安调查材料的存储。经过处理的调查资料必须通过一定的介质归档加以存储，以便随时提取应用，存储的方法主要有以下几种：

(1)实物存储。实物以它的客观存在、自身形态或性质表明它所存储的信息，也即通常所说的物证。如提取的现场遗留物，包括凶器、衣物、烟头、鞋印模型、提取的指纹、没收的赃款赃物，收缴的枪支弹药等危险物品和淫秽物品等。

(2)纸介质存储。即运用纸张按一定的格式规范，以文字表述，图、表、卡片等方式加以存储。

(3)照相存储。即运用照相器材将实物、纸张为载体的数据、资料、文件档案等，拍到胶卷、页式胶片、录像磁带等介质上加以保存。

(4)声音存储。就是使用声像设备将声音信息资料存储于唱片、录音带、录像带、电影胶片等介质加以保存。

(5)计算机数码存储。是指用计算机通过各种程序将文字、图、表、数据声音、图像等，转换为数字，以光盘、U 盘、硬盘等介质加以存储。这种存储信息具有容量大、占用空间小、保存时间长、存取迅速、使用方便准确等优越性。由于数据便于修改，在证据使用方面存在许多不足，必须完善数据修改、补充的规范化制度和法制化建设。

**(三)治安调查的分析和运用阶段**

治安调查分析，即治安信息的分析研究，是对治安调查资料的再加工过程和对治安调查

资料价值深入发掘的过程，对提高调查资料的使用价值具有十分重要的意义。

1. 治安调查的分析。治安调查获取的资料可能是零乱的、交叉重复的、虚假的、无价值的，这就需要对治安调查所获取的材料进行加工，并运用一定的技术手段和方法进行分析研究，以求找到规律、发现问题、为制定治安对策和采取治安措施提供条件和依据。

治安调查的分析应该把握三个方面：一是要对调查所获取材料的真伪、价值进行分析，剔除那些虚假的、没有价值的材料，确保所获资料和信息的真实、可靠、有效；二是对治安调查所获资料反映的治安状况、治安问题进行分析，为选择和使用各项治安管理的措施方法提供依据；三是要对治安调查获得的资料所反映的带有倾向性、规律性的问题进行分析，从中获取那些对治安决策有用的资料，为制定治安管理对策服务。具体分析方法可以采取统计分析、比较分析、系统分析、归纳总结、演绎推理、趋势预测等多种方法进行。

2. 治安调查结果的运用。治安调查资料分析研究的结果，只有经上传下达才能为上级领导决策提供依据，才能使基层明了全局，明确目标，使上级领导决策转化为干警的实际行动才能发挥治安调查、分析研究的作用，要注意对治安调查资料的经常性补充、更新和完善。在使用中主要从三个方面进行：

(1)最高管理层。由于最高管理层担负着战略决策任务，需要使用的治安调查资料，主要是战略计划信息，来自党和国家首脑机关和社会各界的全面性资料和国际上的相关资料。在使用治安调查资料时，必须抓全局、整体、根本性和作用时间长，具有远见的治安信息。

(2)中间管理层。主要担负着战役、战术决策和管理控制的双重职能。一方面为最高管理层提供信息依据，另一方面要结合本地区的实际，实现最高的战略决策计划和进行本地区的决策和管理。因此在使用治安调查资料和分析研究结果时，既要以最高管理层和本地区的外部、内部信息为主，又要了解全局和各地区的一般情况。

(3)执行管理层。主要担负治安管理的执行和控制工作，它既需要来自上级机关的决策信息，又要掌握自己管辖范围的实际情况。执行管理层使用的治安调查资料与实际开展的各项业务关系密切，一般都比较具体，既有上级机关传达的各种信息，也有基层干警收集的各种资料。基层使用的治安调查资料主要着眼于解决实际问题，同时把自己收集加工的治安调查资料及时地报送上级有关部门，以发挥信息共享的功能。

**【拓展阅读】**

## ××镇关于社会治安现状的调查报告

为了对乡镇社会治安状况有一个客观、全面、科学的认识，我于××年暑假开展了对××市下属乡镇××镇社会治安状况公众安全感调查工作，此次调查在一定程度上反映了一年来群众对社会问题的关心程度和社会环境的感受状况。结果表明，××年群众安全感总体评价较好，××镇属于适合群众安居乐业的安全区域，但社会治安仍然存在着一些不容忽视的问题。现将本次调查的主要结果报告如下：

一、被调查地的基本情况××镇地处××市××区西郊，距市区 18 千米，距宣杭高速公路入口仅 10 千米。全镇辖十个行政村和一个街道居委会，总人口 2 万余人。土地总面积 82.03 平方千米。318 国道由东向西穿境而过，交通便利。本次调查按照整群概率比例抽样方法，以社区、村居委会为主要载体，随机调查 1000 人。被调查者的构成特点：

1. 男女比例基本适度。被调查者中：男性 721 人，占 72.1%；女性 279 人，占 27.9%。

2. 受教育程度呈现多样化：受过初等以下教育的501人占50.1%；受过中等教育的362人，占36.2%；受过高等教育的87人，占8.7%。

二、调查的主要内容与情况。大多数群众认为公共安全较好，对所在地的治安状况评价也较高，社会治安状况进一步好转，群众安全感有所提高。表现在：

1. 绝大多数群众认为在目前的社会治安环境下感觉安全，说明全镇人民的公共安全指数高。对于在目前的社会治安环境下的感受，909人认为安全，占90.9%，60人认为基本安全，占6%，二者接近被调查人群的97%，调查结果显示绝大多数群众认为在××镇的生活、工作公共安全性好，也证明了××镇的公共安全指数高。

2. 大多数群众对所在地的社会治安状况评价比较好。915人评价所在地的社会治安状况为好，占91.5%，66人评价为一般，占6.6%，二者共占98.1%。同时在被调查者中认为与去年相比，所在地的社会治安状况有明显好转的人占81.48%，和以前一样的人占14.64%，两者共占96.12%，调查显示大多数群众认为今年××镇的社会治安状况得到了进一步好转，群众的公共安全感有所提高。

3. 大多数群众认为当地派出所及司法所打击违法犯罪活动力度大。认为打击力度较大的有921人，占92.1%，认为力度一般的有40人，占0.4%，二者共占96.1%，说明××镇今年在打击犯罪、维护稳定、促进和谐方面取得的成绩令全镇人民群众满意。

4. 绝大多数群众积极参与社会治安工作。在被调查的群众中，931人认为所在地在宣传和发动群众参与社会治安工作力度较大，占93.1%，21人认为一般，占2.1%，二者共占95.2%。在调查过程中，群众对中央关于社会治安综合治理群防群治、打防结合、预防为主、谁出资谁受益等工作方针、政策比较熟悉，而且对于××镇开展的保安+保险治安防范新模式十分支持，积极参与，说明××镇综治宣传工作深入人心，家喻户晓。

5. 群众对××镇贯彻落实严格执法，热情服务的情况评价较高。××镇人民群众普遍对于政法各部门贯彻落实中央严格执法，热情服务的情况评价比较满意，普遍反映再也没有遇到门难进、脸难看的现象，905人认为落实情况较好，占90.5%，22人认为落实情况一般，占2.2%，二者共占92.7%。

三、群众对公共安全感的基本感受

1. 调查过程中，群众反映影响安全感和社会治安状况的五个主要因素即公共秩序混乱、意外事故、交通事故和刑事犯罪、火灾、水灾在××镇各地均不明显，从犯罪现象来看，赌博、未成年人违法犯罪、制黄贩黄、卖淫嫖娼、入室盗窃犯罪、吸毒贩毒、流氓黑势力、外来人员违法犯罪八种现象，群众认为严重的比例都不高，影响社会治安的重点和热点即学校周边、车站、公共场所和街道、企业周围、居民小区等五处场所治安秩序不好的比例都较低。因此调查结果反映了影响社会治安的因素、现象，重点均不突出，××镇的群众生活、工作安全指数较高。

2. 在回答目前群众最想解决的问题时，有40.41%的群众选择了加强青少年教育问题，有24.20%的群众选择了公正执法问题，有17.91%群众选择了加强保障力度问题，11.54%的群众选择了加强巡逻问题，5.94%的群众选择了提高警察素质问题。调查结果表明目前群众认为增加安全感最想解决的问题，依次是加强青少年教育、公正执法，加强保险力度、加强巡逻、提高警察素质等。这与群众要求建立高效、公正、廉洁的政府是一致的。

3. 群众对政法机关的工作基本满意，认为当前政法队伍突出问题是效率不高。调查表明虽然有超过半数的群众认为政法机关对违法犯罪活动的打击有力，但由于一线警力不够、警察装备不足等因素，也存在着打击违法犯罪活动中效率不高的问题。因此，群众希望政法机关在提高工作效率，提高政法队伍的素质方面能有更大进步。

四、问题的分析从本次调查反映的情况来看，××镇在改善治安环境和增加群众安全感方面做了大量工作，起到了很好的作用，也得到了大多数群众的认可，但是，仍然存在寻衅滋事、青少年犯罪、机动车辆被盗等案件频发。究其原因主要表现在：第一，犯罪主体呈两升一低的发展趋势，即犯罪的智能化、专业化水平上升，暴力犯罪的年龄呈低龄化趋势。第二，开发区人口密集，流动人口较多，社情复杂，镇民自我防范意识和参与治安防控意识不强，导致犯罪分子作案空间变大。第三，社区治安防控体系建设还有待进一步完善，专业保安巡逻队伍全城覆盖时机还不成熟，打、防、控工作还存在薄弱环节。第四，法制宣传教育力度有待进一步加强。对人民群众法制宣传教育的方式方法创新不够，投入不够。第五，打击违法犯罪力度不够。如对未成年人违法犯罪、抢劫、赌博等刑事案件，以及网吧和电子游戏室的违规违法经营现象打击不及时，监管的长效机制还有待进一步完善。第六，全社会参与社会治安综合治理工作，各相关单位协调配合不够。

五、下一步对策和建议。在当前市场经济环境下，特别是在构建和谐社会，创建平安××的环境下，搞好社会治安是一个永恒的话题，治安工作任务艰巨，任重道远不可懈怠。

1. 进一步加强基层基础工作。要强化社会管理，夯实基层工作基础，深入开展各种形式的基层平安创建活动，把社会治安管理同服务群众、方便群众生活结合起来。要加强对重点区域、重点场所、重点人群的治安工作，为创建平安××作出新成绩，作出新贡献。

2. 大力推进治安防控体系建设。重点做好乡村结合部、公共场所等治安问题复杂地区的治安防范工作，落实各项防范措施。加强社区建设，推进社区警务战略，预防和减少违法犯罪，不断增强群众安全感。

3. 加强乡镇、街道、村、社区综治委建设，建立健全工作制度。加强公安派出所、司法所等基层政法组织和治保会、调解会等群众组织建设，强化群防群治队伍建设和管理。紧紧依靠基层组织，充分发挥基层组织的作用，把打击、防范、教育、管理、建设、改造等各方面的措施落实到基层，预防和减少违法犯罪。

4. 进一步加大矛盾纠纷排查调处力度。各级不断建立和完善党委政府领导、综治机构组织协调、有关部门分工负责的矛盾纠纷排查调处机制，坚持抓早抓小抓苗头，把问题解决在基层，解决在萌芽状态。要切实做好民间纠纷的排查调处工作，防止民间纠纷转化为刑事案件。

5. 加大对治安混乱地区的整治力度。进一步完善工作制度，集中排查和经常排查相结合，及时发现治安混乱地区和突出治安问题，对排查出来的问题，组织有关部门及时开展治理整顿，明确责任，落实措施，限期解决问题，切实改变治安面貌。

6. 进一步充分发挥有关部门的职能作用。各相关部门要充分发挥本部门职能作用，积极参与社会治安综合治理，齐抓共管，形成合力，预防犯罪，共同解决综合治理中的一些突出问题。加大政法综治队伍建设。政法机关和工作人员要不断提高自身素质和工作效率，保证司法公正，充分发挥职能作用，使其成为广大人民群众安居乐业的坚实可靠的安全屏障。

7. 加强检查考评，促进工作措施落实。要通过检查考评，评选、表彰一批社会治安综合治理工作先进集体和先进个人，广泛宣传，鼓励先进，推动后进。要认真总结推广社会治安综合治理工作的成功经验，查找工作中的薄弱环节，有针对性地采取措施，促进社会治安综合治理责任制的落实。

【本章小结】

治安调查是公安机关的一项基本管理措施之一，是公安机关民警的一项基本勤务，具有基础性、认知性和时效性等特征；指公安机关及其所属部门为了掌握社会治安状况，获取治安信息，合法合理处置违反治安管理行为或治安灾害事故，为治安管理的科学决策和有效实施提供依据，综合或者单独运用各种工具和手段对调查对象进行观察、实验、测量、统计与了解的活动。它在一些基本原则和途径方法上与社会调查有一致的地方，它在主体和作用等方面又不同于一般的社会调查。治安调查方法方式和手段多样，最常见的是公安机关关于某一时期和某个地区治安状况的调查，内容涵盖人、物品、行为和安全感等主客观的内容等，方法灵活多样，可以采用纸质和网络问卷的方法，也可以采用入户调查方法，更可以通过信息的收集和研判方式，也可以在办理案件中进行治安调查等；治安调查不是漫无目的的勤务活动，应当遵循一定的程序和方法要求，只有这样，才能最大程度掌握社会治安状况和某一领域的治安状况，从而为其他勤务活动提供准确的依据。

◎ 思考与练习

1. 什么是治安调查？
2. 治安调查的作用是什么？
3. 治安调查的程序有哪些？
4. 治安调查有哪些基本要求？

# 第四章　治安教育

【学习目标】理解掌握治安教育的概念和适用条件，正确理解和运用治安教育的实施要求和方法。

【教学重点】治安教育的特征，治安教育的内容，治安教育的实施要求和方法。

【教学难点】治安教育方法的灵活运用。

为了使辖区的每个居民住得安全、住得放心，提高广大居民利用锁具提升防盗水平的意识，3月25日下午，七里园警务室社区民警王印武带领辅警放弃周末休息时间，携带《家用锁具常识》200余份，前往辖区的月新园小区，对小区300余名居民进行现场宣传，当场解答了居民们出示的自己房门钥匙的防盗级别，并提出防盗建议。活动中，社区民警通过发放宣传单页和现场展示不同级别的钥匙、锁具，向居民讲解家庭锁具知识和如何鉴别锁具级别的常识。活动现场，许多居民纷纷拿出自家钥匙，拉着社区民警鉴别安全级别。贼出没，如何做好防偷防盗？王印武形象地用“吉祥三宝”来比喻，一宝：人防，居民出门或睡觉前及时把门锁插闩、反锁或倒锁。二宝：物防，把家里的老式锁更换成性能高的超B级锁。三宝：技防，可在门窗上安装门磁、红外、振动等报警器，以阻吓窃贼并提醒住户、邻居和保安，有条件的居民可安装电话、手机远程报警器。只要居民能基本做到这些，便可起到防盗的效果。本次活动的开展，进一步增强了居民的防盗意识，提高了居民对个人财产的自我保护能力，拉近了警民距离，得到了广大居民的广泛好评和积极响应。①

## 第一节　治安教育概述

### 一、治安教育及其特征

治安教育是公安机关的治安管理部门及其警务人员在治安管理活动中，对管理对象采取一定的行政管理措施和手段而进行的教育活动，它是指导性的治安勤务活动，也是采取其他治安措施的重要保障。治安教育不同于普通的社会教育，它具有以下几个鲜明的特征：

**（一）治安教育的主体是治安管理部门及其警务人员**

治安教育既然是指导性的治安勤务活动，其实施教育的主体就不是社会民众，也不是其他机关、企事业单位，而是负有社会治安管理责任的公安机关的治安管理部门及其警务人员。其他机关、企事业单位进行的法制宣传和安全教育并不是治安勤务意义上的治安教育，只是一般意义上的治安宣传教育。因为其他机关、企事业单位并不具备治安行政管理职能，不能采取治安行政措施和手段。

---

① 李葭．南阳高新派出所七里园警务室开展治安防范宣传教育[N]．南都晨报，2017-03-29.

**(二)治安教育的对象具有特定性**

治安教育不同于一般意义上的法制宣传教育，它的对象并不是全体社会公民，而是对负有一定法定治安责任的行为人实施的教育活动。治安教育的对象包括：一是负有一定治安安全责任的单位和个人；二是有违反治安管理行为，情节轻微，需要进行强制教育的对象；三是因有违法犯罪行为受到法律制裁，需要继续进行社会帮教和监督改造的对象。

**(三)治安教育是公安机关依法执行职务的行为**

治安教育是公安机关的治安管理部门及其警务人员通过行使治安行政管理职权，依法采取治安措施而进行的教育活动，它具有行政性、强制性的特点。在治安教育活动中，治安管理部门及其警务人员既可以采取劝阻、制止、训诫、责令等强制手段，责成被教育对象服从治安管理或依法履行安全职责，也可采取收容教育、强制戒毒等措施进行强制教育，还可通过治保会和社会群众对被教育对象实施帮助和监督改造，它是治安管理部门及其警务人员应履行的重要职责。

## 二、治安教育的类型

治安教育一般可分为防范性治安教育、劝诫性治安教育和强制性治安教育。

**(一)防范性治安教育**

防范性治安教育，是治安管理部门及其警务人员为争取公众配合、舆论关注、社会支持而对管理相对人和公众进行的，以治安管理法律、法规和安全防范知识为主要内容的普及性社会传播活动，其目的是排除或减少能引发治安问题的各种因素，提高社会成员的防范意识，促进各项治安防范措施的有效落实等。

**(二)劝诫性治安教育**

劝诫性治安教育是指治安管理部门及其警务人员对正在实施违法犯罪行为或违反治安管理情节轻微，以及未尽到法律所规定的义务的单位或个人强制实施的教育措施和活动，其目的是预防案件、事件和灾害事故的发生，以有效维护治安秩序。

**(三)强制性治安教育**

强制性治安教育是指治安管理部门及其警务人员对有违法犯罪行为的人采取剥夺或限制教育对象人身自由的强制措施和进行教育或监督改造的勤务活动。

## 三、治安教育的作用

**(一)治安教育是指导性的治安勤务工作**

对于治安教育的对象而言，想让其能够自觉遵守治安秩序、积极配合公安民警的执法，不仅仅需要理性上知道，也需要感情上能够接受。例如，不允许电动车在楼道充电，仅仅号召、宣传、引导是不够的，一旦失火危害多大、影响多大、受何处分等问题都需要通过治安教育进行解决。

**(二)治安教育是密切警民关系的重要纽带**

任何治安管理的制度、措施、方法、手段的实施都要跟人民群众打交道，通过恰当的治安教育手段，有针对性地广泛开展本辖区的宣传教育。使群众们了解制度、接受措施，产生对公安机关和民警的信任，营造警民一家亲的局面，才能真正地形成良好的社会氛围。

**(三)治安教育是控制和减少犯罪的重要手段**

治安教育首先需要开展的就是在一项新的制度、措施实施之前进行宣传教育。通过广大传媒广泛而集中的宣传，增强社会公众的关注度，带动各方支持力度，调动优势资源，让群众了解治安管理制度、自觉遵守各项制度，相互监督减少犯罪的发生。

## 第二节　治安教育的内容

### 一、防范性治安教育的内容

**(一)安全防范意识教育**

安全防范意识教育主要是指通过治安教育活动，提高管理相对人和公众的法制意识、安全责任意识、对违法犯罪的防范意识，在遇到社会治安问题时，能通过有效途径和按照法律规定保护合法权益，在社会生活中能自觉地进行自我防范、社区防范和安全防范。治安教育中的安全防范意识教育是治安管理部门及其警务人员通过治安检查、治安警卫、治安调解、盘查等治安勤务活动来实施的，不同于一般意义的治安宣传教育。

**(二)安全防范责任教育**

安全防范责任教育是指通过治安教育活动，教育广大群众明确自己应承担的治安责任，特别是居于特殊领导岗位、安全岗位、技术岗位人员的治安责任；促进他们自觉地履行法律法规和其他规范性文件规定的治安安全责任；对不履行安全责任的要通过采取责令教育的方式督促和强制责任人履行安全防范责任。

**(三)安全防范知识和技能教育**

除了强化安全防范意识教育和增强安全防范责任教育外，治安管理部门及其警务人员还必须通过日常的治安管理活动把安全防范知识和技能传授给人民群众，一方面可以提高群众自防自救的能力，另一方面可以避免群众在面对违法犯罪和治安灾害事故时的盲目性，提高公安机关快速反应和打击违法犯罪、处理治安灾害事故的效率。安全防范知识和技能主要包括：一是日常生活安全知识，包括日常用电、用气、使用家用电器的安全常识；二是日常生活的防火、防盗、防扒、防抢、防治安灾害事故的知识；三是识别违法犯罪分子、发现治安灾害事故等方面安全隐患知识；四是日常家庭生活安全防范的基本技能，发现违法犯罪行为和安全事故的处置方法，包括如何报警、如何自救、如何保护现场等方面的知识和技能。

### 二、劝诫性治安教育的内容

**(一)劝阻、制止**

劝阻、制止是人民警察在执行任务的过程中，对将要或正在实施违法治安管理行为或者犯罪行为的人，以批评指正、下达口令或作出手势等方式予以规劝和干预，使其停止违法犯罪活动，恢复治安秩序而采取的措施。

劝阻、制止是公安机关治安管理部门及其警务人员在进行治安管理活动中经常实施的治安勤务活动，其对象是将要或者正在实施违法犯罪的行为人；其目的是使违法犯罪行为人停止违法犯罪行为，恢复治安秩序；其方式是主要通过语言、动作、器械等方式进行。

**(二)责令**

责令是公安机关治安管理部门及其警务人员用强制命令的形式，责成不履行治安责任或者违反治安管理规定的行为人，依法作为或者不作为的治安行政措施。常用的责令种类包括责令管教和治疗、责令停止、责令改正、责令具结悔过等。

1. 责令管教和治疗

责令管教是治安管理部门及其警务人员对不满14周岁、不能辨认或者不能控制自己行为的精神病人，其违反治安管理的，责令其监护人履行严加管理教育和治疗责任而采取的教育措施。

2. 责令停止

责令停止是治安管理部门及其警务人员对正在实施或处于持续状态之中的违反治安管理行为，或有可能造成治安灾害事故隐患的，责令其停止继续实施违反治安管理行为的治安教育措施。

3. 责令改正

责令改正是治安管理部门及其警务人员在进行治安检查时，发现违反治安管理法律、存在安全隐患，对行为人或单位限令其予以改正而采取的治安教育措施。

4. 责令具结悔过

责令具结悔过是指公安机关依法责令特定的违反治安管理的行为人，以书面的形式承认自己的违法行为并表示认错和悔改，保证今后不再重犯的一种治安强制性教育措施。

**(三)帮教**

帮教是帮助和教育的简称，是指在各级政府领导下，依靠有关部门和社会力量对有违法犯罪行为但不够刑事处罚、少年管教处理等需要进行帮教的人员，刑满释放、解除社区矫正和强制戒毒的人员进行的一种非强制性的教育管理措施。通过帮教工作的开展，依法对帮教对象进行监督和管理，对其进行思想教育、法制教育、社会公德教育，促使他们悔过自新、成为守法公民。帮教工作是治安管理部门的一项重要工作，是减少犯罪、实施社会治安综合治理的重要环节。

## 三、强制性治安教育的内容

1. 收容教育

收容教育是指公安机关对卖淫、嫖娼人员集中进行法律教育和道德教育、组织参加生产劳动以及进行性病检查、治疗的行政强制教育措施。收容教育工作实行教育、感化、挽救的方针。根据《卖淫嫖娼人员收容教育办法》中第七条：对卖淫、嫖娼人员，除依照《中华人民共和国治安管理处罚法》第六十六条的规定处罚外，对尚不够实行劳动教养的(劳动教养制度已于2013年废除)，可以由公安机关决定收容教育。对有下列情形之一的卖淫、嫖娼人员，可以不予收容教育：

(1)年龄不满14周岁的；

(2)患有性病之外其他急性传染病的；

(3)怀孕或者哺乳本人所生1周岁以内婴儿的；

(4)被拐骗、强迫卖淫的。

2. 监督改造

监督改造是公安机关治安管理部门及其警务人员依靠各种社会力量对在监外执行刑罚的罪犯依法进行监督考察和管理的强制性教育措施。监督改造的对象具体包括以下几个方面：

(1)被人民法院判处管制的犯罪分子；

(2)人民法院判处剥夺政治权利的犯罪分子，包括：独立适用剥夺政治权利的犯罪分子、被判处管制的罪犯附加剥夺政治权利、被假释的罪犯的原判刑罚附加剥夺政治权利、对刑满释放的罪犯原判刑罚附加剥夺政治权利；

(3)被人民法院判处拘役、3年以下有期徒刑并宣告缓刑的犯罪分子；

(4)经人民法院裁定假释的犯罪分子；

(5)被判处有期徒刑或拘役的罪犯，因有严重疾病需要保外就医的，因怀孕或哺乳自己婴儿的妇女、生活不能自理、适用暂予监外执行不致危害社会的，由人民法院在判决时决定或在监内执行过程中由省级监狱管理机关或县级公安机关批准暂予监外执行的犯罪分子。

## 第三节 治安教育的实施要求和方法

### 一、防范性治安教育的实施要求和方法

防范性治安教育是以安全为教育的出发点和落脚点，以提高社会群众安全防范意识为关键，以安全防范的责任、知识、技能为主要内容，以在日常警务活动中开展教育为主要方式的一种治安勤务活动。治安管理部门及其警务人员开展防范性治安教育，既要严格按照法律法规办事，又要不断地发展和创新易于人民群众接受的防范性治安教育的方法。

**(一)通过指导治保会工作开展治安教育**

治保会是党和政府动员组织群众维护社会治安的队伍，是公安机关联系群众的纽带和桥梁。公安机关在基层开展防范性治安教育活动主要是通过治保会来开展并实施的。在公安机关的业务指导下，治保会向群众开展法制宣传、教育，动员组织群众开展防盗、防火、防诈骗、防治安灾害事故宣传，指导建立健全安全防范组织、落实各种治安防范措施等。

**(二)在日常警务工作中开展治安教育**

公安机关的治安管理部门及其警务人员在日常的群众走访中、入户调查、安全检查、受理群众报警求助、处理案件和事故等工作中要做好防范性教育，如通过对人、事、物、地、信息的管理，及时发现并处置各种社会治安隐患，深入做好防范工作；通过对辖区内发生的可防性案件及相关治安灾害事故的查处，及时发现辖区内防范制度、防范设施、防范措施等方面的问题和不足，教育单位和个人提高安全防范意识、强化治安安全责任，消除安全隐患；通过开展经常性的安全防范监督检查提高防范能力。

### 二、劝诫性治安教育的实施要求和方法

与防范性治安教育具有普及性不同，劝诫性治安教育是针对特定治安管理对象实施的。实施劝诫性治安教育的对象包括：一是正在实施违反治安管理的行为或者犯罪的；二是实施了违反治安管理行为的特定行为人；三是不履行法定治安义务的责任人；四是需要巩固教育改造成果，动员社会力量进行帮助教育的人。劝诫性治安教育不是一般意义上的训斥和告诫，而是一种行使治安管理职权的重要措施。被教育对象必须服从教育和劝阻，否则，公安机关可以根据情况依法采取其他治安管理强制手段或者给予治安管理处罚。

**(一)劝阻、制止**

劝阻、制止是采取其他治安强制措施和处罚手段的前置条件。如《中华人民共和国集会游行示威法实施条例》第23条规定："依照《集会游行示威法》第27条的规定，对非法举行集会、游行、示威或者在集会、游行、示威进行中出现危害公共安全或者严重破坏社会秩序情况的，人民警察有权立即予以制止。对不听制止，需要命令解散的，应当通过广播、喊话

等明确方式告知在场人员在限定时间内按照指定通道离开现场。对在限定时间内拒不离去的，人民警察现场负责人有权依照国家有关规定，命令使用警械或者采用其他警用手段强行驱散；对继续滞留现场的人员，可以强行带离现场或者立即予以拘留。”这一规定明确了“命令解散、强行驱散、强行带离现场或者立即予以拘留等”强制措施的前置条件是不听人民警察制止的，如果被管理对象听从制止，就不需要再采取其他强制措施。

公安机关在执行劝阻、制止警务活动时，态度要严肃、语言要文明、动作要规范、行为和强度要适当，应根据现场的具体情况采取不同的方式方法。如在处置治安紧急事件时，对那些企图激化矛盾、扩大事态的人，民警要及时地严厉地予以劝阻、制止，防止矛盾激化，事态扩大，造成更大的危害。对那些不听劝阻、制止的违反治安管理行为的人，公安机关可以视当时的具体情况采取强行带离现场、立即拘留等强制措施或者事后予以相应的处罚。

**(二)责令**

责令的实施方式可以通过口头形式，但应做好登记和记载，也可通过制作法律文书来完成。被责令的当事人如果不按公安机关及其警务人员的责令要求履行自己的治安责任，公安机关可以依法予以治安管理处罚或者采取其他治安措施。

1. 责令管教、治疗

《中华人民共和国治安处罚法》第 12 条规定：“已满 14 周岁不满 18 周岁的人违反治安管理的，从轻或者减轻处罚；不满 14 周岁的人违反治安管理的，不予处罚，但是应当责令其监护人严加管教。”第 13 条规定：“精神病人在不能辨认或者不能控制自己行为的时候违反治安管理的，不予处罚，但是应当责令其监护人严加看管和治疗。间歇性的精神病人在精神正常的时候违反治安管理的，应当给予处罚。”因此，未满 14 周岁或精神病人的父母及其他监护人，应当要履行好监护管教的责任。公安机关以法律的形式责令违法治安管理的未成年人或精神病人的父母及其监护人对其进行严格管教、治疗，目的就是通过治安行政措施督促其履行监管和教育的义务。

治安管理部门及其警务人员在实施责令管教措施时，一般在公安机关内实施责令，以表现行使责令执法权的严肃性，强化被责令人的治安责任意识。实施责令管教、治疗时，态度要严肃、语言要文明、要求要明确，并做好记录。

2. 责令停止

根据我国现行的法律法规，责令停止主要有“责令停止施工”“责令停止出租”“责令停止联网”“责令停止观看”“责令停止使用”等方法。实施责令停止的情形主要包括：一是正在实施的违反治安管理行为；二是处于持续状态下的违反治安管理行为；三是有可能造成治安灾害事故重大隐患的；四是曾有过同类违反治安管理行为，需要加以限制的。

治安管理部门及其警务人员实施责令停止可分为两种情形：一是对正在实施违反治安管理行为的，可以采取口头责令的方式实施；二是对生产、经营和使用过程中的责令停止，则需要在调查取证的基础上，通过一定的审批程序，以书面方式实施责令停止。

3. 责令改正

治安管理部门及其警务人员在辖区内开展经常性的安全检查时，对治安秩序混乱和存在安全隐患的单位以及违反安全管理规定的居民，要及时提出警告和整改意见，责令改正。如在治安检查中发现单位和个人有违反治安法规，未经批准，私自安装使用电网的，除对单位和个人进行处罚外，还应责令其拆除电网以消除安全隐患。在治安检查中发现有单位违反消防管理规定，不按规定配备灭火器材的，应责令其及时纠正错误，按照规定配备灭火器材。

治安管理部门及其警务人员实施责令改正方式有两种：一是责令现场改正；一是责令限期改正。责令现场改正主要是针对那些简单的违反治安管理规定、不需要创造条件就可以得到改正的行为。责令限期改正主要是针对那些需要一定时期和条件才能整改到位的安全隐患、安全设施等方面的问题。对责令限期改正的，必须要下达限期改正责令书，责令书应写明需要改正的问题、达到的标准、改正的期限和不改正应当承担的法律责任等内容。

4. 责令具结悔过

责令具结悔过的目的是教育违法行为人不再违法。具结悔过人应当以书面形式承认自己的错误，并保证今后不再违反。治安管理部门对"具结悔过书"要存档保管，作为具结悔过人以后重犯时要从重处罚的依据。

**(三)帮教**

公安机关治安管理部门及其警务人员，在帮教工作中主要起组织、协调、管理作用，其勤务活动包括确定帮教对象、组织帮教小组、帮助解决帮教对象的实际困难、考核帮教效果等。帮教工作应当坚持"教育、感化、挽救"的方针，从"爱"出发，从"帮"入手，在"拉"上下工夫，在"改"上看效果，注意家庭、社会、学校等多方努力，紧密衔接，不怕反复。要把耐心、细致、艰苦的思想教育工作与解决实际困难相结合，真正达到掌握帮教对象的思想和动态、教育改造其思想、防止危害、预防和减少重新违法犯罪的目的。

1. 全面调查，发现并确定帮教对象

如何确定帮教对象，是顺利实施帮教工作的第一步。公安机关治安管理部门及其警务人员在确定帮教对象之前，一定要进行全面的调查，看其是否属于帮教的范围。确定帮教对象要通过查处案件和集中打击专项整治等工作去发现；通过清理档案、外地来函、民警工作日记等材料去发现；通过对历次打击犯罪活动的对象排查分析去发现；通过接受刑满释放等监督改造对象去发现。

2. 认真研究，科学制定帮教方案

在帮教工作中，要坚持因人施教的原则，根据每一个帮教对象的具体情况采取相应的帮教措施。在确定帮教对象之后，民警要会同其他帮教人员，认真仔细了解帮教对象的文化水平、兴趣爱好、心理特点、性格特征、罪错情况和原因、人际交往情况以及所处的家庭和社会微观情况等，进行科学分析，制定有针对性的帮教方式和对策。

3. 有计划、有策略的实施帮教

公安民警和帮教小组要善于抓住帮教对象在日常学习、工作和生活中出现的有利于帮教工作的时机，利用这些有利时机对帮教对象进行思想开导，促使其向正确的方向转变。同时，在实施帮教的过程中，还要注意方法和策略。如对违法犯罪的青少年进行帮教，就必须要选用青少年感兴趣的方式，积极组织他们和正常青少年一起参加公益性活动，注重他们的心理变化来开展帮教工作。

4. 考核评估帮教效益，调整帮教对策

在帮教工作开展一段时间以后，公安机关的治安管理部门及其警务人员就应该对前一段帮教工作进行总结评估。通过总结帮教工作中取得的成绩和存在的问题，对帮教工作进行认真的评估，分析取得的成效和存在问题的原因，为下一阶段的帮教工作进行适当的调整，使帮教工作能够取得更大的成效。对于已经达到帮教目的，不需要进行帮教的，应解除帮教。

## 三、强制性治安教育的实施要求和方法

强制性治安教育不同于其他治安教育，从实施的主体和教育属性看，它是一项重要的治安管理措施；从管理对象和采取的措施看，它具有刑事司法和行政司法的特性。强制性治安教育是针对特定对象采取的一种治安强制措施，主要针对受刑罚处罚监外执行，需要监督改造的人员。同时，由于强制性治安教育具有剥夺或限制人身自由的特性，对实施强制性治安教育措施的对象强制教育必须严格按照公安机关的决定或人民法院判决规定的期限实施强制教育。

执行监督改造的主体是县(市)公安局和城市公安分局，通常是由监外罪犯的居住地或者就医地公安派出所的社区民警组织社会各方面力量具体执行监改考察工作。在对监外罪犯执行监督改造中，应注意：

1. 做好监督改造对象的交接工作，防止脱管、漏管失控

对监改对象监督改造的执行，司法机关和公安机关两方面要严格按照有关规定做好监督改造对象的交接工作，确保判(裁)决与监督改造管理不脱节。交付执行的机关应将生效的法律文书在一个月内送达监外执行地的区、县(市)公安机关户政(治安)部门。法律文书应当完备、合法。区、县(市)公安机关户政(治安)部门应做好登记，并在7日内将有关法律文书转交给负责监督管理工作的公安派出所。监外执行的法律文书应当由交付执行的机关寄、送至执行机关，执行机关应当出具回执并在1个月内寄、送至交付执行的机关，禁止由罪犯本人携带、转交。交付执行的机关可将监外罪犯押送至执行地的公安派出所执行监督考察，也可以允许监外罪犯自己到执行地公安派出所报到。

公安机关为了防止监外执行罪犯脱管、漏管失控，还可以制定《责令监外罪犯限期报到制度》，利用广播、电视、报纸、互联网等媒体或其他方式，对发现由脱管、漏管情形的监外罪犯发出通告，责令其在规定时间内到户口所在地(常住地)派出所报到，依法接受监督管理。

2. 建立健全监改考察小组，落实监改考察措施

公安派出所应该将监改工作及时部署给社区民警，社区民警应当及时同时村(居)委会、治保会或原有单位，并认真选择政治可靠、有责任心的人员，建立监改考察小组。监改考察小组的成员不得少于3人，应有治保会人员、治安积极分子和监改对象周围的群众担任。监督考察小组由治保会领导、户籍民警负责督促、检查、指导和组织落实监改考察措施。监改考察小组建立后，应责任到人，负责落实监改考察措施，要负责监视督促、观察考察、规劝教育监外罪犯遵守监管规定，帮助其改过自新。

3. 公开监督考察的内容，接受群众监督

社区民警和监改考察小组要选择合适的形式公开监督考查的有关内容，以加强辖区群众对监改对象行为的监督，使监改工作能够更加有效。公开的内容包括监改对象的犯罪事实、监改考察的期限、应遵守的规定和监改考察小组的组成人员、工作程序和方式方法等。

4. 建立健全工作制度，加强监督考察

公安派出所在对监外罪犯进行监督考察中，应当建立健全经常性的工作制度，以加强对监外罪犯的监督考察。监督考察工作制度主要包括档案管理制度、现实表现收集查证通报制度、定期学习制度、思想汇报制度、请销假制度、迁居申报制度、来客报告审查制度、请示汇报制度等。

公安派出所对监外罪犯应按照档案管理要求建立监督考察档案，档案内法律文书齐备。对监外罪犯的监督考察应每季度定期收集一份现实表现综合材料，适时记录监外罪犯的现实表现。每月或每季度要组织监外罪犯进行一次法制教育学习并做好记录。监外罪犯每月要向公安派出所口头或书面汇报一次思想情况，汇报内容包括认罪守法、思想改造、劳动生产、社会往来、日常生活情况等。监外罪犯离开户口所在地必须书面请假，说明理由及返回时间。区、县(市)内 3 日以下(含 3 日)经专管责任民警或监督考察小组同意方可外出，跨区、县(市)和市外由区、县(市)公安机关批准。

公安派出所应建立与交付执行机关定期联系制度，及时交流信息，互通情况，协助交付执行机关做好对监外罪犯的续保、收监等工作。公安派出所应将监外罪犯监督管理工作纳入民警的岗位目标管理进行考核，专管责任民警要每半年或一年组织监督考察小组、基层组织、所在单位代表及有关群众对监督改造考察工作进行评议，对监外罪犯是否遵纪守法、服从监管等情况进行认真负责的评议。

5. 监督改造中有关情况的处置

(1)对一般违反监督管理规定行为的处理

公安机关发现被判处管制、剥夺政治权利的罪犯违反监督管理规定，但尚未构成新的犯罪的，应当给予治安管理处罚。公安机关对于被宣告缓刑、裁定假释的罪犯违反监督管理规定的，但尚未构成新的犯罪的，在给予治安管理处罚的同时还应当向人民法院提出撤销假释的建议，人民法院裁定假释的，公安机关应当及时将罪犯送交原执行机关收监执行。公安机关发现缓刑罪犯有严重违反监督管理规定的，应当提请人民法院撤销缓刑，执行原刑罚。暂予监外执行的罪犯有违反监督管理规定尚未构成新罪的，应依法给予治安管理处罚，其中保外就医的罪犯严重违反规定的，公安机关应当提请有关机关将其收监执行。

根据《中华人民共和国刑事诉讼法》第 257 条，公安机关发现暂予监外执行罪犯有下列情况之一的，应及时予以收监执行：发现不符合暂予监外执行条件的；严重违反有关暂予监外执行监督管理规定的；暂予监外执行的情形消失后，罪犯刑期未满的。

(2)依法提出减刑的建议

被判处管制的罪犯在执行期间，如果认真遵守法规，接受教育改造，确有悔改表现或有立功表现的，可以减刑，有重大立功表现的应当减刑；缓刑罪犯在缓刑考验期内确有重大立功表现，应当减刑，并相应缩短缓刑考验期；暂予监外执行罪犯在执行期间确有重大立功表现，应当减刑。凡有公安机关办理减刑的，由执行地公安派出所提出减刑建议书，经县级公安机关审查同意后送所在地中级人民法院裁定减刑。不由公安机关办理的，执行地公安派出所和监督考察小组应向主管部门介绍情况，由其按程序向所在地中级人民法院提出减刑意见。

(3)对新罪、漏罪和对判决有疑义或罪犯申诉的处理

监外罪犯在刑罚执行期间又犯新罪或被发现在判决时没有发现的罪行的，公安机关应移送人民检察院处理；如果对监外罪犯的判决有疑义或监外罪犯提出申诉，公安机关应当转请人民检察院或原判人民法院处理。

(4)监外罪犯死亡的处理

监外罪犯死亡的，负责执行的公安机关应在知道其死亡后一个月内将该犯的死亡证明原件或复印件书面通报原审判或审批机关、同级人民检察院和原关押的监狱、少管所或看守所。

(5)监督改造期满的处理

管制、剥夺政治权利执行期满，县级公安机关应当作出解除管制或恢复政治权利的决定，填写《撤管通知书》委托直接管理的公安派出所通知罪犯本人，并向群众公开宣布解除管制或恢复政治权利，同时通报原判人民法院和同级人民检察院。缓刑考验期满并在考验期内没有《刑法》第77条规定的情形、假释考验期满并在考验期内没有《刑法》第86条规定的情形，就认为原刑罚已执行完毕。县级公安机关应填发《撤管通知书》，委托直接管理的公安派出所向罪犯本人宣布撤销管理并向群众公开宣布，同时通报原判人民法院和人民检察院。如果判处附加刑，附加刑仍应执行。暂予监外执行的罪犯刑期届满的，负责执行的公安派出所应提前1个月与交付执行机关联系，按期办理释放手续。县级公安机关在收到释放手续后，应填发《撤管通知书》委托直接管理的公安派出所向罪犯本人宣布撤销管理并向群众公开宣布，同时通报罪犯原在押监狱、少管所或看守所和同级人民检察院。

**【拓展阅读】**

### "责令限期改正""责令立即改正"属于行政处罚吗?

最近，针对有关部门存在行政处罚决定书中出现"责令限期改正""责令立即改正"的字眼。那么，"责令限期改正""责令立即改正"属于行政处罚吗？咨询相关专家认为"责令限期改正""责令立即改正"并非行政处罚的一种，是一个具体的行政行为。责令限期改正是行政处罚的一个程序而不属于行政处罚的种类。在学理的分类上当属于"行政命令"之一种。理由如下：

1.《行政处罚法》第8条规定行政处罚的种类包括：

①警告；②罚款；③没收违法所得、没收非法财物；④责令停产停业；⑤暂扣或者吊销许可证、暂扣或者吊销执照；⑥行政拘留；⑦法律、行政法规规定的其他行政处罚。故"责令限期改正"、"责令立即改正"行政行为不属于行政处罚，属于行政处理行为。

2.《行政处罚法》第23条规定"行政机关实施行政处罚时，应当责令当事人改正或者限期改正违法行为"。

同时，我们判断一个行政行为是否是行政处罚，还要看该行为是否符合行政处罚的属性，即行政处罚是对行为人违反行政法律规范行为的制裁。实际，责令改正严格讲并没有对当事人权益造成实质性影响，如果不改正而采取的下步处罚措施才对当事人权益产生实质影响。由此可见，责令改正或限期改正与行政处罚是并列的两个概念，不能等同。

3. 责令限期改正、责令立即改正与行政处罚有明显的区别

(1)性质不同。行政处罚是对违法行为人进行的一种制裁和惩戒，而责令改正或者限期改正仅仅是要求违法行为人停止违法行为、消除不良后果、恢复原状，其本身不具有惩罚的性质。(2)目的不同。行政处罚的目的大致有三个方面：一是要让违法行为人为其违法行为及造成的不良后果付出代价，这个代价有的时候虽然与其通过违法行为所得的收益相当(如没收违法所得)，但通常是高出违法收益的(如在没收违法所得的同时给予罚款)；二是要通过这种高出违法收益的代价，让违法行为人由此得到教训，促使其以后不再从事类似的违法行为；三是要以行政处罚本身具有的警示、威慑作用，告诫其他公众不得进行违法活动而责令改正或者限期改正的目的，基本上限于使违法行为人即时停止违法状态。(3)形式不同。责令改正或限期改正可以表现为停止违法行为、责令退还、责令改正、限期拆除、限期治理

等形式。

责令改正和行政处罚之间的联系主要在于它们通常是同时进行的。行政机关发现行政相对人违法，既可以依据有关法律法规的规定对违法行为人进行行政处罚，也可以同时责令其改正违法行为。因为若只给予行政处罚，如罚款、没收违法所得，则不足以恢复秩序；若只是责令改正或者限期改正，则不足以惩戒违法行为。

**【本章小结】**

治安教育是公安机关的治安管理部门及其警务人员在治安管理活动中，对管理对象采取一定的行政管理措施和手段而进行的教育活动，它是指导性的治安勤务活动，也是采取其他治安措施的重要保障。治安教育根据实施内容不同可分为防范性治安教育、劝诫性治安教育和强制性治安教育，不同的治安教育类型有不同的实施要求和方法。治安教育的实施过程中应当根据教育对象的实际情况灵活选用，以达到最佳的治安教育效果。

**◎ 思考与练习**

1. 什么是治安教育？如何理解治安教育的内容？
2. 什么是劝诫性治安教育？劝诫性治安教育的内容有哪些？
3. 如何理解和实施“帮教”？

# 第五章 治安检查

**【教学重点】**治安检查的概念、特征、类型、内容、方式、程序及要求；
**【教学难点】**治安检查的性质，日常治安监督检查的内容、方式、程序及要求。

“君子以思患而豫防之。”

——《周易·既济》

“进忠有三术：一曰防；二曰救；三曰戒。先其未然谓之防，发而止之谓之救，行而责之谓之戒。防为上，救次之，戒为下。”

——东汉·荀悦《申鉴·杂言》

## 第一节 治安检查概述

### 一、治安检查的含义、性质与特征

#### （一）治安检查的含义

目前来看，学界对治安检查还没有形成共识，有的认为治安检查是治安行政监督的一项措施；有的学者将治安检查作为行政调查的一种手段；而行政法学教材则将治安检查归为一种行政调查行为。不过，从广义上讲，包含治安检查在内的安全检查是社会各行各业就安全问题所普遍运用的一种监督措施和手段。

根据《人民警察法》的规定，公安机关承担着管理特种行业、危险物品，指导和监督机关、团体、企业、事业单位和重点建设工程的治安保卫工作，对这些场所和单位进行治安检查是公安机关日常工作的一部分。治安检查的对象主要是公共娱乐服务场所、特种行业、企业事业单位和大型活动。治安检查的内容较为宽泛，主要集中在安全管理、防范设施是否具备、是否有效以及整体治安情况是否存在安全隐患等。治安检查目的在于检查的场所或者单位是否存在违反安全管理制度、是否存在安全隐患、单位内部治安秩序是否正常等。

从治安学学科和公安业务工作角度出发，我们可以为治安检查做一个界定。治安检查指的是公安机关依照法定职权范围所开展的治安勤务，又称治安监督检查，是指公安机关及其人民警察在进行治安管理过程中，依法对特定的行业、场所、人员、物品、证件进行查看、了解、审查、核实、督促等安全防范性检查，以获取治安信息、发现治安隐患、实施治安控制、维护治安秩序的行政管理活动。

#### （二）治安检查的性质

治安检查的性质应当定位为行政监督检查。行政监督检查，是指行政机关或法定授权的组织依法对管理相对人遵守法律、法规和规章的情况进行督促检查。检查的具体内容主要是公民、法人或其他组织是否依法正当行使权利和履行义务。

**（三）治安检查的特征**

1. 实施的主体是公安机关及其人民警察

除此以外，任何其他组织或个人都不具有治安检查的主体资格。根据《人民警察法》《中华人民共和国国务院组织法》《中华人民共和国地方人民政府组织法》的规定，公安机关是具有武装性质的国家行政机关，各级公安机关承担着维护国家安全和社会治安秩序的任务，是代表国家行使警察权力的机关，而普通的行政机关以及法律法规授权的组织（派出所除外）由于只拥有普通的行政管理权，不具有治安行政管理权，因此，并不能拥有治安检查权。

2. 系公安机关及人民警察依法行使的职权行为

公安机关及人民警察的治安检查权是来自于《人民警察法》的授权，是职权行为，治安检查是一种单方的具体行政行为，既不需要以相对人的申请或请求为前提，也不需要与相对人采取协商方式来实现，而是由治安管理主体根据其职能、职责需要，依法单方决定，主动实施。

治安检查法律依据由法律形式不同的法律文件汇集而成的集合体。在这些集合体中，不仅有宪法，而且有法律、单行性法律规范，有关特种行业治安管理的行政法规、各地方关于公共场所治安管理和特种行业治安管理的地方性法规和政府规章、部门规章和法律解释等。主要包括：《宪法》《人民警察法》《治安管理处罚法》《消防法》《反恐怖主义法》《消防监督检查规定》《道路交通安全法》《企业事业单位内部治安保卫条例》《道路交通安全法实施条例》《娱乐场所管理条例》《计算机信息系统安全保护条例》《大型群众性文化活动安全管理条例》《公安机关办理行政案件程序规定》《×××省公共场所和特种行业治安管理条例》《公安派出所执法执勤工作规范》等。

3. 实施方式具有强制性

对于检查主体而言，治安检查虽然也包含着职责与义务的要求，但就其实施的方式和过程看，治安检查具有一定强制性，如检查过程中的命令、搜寻、搜身、询问、查验等。对于行政相对人而言，只会给其设定某些程序性义务和对其权利进行一定的限制，如接受检查、服从检查、提供有关材料、活动受到限制等。治安检查以适用罚则或采取行政强制措施为保障条件，在相对人不配合的情况下，还可采取强制检查的方式。

## 二、治安检查的种类

**（一）根据治安检查的对象来分**

1. 对人身的检查

在治安监督检查过程中会涉及对人身的检查，如《治安管理处罚法》第 87 条规定：“公安机关对与违反治安管理行为有关的场所、物品、人身可以进行检查。”日常治安监督检查中消防监督、管理特种行业、危险物品、指导和监督机关、团体、企业、事业单位的各类可能引发违法犯罪和治安灾害事故的人的检查，都属于此类检查。

2. 对物品的检查

检查的物品主要包括违禁品、危险物品、嫌疑人随身携带的物品、毒品、淫秽物品、非法出版物、驾驶的汽车等治安监督检查中被检查单位和组织内的所有与治安有关的物品，都属于此类。

3. 对场所的检查

检查的场所主要包括办理治安案件中涉及的单位、公共场所和居民住宅，日常监督检查中涉及的特种行业和大型活动等的空间范围与治安有关的事项，例如场所运营是否符合治安行政许可规定，是否设有安全通道，安全通道是否堵塞，有关物防技防的设施是否到位，有关制度是否建立等。

4. 人员信息检查

主要包括特种行业经营者信息检查、文化娱乐场所从业人员信息检查、暂住人口信息检查、日常工作中发现的可疑人员身份信息检查等。

**（二）根据治安检查的方式来分**

1. 感官检查

感官检查即直接运用检查人员的眼、耳、口、鼻、手等各种感知器官进行治安检查，这种方法简便易行、适用性广，一般不受时间、地点、工具等因素的限制，是最常用、最基本的检查方法，但这种检查方法的精、准程度有限，而且对检查人员的知识、能力和经验的依赖程度较高。

2. 仪器检查

仪器检查即利用各种先进科学的技术设备，进行防毒、防火、防爆炸、防辐射等方面的检查。专门仪器在治安检查中的运用日益普及化、经常化，发挥着越来越大的作用，尤其是在机场、大型活动等特定场所和面对各种危险时，这种方法精度、效率高，可靠性强，但资金、技术投入和场所条件也较高。

3. 利用动物检查

利用动物检查即运用经过专门训练的警犬、警猪、沙土鼠等动物进行治安检查。与人相比，动物的感觉更灵敏，其检查效果往往是其他方法难以企及的，尤其在查缉毒品、追踪犯罪嫌疑人等工作中，警用动物具有不可替代的作用。

**（三）根据治安检查的时间介入点来分**

1. 事前检查

治安日常监督检查大多数都属于事前检查，治安管理的主要原则之一就是“预防为主”，通过事前检查可以有效发现防范治安风险和发现隐患，阻断治安事件发生的条件，维护社会秩序和社会稳定。

2. 事后检查

事后检查是一个相对概念，有一些日常监督检查也可以称为事后检查，如针对某些特种行业和场所在治安检查中发现有不符合规定的情形被停业整顿后是否能继续营业，公安机关需要进行重新检查，且公安机关往往会把这类场所、行业以及人员、物品作为重点检查对象，加大检查力度，从这个意义上说，可以称作事后检查。

**（四）根据检查目的来分**

1. 安全性检查

主要包括对危险物品的生产、运输、使用、购销、储存等各个环节的安全检查；对群众性文化体育活动现场的安全检查；计算机信息网络的安全检查；对交通车辆状况的安全检查；对公共场所设施的安全检查等。

2. 防范性检查

主要包括对居民住宅区安全防范情况的检查；对单位安全防范情况的检查，其重点是党政首脑机关、国防尖端企事业单位、重点建设工程、重要科研单位、广播电台、电视台、电信通信枢纽、重要动力单位、重要金融单位等单位的安全防范措施的检查。

3. 监督性检查

主要包括特种行业监督检查、消防安全监督检查、边防监督检查、出入境监督检查等。

### 三、治安检查的作用

**(一)防患于未然**

发现隐患，堵塞漏洞，防患于未然，这是安全检查最直接、最经常也是最主要的目的。通过安全检查，可及时发现各种在治安管理领域的不安全因素，包括社会的人、物、时空和行为活动中的各类隐患，进而采取有效措施、消除隐患，堵塞漏洞。

**(二)提高公众的安全防范意识与能力**

社会的安全程度，主要取决于社会中人们的安全意识和能力的高低与否。通过广泛经常有效的安全检查，使不同的被检查对象能直接或者间接参与到治安管理活动中去，使公众了解社会的不稳定因素和风险隐患，进而使公众提高安防意识与能力；同时，通过治安检查，可以使相关单位和组织明确治安检查的内容和需要遵守的法律及制度；从而就能整体提升社会的安全程度。

**(三)预防、发现、震慑和打击违法犯罪活动**

经常、普遍、严格的治安检查，有可能破坏准备用于实施犯罪的某种环境，迫使正准备犯罪者放弃侵害企图、中止犯罪行为，甚至从心灵上震慑违法犯罪人员。同时，经常性的安全检查工作、有时可查获正在实施的违法犯罪活动，从而有效地打击违法犯罪行为。

**(四)严密安全管理机制**

通过治安检查，不仅可以具体地堵塞漏洞、防患于未然，而且可以发现治安管理机制方面存在的问题，进而督促相关单位和组织完善制度、落实责任、培训人员、强化管理，建立有效的治安防范体系。

## 第二节 治安检查的内容

治安检查的内容面广、量大，从维护社会治安的角度出发，凡是容易或可能引发治安问题的因素，都应当进行治安检查。整体来看，治安检查的内容都是围绕公共场所、特种行业、大型活动的人、物、事和信息等进行。

### 一、公共场所检查内容

公共场所开展安全检查的内容主要包括：一是消防安全检查，如检查公共场所建筑物及设施设备、周边环境、出入口、疏散通道、消防设施等是否符合消防管理的法律法规和设计规范。二是治安管理安全条件与要求检查，如检查场所经营面积与地点、防盗设备、保卫力量配备、安全规章制度等是否符合治安管理要求。三是从业人员检查，如检查场所从业人员的年龄、身份证件、务工证明、上岗培训、职业资格证书、健康状况等是否符合要求。四是安全管理制度检查，如检查岗位责任制度、牌证公开制度、财物保管制度、身份查验制度、内部安全巡查制度、外来员工申报暂住登记制度等落实情况。

公共场所种类数量多，涉及面广、治安情况复杂多变，各地公安机关一直将其作为治安管理的重点。根据国家及地方法律法规的规定，目前由公安机关实施治安管理的公共场所主要有交通场所、娱乐场所、游览场所、文化体育活动场所、商贸服务场所等。而公共娱乐场所在公共场所中数量多，治安状况复杂，与公民的人身和财产息息相关，是治安检查的重点场所，为此，国家还制定了相关法律制度。因此，公共娱乐场所的治安检查内容将作重点论述。

**(一) 公共娱乐场所治安检查的内容**

根据《刑法》《治安管理处罚法》《人民警察法》《娱乐场所管理条例》(2016 年修订版) 规定，公安机关在治安检查公共娱乐场所时，应当对公共娱乐场所以下内容进行检查：

1. 从业人员

包括从业人员的资格检查和从业人员的从事的行为。治安检查应重点检查娱乐场所是否遵守以下规定：从业人员应当遵守职业道德和卫生规范，诚实守信，礼貌待人，不得侵害消费者的人身和财产权利。娱乐场所不得招用未成年人；招用外国人的，应当按照国家有关规定为其办理外国人就业许可证。娱乐场所应当与从业人员签订文明服务责任书，并建立从业人员名簿；从业人员名簿应当包括从业人员的真实姓名、居民身份证复印件、外国人就业许可证复印件等内容。营业期间，娱乐场所的从业人员应当统一着工作服，佩带工作标志并携带居民身份证或者外国人就业许可证。娱乐场所应当与保安服务企业签订保安服务合同，配备专业保安人员；不得聘用其他人员从事保安工作。

有下列情形之一的人员，不得开办娱乐场所或者在娱乐场所内从业：

①曾犯有组织、强迫、引诱、容留、介绍卖淫罪，制作、贩卖、传播淫秽物品罪，走私、贩卖、运输、制造毒品罪，强奸罪，强制猥亵、侮辱妇女罪，赌博罪，洗钱罪，组织、领导、参加黑社会性质组织罪的；

②因犯罪曾被剥夺政治权利的；

③因吸食、注射毒品曾被强制戒毒的；

④因卖淫、嫖娼曾被处以行政拘留的。

娱乐场所及其从业人员不得实施下列行为，不得为进入娱乐场所的人员实施下列行为提供条件：

⑤贩卖、提供毒品，或者组织、强迫、教唆、引诱、欺骗、容留他人吸食、注射毒品；

⑥组织、强迫、引诱、容留、介绍他人卖淫、嫖娼；

⑦制作、贩卖、传播淫秽物品；

⑧提供或者从事以营利为目的的陪侍；

⑨赌博；

⑩从事邪教、迷信活动；

⑪其他违法犯罪行为。

娱乐场所的从业人员不得吸食、注射毒品，不得卖淫、嫖娼；娱乐场所及其从业人员不得为进入娱乐场所的人员实施上述行为提供条件。

2. 娱乐场所内的娱乐活动

应当重点检查娱乐活动是否含有下列内容：

①违反宪法确定的基本原则的；

②危害国家统一、主权或者领土完整的；

③危害国家安全，或者损害国家荣誉、利益的；

④煽动民族仇恨、民族歧视，伤害民族感情或者侵害民族风俗、习惯，破坏民族团

结的；

⑤违反国家宗教政策，宣扬邪教、迷信的；

⑥宣扬淫秽、赌博、暴力以及与毒品有关的违法犯罪活动，或者教唆犯罪的；

⑦违背社会公德或者民族优秀文化传统的；

⑧侮辱、诽谤他人，侵害他人合法权益的；

⑨法律、行政法规禁止的其他内容。

每日凌晨2时至上午8时，娱乐场所不得营业。

3. 娱乐场所内的设施

应当重点检查娱乐场所的相关设施是否符合以下规定，具体包括：

①歌舞娱乐场所应当按照国务院公安部门的规定在营业场所的出入口、主要通道安装闭路电视监控设备，并应当保证闭路电视监控设备在营业期间正常运行，不得中断。歌舞娱乐场所应当将闭路电视监控录像资料留存30日备查，不得删改或者挪作他用。

②歌舞娱乐场所的包厢、包间内不得设置隔断，并应当安装展现室内整体环境的透明门窗。包厢、包间的门不得有内锁装置。营业期间，歌舞娱乐场所内亮度不得低于国家规定的标准。

③娱乐场所使用的音像制品或者电子游戏应当是依法出版、生产或者进口的产品。歌舞娱乐场所播放的曲目和屏幕画面以及游艺娱乐场所的电子游戏机内的游戏项目，不得含有以上9项禁止的内容；歌舞娱乐场所使用的歌曲点播系统不得与境外的曲库联接。游艺娱乐场所不得设置具有赌博功能的电子游戏机机型、机种、电路板等游戏设施设备，不得以现金或者有价证券作为奖品，不得回购奖品。歌舞娱乐场所不得接纳未成年人。除国家法定节假日外，游艺娱乐场所设置的电子游戏机不得向未成年人提供。

④娱乐场所应当确保其建筑、设施符合国家安全标准和消防技术规范，定期检查消防设施状况，并及时维护、更新。营业期间，娱乐场所应当保证疏散通道和安全出口畅通，不得封堵、锁闭疏散通道和安全出口，不得在疏散通道和安全出口设置栅栏等影响疏散的障碍物。娱乐场所应当制定安全工作方案和应急疏散预案。娱乐场所应当在疏散通道和安全出口设置明显指示标志，不得遮挡、覆盖指示标志。

⑤迪斯科舞厅应当配备安全检查设备，对进入营业场所的人员进行安全检查。防止非法携带枪支、弹药、管制器具或者携带爆炸性、易燃性、毒害性、放射性、腐蚀性等危险物品和传染病病原体的人员进入娱乐场所。

⑥娱乐场所提供娱乐服务项目和出售商品，应当明码标价，并向消费者出示价目表；不得强迫、欺骗消费者接受服务、购买商品。

⑦娱乐场所应当在营业场所的大厅、包厢、包间内的显著位置悬挂含有禁毒、禁赌、禁止卖淫嫖娼等内容的警示标志、未成年人禁入或者限入标志。

4. 娱乐场所的消防监督检查

根据2017年公安部发布的《公共娱乐场所消防安全管理规定》(公安部令第39号)，娱乐场所的消防检查包括以下主要内容：

①是否根据要求确定了消防安全负责人，消防安全负责人是否具有资格，根据规定，消防安全负责人应当由公共娱乐场所法定代表人或者主要负责人担任，公共娱乐场所的房产所有者在与其他单位、个人发生租赁、承包等关系后，公共娱乐场所的消防安全由经营者负责。

②是否符合国家有关建筑消防技术标准的规定。根据规定，新建、改建、扩建公共娱乐场所或者变更公共娱乐场所内部装修的，其消防设计应当符合国家有关建筑消防技术标准的规定。

③是否制定了防火、灭火预案，是否制定了防火安全管理制度和紧急安全疏散方案。

④是否设置报警电话，安全出口和安全标志；营业中是否超过了额定人数。

⑤从业人员是否熟知必要的消防安全知识，是否上岗前经过培训。

**知识链接：**

## 《公共娱乐场所消防安全管理规定》(公安部令第39号)

第五条　新建、改建、扩建公共娱乐场所或者变更公共娱乐场所内部装修的，建设或者经营单位应当依法将消防设计图纸报送当地公安消防机构审核，经审核同意方可施工；工程竣工时，必须经公安消防机构进行消防验收；未经验收或者经验收不合格的，不得投入使用。

第六条　公众聚集的娱乐场所在使用或者开业前，必须具备消防安全条件，依法向当地公安消防机构申报检查，经消防安全检查合格后，发给《消防安全检查意见书》，方可使用或者开业。

第七条　公共娱乐场所宜设置在耐火等级不低于二级的建筑物内；已经核准设置在三级耐火等级建筑内的公共娱乐场所，应当符合特定的防火安全要求。

公共娱乐场所不得设置在文物古建筑和博物馆、图书馆建筑内，不得毗连重要仓库或者危险物品仓库；不得在居民住宅楼内改建公共娱乐场所。

公共娱乐场所与其他建筑相毗连或者附设在其他建筑物内时，应当按照独立的防火分区设置；商住楼内的公共娱乐场所与居民住宅的安全出口应当分开设置。

第八条　公共娱乐场所的内部装修设计和施工，应当符合《建筑内部装修设计防火规范》和有关建筑内部装饰装修防火管理的规定。

第九条　公共娱乐场所的安全出口数目、疏散宽度和距离，应当符合国家有关建筑设计防火规范的规定。

安全出口处不得设置门槛、台阶，疏散门应向外开启，不得采用卷帘门、转门、吊门和侧拉门，门口不得设置门帘、屏风等影响疏散的遮挡物。

公共娱乐场所在营业时必须确保安全出口和疏散通道畅通无阻，严禁将安全出口上锁、阻塞。

第十条　安全出口、疏散通道和楼梯口应当设置符合标准的灯光疏散指示标志。指示标志应当设在门的顶部、疏散通道和转角处距地面一米以下的墙面上。设在走道上的指示标志的间距不得大于二十米。

第十一条　公共娱乐场所内应当设置火灾事故应急照明灯，照明供电时间不得少于二十分钟。

第十二条　公共娱乐场所必须加强电气防火安全管理，及时消除火灾隐患。不得超负荷用电，不得擅自拉接临时电线。

第十三条　在地下建筑内设置公共娱乐场所，除符合本规定其他条款的要求外，还应当符合下列规定：

（一）只允许设在地下一层；

（二）通往地面的安全出口不应少于二个，安全出口、楼梯和走道的宽度应当符合有关建筑设计防火规范的规定；

（三）应当设置机械防烟排烟设施；

（四）应当设置火灾自动报警系统和自动喷水灭火系统；

（五）严禁使用液化石油气。

第十四条　公共娱乐场所内严禁带入和存放易燃易爆物品。

第十五条　严禁在公共娱乐场所营业时进行设备检修、电气焊、油漆粉刷等施工、维修作业。

第十六条　演出、放映场所的观众厅内禁止吸烟和明火照明。

第十七条　公共娱乐场所在营业时，不得超过额定人数。

第十八条　卡拉OK厅及其包房内，应当设置声音或者视像警报，保证在火灾发生初期，将各卡拉OK房间的画面、音响消除，播送火灾警报，引导人们安全疏散。

第十九条　公共娱乐场所应当制定防火安全管理制度，制定紧急安全疏散方案。在营业时间和营业结束后，应当指定专人进行安全巡视检查。

第二十条　公共娱乐场所应当建立全员防火安全责任制度，全体员工都应当熟知必要的消防安全知识，会报火警，会使用灭火器材，会组织人员疏散。新职工上岗前必须进行消防安全培训。

第二十一条　公共娱乐场所应当按照《建筑灭火器配置设计规范》配置灭火器材，设置报警电话，保证消防设施、设备完好有效。

**【拓展阅读】**

### 开展娱乐场所专项整治　净化社会治安环境

（《三秦都市报》2018年12月18日，略有改动）

为深入推进冬季严打整治，净化全区社会治安环境，陕西省汉中市公安局汉台分局将在全区范围内开展严厉打击娱乐服务场所黄赌毒违法犯罪专项整治行动。

本次专项整治行动的目标是确保娱乐服务场所坚守“四条底线”。即决不允许存在有组织的卖淫嫖娼、赌博犯罪活动，决不允许存在吸贩毒活动，决不允许存在组织淫秽色情表演活动，决不允许存在黑恶势力违法犯罪活动。

本次行动将以存在问题的娱乐服务场所为重点，开展高密度、超常规的治安检查整治。通过集中整治，坚决打掉一批淫秽表演、卖淫嫖娼、聚众赌博团伙；坚决查处一批组织、容留、介绍淫秽表演、卖淫嫖娼、聚众赌博等违法活动的场所；坚决处理一批涉黄涉赌组织者、经营者和“保护伞”。建立健全各项规章制度，规范娱乐服务场所经营行为，彻底整治治安秩序混乱和安全隐患突出的问题。

本次行动的重点将针对容易滋生“黄、赌、毒”的歌舞娱乐、桑拿洗浴、足疗按摩、电子游戏、KTV歌厅、宾馆、饭店中附设的娱乐服务场所；不落实治安管理制度，存在故意遮挡包厢、包间、透明门，故意设置暗室、暗厅，包厢、包间设置内锁等硬件设施不达标的娱乐服务场所；以及隐藏在娱乐服务场所内卖淫嫖娼、赌博、吸贩毒违法活动背后的黑恶势力。近期，行动开展以来，分局组织对全区足浴桑拿、KTV歌城、美容美发、酒店宾馆等娱乐服务场所开展集中清查，先后对59家存在隐患场所责令停业整顿，打击处理一批涉嫌黄赌毒违法犯罪人员。

**(二)其他公共场所的治安检查内容**

第一，对经营场所结构和布局的安全检查；第二，对经营场所进行消防安全检查；第三，对安全管理组织人员落实的检查；第四，对场所安全管理制度执行情况的检查；第五，对场所经营内容安全的检查；第六，对相关环境、设施是否符合安全规定的检查。对公共交通场所还应当加大对企业安检落实情况的检查监督，对游览场所应答加大对一些设施安全性的检查，对商场应当重点加大对安保人员配备落实情况和相关设施安全性的检查。

## 二、对特种行业的检查内容

目前，根据国家有关法律、法规和规章的规定，全国性特种行业治安管理的范围包括旅馆业、印章业、印刷业、旧货业、机动车修理业以及其他依法列入特种行业管理的行业。特种行业原来无论是否需要其他业务主管部门审核，都必须通过公安机关许可。2002 年 11 月国务院行政审批制度改革后，只有旅馆业、公章刻制业和典当业仍须公安机关核准，领取特种行业许可证，其他特种行业只需在取得工商部门许可，取得《营业执照》之后到公安机关进行备案管理即可。此外，根据公安部《关于改革和加强特种行业管理工作的通知》的规定，关于“各地公安机关根据实际情况，认为其他有必要列人特种行业管理的，可报省、自治区、直辖市人民政府批准”和《人民警察法》第 6 条有关特种行业“由法律、法规规定”的精神，各地根据本地经济发展和社会治安管理的需要，可以把容易被违法犯罪分子利用的工商服务行业，通过地方性立法和颁布规章形式纳入地方特种行业治安管理范围，如开锁业、出租汽车业、金银首饰加工置换业等。

从国家立法精神来看，可以看出旅馆业、印章业和典当业是公安机关实施治安管理的重点，但其他行业不需要特殊许可并不意味着公安机关不对其进行管理。如开锁业，出租车行业是容易滋生违法犯罪并且可能对社会危害较大的违法犯罪，必须加以严格治安管理，我们对这三类行业的日常治安检查内容做重点论述。

**(一)旅馆业治安检查内容**

根据《旅馆业治安管理办法》规定，凡经营接待旅客住宿的旅馆、饭店、宾馆、招待所、客货栈、车马店、浴池等(以下统称旅馆)，不论是国营、集体经营，还是合伙经营、个体经营、中外合资、中外合作经营，不论是专营还是兼营，不论是常年经营，还是季节性经营，都属于旅馆业的范围。公安机关对旅馆业进行日常治安检查的内容包括：

(1)其房屋建筑、消防设备、出入口和通道等设施是否符合《中华人民共和国消防法》等有关规定，是否具备必要的防盗安全设施，如临街的一层是否装有防盗窗，是否有完备的监控设施及运行状况良好。

(2)是否建立门卫值班管理制度，是否设置治安保卫组织或者指定安全保卫人员，是否建立必要的人员值班和安全制度等。

(3)是否建立完备的验证登记制度，具体应当重点检查住宿登记记录，且登记记录是否完整。根据规定，旅馆接待旅客住宿必须登记，接待境外旅客住宿，还应当在 24 小时内向当地公安机关报送住宿登记表。旅馆在登记时，应当查验旅客的身份证件，按规定的项目如实登记，或者将登记记录如实录入与公安机关联网的相关旅馆业信息管理系统。

(4)是否有完备的旅客财物保管制度，具体应当重点检查相关登记、领取和交接、保管记录。根据规定，旅馆应当设置旅客财物保管箱、柜或者保管室、保险柜，指定专人负责保管工作。对旅客寄存的财物，要建立登记、领取和交接制度。对旅客遗留的物品，应当妥为保管，设法归还原主或揭示招领；经招领3个月后无人认领的，要登记造册，送当地公安机关按拾遗物品处理。对违禁物品和可疑物品，应当及时报告公安机关处理。

(5)是否建立完备的信息报告制度、信息留存制度、协查制度。具体重点检查旅馆的相关视频监控系统是否完备，是否正常运行，是否有可疑人员没有上报，日常对旅馆住宿人员进行不定期核查与抽查。根据规定，旅馆工作人员发现违法犯罪分子，行迹可疑的人员和被公安机关通缉的罪犯，应当立即向当地公安机关报告，不得知情不报或隐瞒包庇。严禁旅客将易燃、易爆、剧毒、腐蚀性和放射性等危险物品带入旅馆。旅馆内，不得酗酒滋事、大声喧哗，影响他人休息，旅客不得私自留客住宿或者转让床位。旅馆内，严禁卖淫、嫖宿、赌博、吸毒、传播淫秽物品等违法犯罪活动。

**【拓展阅读】**

## 仙居县公安局对民宿开展治安检查

2018年9月13日　来源：仙居公安，略有改动

**行业自治，因地制宜分类别**

眼下，横溪镇河塘村正是旅游旺季，村头的数百亩荷花让游客流连忘返，而民宿宾至如归的感受更让游客纷纷点赞。

“成立民宿协会规范了管理，让全村民宿发展越来越快。”河塘村委会主任、民宿协会负责人俞建平告诉记者，“我们实行村建网、户建簿、房编号，任何时候都一目了然。村部设立服务中心，由村委会统一管理，安装旅馆业治安管理信息系统，落实专人负责旅客信息采集工作”。

仙居县公安局主动对接政府社会治理网络，由社区民警对接乡镇网格员，将民宿管理作为政府网格化管理的一项重要内容。仙居公安结合实际推出企业式、协会式、网格式三种民宿管理模式。企业式管理模式，主要适用于空置房屋多的新农村；网格式管理模式，主要适用于一般民宿村；协会式管理模式，主要适用于民宿聚集区。

仙居县公安机关帮助成立民宿协会，指导民宿协会开展工作，帮助民宿协会争取到了景区门票降价打折、停车免费、统一免费网络营销、集中上门办证等优惠措施，助推了民宿产业的发展。

**警民联动，提升体验式服务**

民宿特色村淡竹乡下叶村建设了全村视频系统和视频监控中心，组建了一支12人的治安巡防队和5人的志愿消防队。2016年、2017年，下叶村实现刑事案件零发案、游客零投诉、消防无事故的目标。

仙居县在县域边远地区相继建立了村干部先行处警机制、游客纠纷快速处理机制、应急联动救援机制，保障游客安全，提升游客旅游体验舒适度。在仙居旅游集散中心建立治安消防体验室，在民宿聚集区淡竹乡建立了防溺水体验区，在神仙居景区建立野外求生体验区，让游客亲身体验、真实感知各类防控知识，提升应急自救能力。在民宿聚集区建立民警工作室。由派出所、交警中队、仙居法院巡回法庭、乡镇调解团在旅游集散中心联合成立四位一

体的游客纠纷处理中心。

**(二)公章刻制业检查内容**

印章业俗称刻字业，即从事印章制作业务的企业、公司、个体工商户的总称。根据《印铸刻字业暂行管理规则》第2条的规定，凡对外经营刻制各种印章的工厂、店、摊，“不论专营、兼营、公营、私营(国家机关专用不以营业为目的者例外)或属何国籍，除法令另有规定者外，均依本规则管理之”。具体包括手工制作、艺术篆刻、橡胶浇铸、激光、雕刻、照相制版等多种工艺技术刻制各类印章的刻字厂、刻字社和生产经营刻字设备的行业。

公安机关对印章业管理的重点是公章刻制业，在治安检查时应当检查内容包括：

(1)公章刻制业是否经过公安机关开业审批，是否存在企业名称、经营地点、经营范围变动后向相关公安机关备案。凡申请经营刻字业务的单位和个人，须经所在地县级以上公安机关审查同意，颁发特种行业许可证。未经审查、核准登记的单位和个人，一律不准从事公章刻制业务。

(2)公章刻制业相关经营者房屋建筑是否符合国家安全标准和消防安全规定；

(3)是否有超越经营范围违法经营的问题。根据规定，党、政、军机关、社会团体、国有企事业单位和外资、中外合资、中外合作企业和集体、私营企业及个体工商户等，须凭上一级主管部门出具的证明或工商行政管理部门核发的营业执照，到所在地县以上公安机关办理准刻手续，经公安机关验证无误后，发给印章准刻证，到公安机关选定的刻字厂、店刻制。需要跨省、市、县刻制公章的，须凭单位所在地县、市(区)以上公安机关出具的证明，到刻制地同级公安机关办理准刻手续。外国驻华机构刻制印章，须凭我国批准设立该机构的主管部门的证明信，到当地公安机关办理准刻手续，领取印章准刻证。刻制个人名章、单字章，无须公安机关登记备案，可直接到任何刻字店、厂刻制。

(4)是否有健全的安全管理制度。具体包括：

①承制登记验证制度。印章刻制业经营者承接公章，必须查验委刻单位的证明和公安机关印章准刻证，按照有关规定严格检查委刻印章的规格、式样是否符合规定，是否与准刻证明上批准的规格、式样一致，要严防伪造。对擅自更改已批准的印章的规格、式样或没有公安机关开具的准刻证明，一律不准承刻。印章业要建立专门的登记簿册，对承刻的公章由专人负责登记。应用《印章治安管理信息系统标准》的地区，上述各环节可以在网上直接完成，即网上审批，网上承刻，建立印痕等信息数据库。

②监制保管销毁制度。承制各种机密印章、专用章时，要在指定的保密厂、店、车间或指定的工作室指定专人刻制，委托单位要派人监督。承制过程中的成品、半成品以及样品要专人专柜严格保管，防止被盗或丢失。密件的底稿、废品、余品要交定制单位处理。试刻的样品和损坏的残品、废品不能扔掉，必须在监销人员监督下进行销毁，并进行登记。

③交货验证登记制度。承制单位在交货时，应严格把关，仔细验证，在手续完备的条件下，才可以交货，严防不法人员冒领。要认真核查取货人的单位证明和本人的居民身份证，在登记簿上签收，并注明件数和取货日期。对超过3个月无人领取的印章，应当登记造册，送交原备案或批准刻制的公安机关处理。

上述内容就是治安检查的重点。

【拓展阅读】

## 孝南治安大队“三个提升”强化印章业管理

（2014 年 8 月 18 日　来源：中国警察网　略有改动）

今年来，湖北省孝感市孝南治安大队以提升群众满意度为目标，主动作为、强化管理，积极推进“三个提升”，有效规范全区印章刻制治安管理工作秩序。

一、抓细节促规范，提升群众满意度。

根据上级要求，治安大队要求窗口部门简化办事程序，并将印章业受理、审批、销毁等各个环节纳入制度化管理，使各项办理环节都有据可查，进一步规范印章刻制业治安管理行为。同时，积极为企业和群众开展上门服务、提供印章查询、比对、鉴别等便民措施，为群体提供最快捷、最直接的服务。今年以来，分局共审批刻制上网印章 217 枚，接受咨询 43 次，为企业和群众鉴别印章 5 次，为群众办理印章相关证明 6 份。

二、明职责促管理，提升管控水平。

分局以提高印章信息化应用水平为目标，严格按印章治安管理信息系统要求，建立和完善印章刻制和管理长效化机制。定期组织召开印章业主例会，宣传法律律法规和国家政策，及时了解印章业经营情况。组织民警采取定期或不定期的方式，检查设备、章模章印和往来票据，重点查验各印章刻制点证照是否齐全、刻章登记与印章备案是否一致、是否存在违法违规刻制普通公章等问题，从源头上切断制贩假公章、伪公章滋生的土壤，实现对印章的制作全过程、立体式管理。今年元至五月份，分局共检查印章刻制业 15 家次，下发责令限期整改通知书 2 份并立即落实整改。

三、精打击强防范，提升打防效能。

分局坚持把非法刻制公章等违法犯罪和规范印章业治安管理秩序作为日常管理工作的重要内容，明确治安大队和辖区派出所工作职责，加大对违法案件的查处力度，对发现有擅自刻制公章的，坚决予以查处。上半年，分局共取缔无资质印章刻制店 3 家。6 月 6 日，治安大队根据工作中获取的线索，在城站路行政服务中心旁佳艺广告印刷店内，查获擅自经营刻章业务违法人员万某。经查，2014 年 4 月份以来，违法人员万某在其经营的印刷店内，在未经公安机关许可的情况下擅自经营刻章业务，刻制公章 9 枚。

**（三）对典当业的治安检查内容**

典当，是指当户将其动产、财产权作为当物质押或者将其房地产作为当物抵押给典当行，交付一定比例费用，取得当金，并在约定期限内支付当金利息、偿还当金、赎回当物的行为。典当业，是指专门从事典当活动的行业。典当业易发生以下治安问题：第一，非法经营或者变相经营典当业务，并暗中从事高利贷等违法活动；第二，有的典当行违规经营，为销赃、洗钱等不法活动提供便利条件。因此，典当业治安检查内容包括：

（1）是否按照规定办理特种行业许可证；

（2）是否建立了完备的验证登记制度。根据规定，个人办理出当和赎当，必须出具本人居民身份证、临时身份证或能证明自己真实身份的其他证明；当户为单位的，应当出具单位证明和经办人的身份证件；属于委托典当的，应当出具典当委托书和委托人、被委托人的身份证件。并应对典当者的姓名、单位名称、住址、居民身份证号码等事项进行认真登记。

(3)是否建立了完备的当物查验、保管制度。典当业应对典当物品进行认真查验，严禁承接赃物和来历不明的物品；依法被查封、扣押和采取其他保全措施的财产；管制刀具、枪支、弹药，军、警用标志、制式服装和器械；易燃易爆、剧毒、放射性物品及其容器；法律、法规和国家有关规定禁止典当的其他物品。凡是质押品都应进行登记，包括典当物品的名称、数量、规格、新旧程度、当据编号。并由专人负责，妥善保管。

(4)安全防范制度是否完备

典当业房屋建筑和经营设施应当符合国家有关安全标准和消防管理规定，具备下列安全防范措施：经营场所内设置录像设备且运行正常，保存时间一般至少2个月；营业柜台设置防护设施；设置符合安全要求的典当物品保管库房和保险箱(柜、库)；设置报警装置；门窗设置防护设施；配备必要的消防设施及器材。还应建立专门的治安保卫机构，配备保安人员。

**(四)印刷业、旧货业、机动车修理业及报废机动车回收业等行业治安检查重点内容**

1. 印刷业治安检查重点内容

(1)有无印刷非法出版物的情况；

(2)有无伪造、变造国家机关证件、货币、有价证券等情况；

(3)有无非法印制各类秘密文件、资料及党政机关信函的情况。

2. 旧货业治安检查重点内容

(1)有无非法收购生产性废旧金属的情况；

(2)有无收购禁止收购的物品的情况；

(3)有无收购公安机关通报寻查的赃物或者有赃物嫌疑物品的情况。

3. 机动车修理业及报废机动车回收业治安检查重点内容

(1)承修机动车或者回收报废机动车是否按规定如实登记；

(2)车辆发动机号码、车架号码有无改动痕迹，车辆其他部位有无明显的改动、破坏痕迹；

(3)有无公安机关查控的机动车辆；

(4)有无交通肇事逃逸嫌疑车辆及其他可疑情况。

其他，如寄递业、物流业的治安检查也受到高度重视。

总体上来看，公安机关对上述行业进行治安检查，一般采取如下措施：一广泛宣传，严格执行有关法律、法规和规章制度，依法加强管理；二协助行业单位建立健全各项规章制度并严格监督、检查其落实执行情况；三建立健全治安保卫组织，布建秘密力量，及时掌握印章业治安动态；四加强打击力度，严肃查处各类违法犯罪人员。

**【延伸阅读】**

## 广西柳城爆炸案系33岁男子韦银勇自制安排投放，当场被炸死

(新华社 2015-10-02　来源：澎湃新闻)

新华社南宁10月2日电，记者从广西柳州公安机关获悉，经缜密侦查，9月30日发生在广西柳城县的一起多点爆炸案，已成功侦破。

警方经现场勘查、调查访问以及相关视频和痕迹检验，获取了相关证据，形成了完整的证据链，认定爆炸案系广西柳城县大埔镇33岁男子韦银勇所为。警方经DNA鉴定，确认嫌

疑人韦银勇在案发现场被炸身亡。

初步查明，犯罪嫌疑人韦银勇自制定时爆炸装置，通过自己投放和谎称寄送包裹雇人运送的方式，先后在多处制造爆炸，致10人死亡、51人不同程度受伤。另据初步查明，犯罪嫌疑人韦银勇因采石生产与附近村民、相关单位产生矛盾而制造这起案件。

案件发生后，柳州市和当地党委、政府立即组织公安、消防、卫生等部门赶赴现场开展处置工作。公安部、广西壮族自治区公安厅与当地公安机关迅速成立联合专案组，全力开展案件侦破和善后处置工作。目前，伤员已得到有效救治，善后工作正在有序展开。

## 三、大型活动的治安检查内容

根据大型群众性活动的特点，国务院制定了行政法规《大型群众性活动安全管理条例》，条例在总结实践经验的基础上，明确界定了大型群众性活动的范围，即法人或者其他组织面向社会公众举办的每场次预计参加人数达到1000人以上的活动，包括体育比赛、演唱会、音乐会、展览、展销、游园、灯会、庙会、花会、焰火晚会以及人才招聘会、现场开奖的彩票销售等活动。考虑到影剧院、音乐厅、公园、娱乐场所等在其日常业务范围内举办的活动虽然符合大型群众性活动的特征，但是已经过相关部门的依法经营许可，其安全问题可以纳入日常公共场所进行管理，不必再作为大型群众性活动进行管理。

大型群众性活动具有规模大、参加人员多、危险系数高、安全问题突出等特点。据统计，近几年来，全国每年举办各类大型群众性活动1.4万多场，近3亿人次参加。在这类活动中，安全事故、治安和刑事案件时有发生，有的甚至酿成群体性事件，给人民群众的生命、财产安全以及社会治安秩序和公共安全带来较为严重的危害。根据《大型群众性活动安全管理条例》第10条第(4)、(5)项规定，公安机关履行以下职责：在大型群众性活动举办前，对活动场所组织安全检查，发现安全隐患及时责令改正；在大型群众性活动举办过程中，对安全工作的落实情况实施监督检查，发现安全隐患及时责令改正；因此，对大型活动的检查主要包括举办前的检查和举办中的检查；内容包括：

1. 承办者是否按照制定的大型群众性活动安全工作方案开展工作

方案包括以下内容：活动的时间、地点、内容及组织方式；安全工作人员的数量、任务分配和识别标志；活动场所消防安全措施；活动场所可容纳的人员数量以及活动预计参加人数；治安缓冲区域的设定及其标识；入场人员的票证查验和安全检查措施；车辆停放、疏导措施；现场秩序维护、人员疏导措施；应急救援预案。

2. 承办者负责的安全事项是否按照规定落实

落实大型群众性活动安全工作方案和安全责任制度，明确安全措施、安全工作人员岗位职责，开展大型群众性活动安全宣传教育；保障临时搭建的设施、建筑物的安全，消除安全隐患；按照负责许可的公安机关的要求，配备必要的安全检查设备，对参加大型群众性活动的人员进行安全检查；按照核准的活动场所容纳人员数量、划定的区域发放或者出售门票；落实医疗救护、灭火、应急疏散等应急救援措施并组织演练；配备与大型群众性活动安全工作需要相适应的专业保安人员以及其他安全工作人员；为大型群众性活动的安全工作提供必要的保障。

3. 承办者是否履行信息报告和协查责任

即发现非法持有的门票或者假门票，或者有人携带危险品、违禁品，或者有违法犯罪活动和行为，必须向公安机关报告。

4. 大型群众性活动的场所管理者是否做好相关安全事项

活动场所、设施符合国家安全标准和安全规定；疏散通道、安全出口、消防车通道、应急广播、应急照明、疏散指示标志符合法律、法规、技术标准的规定；保障监控设备和消防设施、器材配置齐全、完好有效；提供必要的停车场地，并维护安全秩序等。

**【拓展阅读】**

### 治安大队对大型活动现场进行安全检查

（2018-2-06　资料来源：银川市公安局，略有改动）

“丝路明珠　魅力银川　和美永宁”第四届冰雪嘉年华暨2018置信三沙源彩灯文化节将于2月3日至3月4日在望远三沙源生态园举行，预计，每逢周末会有3000多名市民群众参加花灯节晚会活动。为确保重大节日群众活动安全，近日，宁夏回族自治区永宁县公安局治安大队会同望远派出所到望远镇三沙源检查活动各项安保工作。

检查期间，民警重点检查了花灯展览区及联合执勤点的安保工作部署情况，查看了花灯展区的电线敷设、灭火器材配置、安全疏散和现场安全保卫情况，详细询问了电气线路是否满足负荷、现场安保工作人员遇到突发情况时人员疏散是否能够及时引导等。针对检查中发现的花灯展区的电源开关箱设置较低、花灯展区的下水井盖部分已损坏等安全隐患，告知企业负责人迅速整改，预防各类意外伤害的发生，确保此次活动安全地顺利进行。

**【拓展阅读】**

### 湖北仙桃公安危化品管控措施实效果好

（2017年10月25日　来源：中国警察网　略有改动）

10月24日，湖北省仙桃市公安局治安支队负责人介绍，近一个月来，该局组织开展危化物品大检查、大整改，坚决做到单位场所查到位、死角巡到位、法律文书发到位、执法手段用到位、整改措施跟到位，共查处非法运输危险物品案件12起，查处、转存危险化学品40余吨。

属地负责，排查整改隐患。该市20个派出所，组织民警逐一上门核查辖区内医院、学校、药店、水厂、化工企业，细致检查危化品生产、储存、经营、使用情况和从业人员基本情况，坚持安全隐患不查清不放过、隐患原因不查明不放过、整改措施不落实不放过、责任人员不处理不放过，做到了涉危从业单位、人员情况底数清、情况明。期间，共检查单位615家次，发现问题118处，并全部督促整改，处罚单位35家次。

以治促防，强化清查管控。“流动的危化品，马虎不得，必须督促各方严格落实安全措施。”据介绍，仅10月7日，交警四大队联合胡场派出所在318国道，连续查处2起非法运输散装危化品液体甲醛的违法行为。该局治安、内保、交警等警种联合派出所，开展联勤联动，始终保持对辖区道路上行驶的危险品运输车辆、各类货车的检查力度，及时发现违反危险物品运输安全管理规定的违法行为，对驾驶员进行安全提示。同时，源头管理，对辖区涉危单位人防、物防、技防等防范措施落实、使用流程登记、值班制度执行等情况，督促指导企业强化自防意识和能力。宣传发动，引导易制爆危险化学品企业和广大人民群众自觉遵守有关购销管控规定，督促其自觉遵守管理规定，加强内部治安防范，对违反危化品管理条例的相关单位依法查处。

截至目前，该局共查处非法运输危险物品案件12起，查处、转存危险化学品40余吨，营造了安全稳定的社会环境。

## 第三节　治安检查的实施要求和方法

治安检查是公安机关依照职权和职责作出的行政管理活动。应当遵循一定的实施程序、方法与要求，不可随意而为，有些检查的程序、方法及要求有明确的法律规定，并且十分明确，而有些并没有十分明确的方法与要求，需要根据检查的性质和类型在实践中遵循一定的方法及要求。

### 一、治安检查的基本要求

关于治安检查的一般要求及方法，规定在《公安派出所执法执勤规范》中，公安派出所民警执行治安检查时，应当注意以下事项：

**(一)检查频次**

对行业、场所、单位的检查每月不得少于一次，每次检查时不少于两人，对上级通报、群众反映的问题应当随时检查，认真查处。

**(二)检查程序**

1. 出示证件

检查时应当主动出示工作证件或者其他执法检查证件，表明身份，提出检查要求。

2. 人数要求

对娱乐服务场所的检查，应当在公安派出所统一安排下由两名以上民警共同进行。

3. 尊重检查对象

检查时应当尊重从业人员和顾客，从检查身份证件入手，除有违法犯罪嫌疑外，不得进行人身检查。

4. 人员、物品处置

要求对查获的违法犯罪嫌疑人，应当尽快带离现场；对需扣押、收缴的物品应当办理法律手续，开具单据。

5. 情况记录与报告

治安检查应当注意发现房屋建筑、消防设施、公共设施的安全情况及改造、变动情况，对发现的治安隐患，应当列出隐患内容，通知有关部门并报告上级公安机关。

6. 治安检查纪律要求

应当制作检查记录，由检查的民警和被检查方共同签字。

### 二、治安检查的基本方式

1. 感官检查

包括查看各类记录和登记簿，查看监控设备，现场查看设施及功能的完备性。

2. 仪器检查

利用特殊设备对各类危险品储存情况进行检查，如酒精测试仪等。

3. 利用动物检查

利用警犬类进行的检查等。

此外还有定期监督检查、抽样性监督检查、开业或使用前的监督检查、举报投诉或违反法律法规的监督检查和其他专项检查等。

**【延伸阅读】**

几类安全检查常见例表：

**安全检查情况联名笔录**

编号：

<table>
<tr><td>被检单位</td><td></td><td>检查时间</td><td>年　月　日　时　分</td></tr>
<tr><td rowspan="5">参加检查单位及人员情况</td><td>参检单位</td><td>姓名</td><td>职(称)务</td></tr>
<tr><td></td><td></td><td></td></tr>
<tr><td></td><td></td><td></td></tr>
<tr><td></td><td></td><td></td></tr>
<tr><td></td><td></td><td></td></tr>
<tr><td rowspan="4">检查事项</td><td></td><td></td><td>整改措施</td></tr>
<tr><td></td><td></td><td></td></tr>
<tr><td></td><td></td><td></td></tr>
<tr><td></td><td></td><td></td></tr>
<tr><td colspan="4">综合检查情况记录：</td></tr>
<tr><td colspan="4">检查结论：</td></tr>
<tr><td colspan="4">被检查单位意见：<br>签名：<br>年　月　日</td></tr>
<tr><td colspan="4">检查负责人签名：<br>年　月　日</td></tr>
</table>

**娱乐服务场所日常治安检查表**

| 检查单位 | | | 被检查单位 | | |
|---|---|---|---|---|---|
| 序号 | 评价内容与要求 | 目标分 | 实得分 | 备注 | |
| 1 | 场所营业执照、消防安全许可证等在有效期内，定期年检，经营范围等基本信息与实际相符 | 10分 | | | |
| 2 | 娱乐场所及其从业人员实行信息化监督管理，录入治安信息管理系统。场所经营负责人及联系电话等情况是否与警务信息系统已录入数据相符 | 10分 | | | |
| 3 | 是否有卖淫嫖娼、赌博、吸贩毒品、组织淫秽表演等违法犯罪活动 | 10分 | | | |
| 4 | 娱乐项目是否有政治问题或者淫秽、色情内容，是否放映非法影片、影碟、录像 | 10分 | | | |
| 5 | 易燃易爆品存放符合规定要求 | 10分 | | | |
| 6 | 包厢、包间应在便于观察的位置安装展现室内整体环境的透明门窗，不得设置内锁装置 | 5分 | | | |
| 7 | 营业场所不得设置可调式亮度照明灯，包厢、包间内灯光亮度不得过暗 | 5分 | | | |
| 8 | 营业场所出入口、主要通道安装正规闭路电视监控设备，营业期间正常运行 | 5分 | | | |
| 9 | 营业场所核定人数的人均面积不得低于 $2m^2$。场所容纳的人员不得超过核定人数 | 5分 | | | |
| 10 | 从业人员持有合法证件，外国人及其他境外人员应持有国家规定的其他证件 | 5分 | | | |
| 11 | 具备治安保卫制度，落实治安保卫力量和措施，保安人员数量不得少于核定人数的2% | 5分 | | | |
| 12 | 应急消防设施在有效期内，可正常运行 | 5分 | | | |
| 13 | 保障疏散通道、安全出口、消防车通道通畅 | 5分 | | | |
| 14 | 营业期间，从业人员应当统一佩戴工作标志，统一着正规工作服 | 5分 | | | |
| 15 | 显著位置悬挂安全须知、含有禁黄、赌、毒等警示标志，未成年人禁入场所还应当悬挂限入标志 | 5分 | | | |
| 合计 | | 100分 | | 95分以上合格 | |
| 检查人签名 | | 被检查人签名 | | 检查时间 | |

## 三、治安检查的基本措施

总体上来看，公安机关开展治安检查，一般采取如下措施：一是广泛宣传，严格执行有关法律、法规和规章制度，依法加强管理；二是协助行业单位建立健全各项规章制度并严格监督、检查其落实执行情况；三是建立健全治安保卫组织，布建秘密力量，及时掌握治安动态；四是加强打击力度，严肃查处各类违法犯罪人员。

**【本章小结】**

治安检查是公安机关贯彻执行治安管理法规的重要手段，也是发现治安问题，堵塞治安漏洞，消除治安隐患的一种行政管理措施和勤务。治安检查是公安机关在治安管理活动中最常用的一种手段和措施，其实施手段灵活多样，实施对象方面广泛，是公安机关必不可少的治安管理手段和措施。治安检查主要内容是对公共场所、特种行业、大型活动等日常治安进行检查，是重要的治安管理手段，内容丰富，方式多种多样。通过本章学习，可以使学生掌握治安检查的基本知识，以适应治安管理实际的需要。

**◎ 思考题**

1. 什么叫治安检查？种类有哪些？
2. 治安检查的对象有哪些？应当遵循哪些要求？
3. 公共娱乐场所治安检查主要包括哪些内容？
4. 旅馆业治安检查的内容包括哪些？
5. 治安检查的基本措施有哪些？

# 第六章 治安强制

【学习目标】理解治安强制、治安强制措施的概念，掌握治安强制措施的主要种类，运用治安强制措施的实施程序。

【教学重点】治安强制的概念、治安强制措施的概念及特征、治安强制执行的概念及特征。

【教学难点】治安强制措施的主要种类、治安强制措施的实施程序。

【案例引导】

2018年7月10日12时30分左右，在××县中医院外二科27床住院的邢某，因为想将病床换到已出院的28床(靠窗户边)，就与外二科医生沟通换床事宜，因沟通不畅，咸丰中医院外二科医生给邢某拍照并扬言威胁要发给其他人报复邢某，邢某便拨打咸丰县公安局110报警，高乐山派出所民警陈某某出警到现场了解完情况后两次叫邢某从医生办公室出去，邢某称找医生有事，拒绝出去，陈某某见状便叫随行的两名辅警将邢某拷起来，三人强行将其带到警车上，期间造成邢某四肢、胸腹、头部、颈部全身多处软组织损伤，随后陈某某用警车拉着邢某从环城路转了一圈转到高乐山派出所。到高乐山派出所办案区一楼物品保管室，陈某某将邢某身上的所有现金1210.10元及其他物品进行登记保管后，在讯问室留置邢某五个小时左右，告知邢某是口头传唤其到公安机关接受调查，但是口头传唤邢某的原因，陈某某拒绝告知，最后在未做笔录的情况下让辅警将邢某放了，辅警退回邢某现金1110.10元，少给邢某100元，辅警将登记表上现金更改为1110.10元。

问题：

1. 口头传唤的性质是什么？实施口头传唤需要遵循什么程序？
2. 邢某能否对本次口头传唤提起行政复议或行政诉讼？
3. 请评析案例中公安民警的执法行为。

治安强制是公安机关实施治安管理的过程中，为了维护和实施行政管理秩序，预防和制止社会危害事件及违法行为的发生和继续发展，针对特定公民、法人或者其他组织的人身及财产进行临时约束或处置的限权性强制行为。治安强制与社会安定和可持续发展具有极为密切的联系，对维护社会治安，保持社会稳定大局起着至关重要的作用，是一个非常重要的理论与实践问题。

## 第一节 治安强制概述

### 一、治安强制的概念

治安强制，也称治安行政强制，是指治安管理主体为实现治安管理目的，对有关行政相对人的人身自由、财物、证件、行为(场所)等以强行的方式加以制约而实施的行政行为。治安强制是治安管理措施的一种，其最根本特征的是强制性，这种强制性是其他治安管理措施的最终保障和体现。

治安强制是行政强制的一种，是公安机关维护社会秩序的重要行政管理手段，是与人民群众联系最密切、适用范围最广泛的行政管理措施。根据《中华人民共和国行政强制法》第2条规定，行政强制包括行政强制措施和行政强制执行。因此，以性质为标准划分，治安强制可以分为治安强制措施和治安强制执行。

## 二、治安强制措施

治安强制措施，是指在治安行政管理过程中，为制止违法行为、防止证据损毁、避免危害发生、控制危险扩大等情形，依法对公民的人身自由实施暂时性限制，或者对公民、法人或者其他组织的财物实施暂时性控制的行为。

### (一)治安强制措施的内涵

1. 实施治安强制措施的主体只能是公安机关。《人民警察法》第7条规定："公安机关人民警察对违反治安管理或其他公安行政管理法律、法规的个人或者组织，依法可以实施行政强制措施。"治安强制措施只能由公安机关及其人民警察行使，其他机关和个人无权行使，这是治安强制措施的根本特点。按照法律法规的规定，享有行政强制权的行政机关即实施行政强制措施的主体仅是行政机关体系中的一部分，而不是所有的行政主体在行使其职务时都享有行政强制权。在我国现有法律法规规定中，限制人身自由的行政强制权只能由公安机关等少数几个行政机关行使，其他绝大多数行政机关都无权对行政相对人的人身自由实施强制。治安行政强制措施的实施主体仅限于负有治安行政管理职能的公安机关。

2. 治安强制措施的对象是对社会公共安全和治安秩序构成危害和不利，或其本身正处于或即将处于某种危险状态下，或其权利为国家及社会公共利益所迫切需要的行政相对人。强制的客体是相对人的人身自由、财物、资格以及行为等。

3. 实施的目的是保障社会公共安全，维护治安秩序，保护行政相对人的人身安全或财产权益，排除相对人的具有社会危害性或自我危害性的行为。

4. 治安强制措施实施的条件是行政相对人存在危害社会公共安全、公共利益，危害他人以及其自身的人身或财产安全的行为；存在妨害公安机关的正常治安管理的行为，而且这些危害行为或妨害行为正处于进行当中；或者出于国家及社会利益的现实的紧急需要。只有在这些情况下，公安机关才能对相对人采取治安强制措施。

### (二)治安强制措施的特征

强制的本意是凭借手中的力量迫使他人作既定的服从。从治安强制措施的概念及其理解中，可以概括出治安强制措施具有以下特征：

1. 法律性。治安强制措施是治安行政强制权的主要表现形式之一，而任何强制措施都必须由一定的行政法律法规予以规范和保证，《行政强制法》《治安管理处罚法》《人民警察法》《戒严法》《集会游行示威法》《居民身份证法》等法律规范要求公安机关在采取治安强制措施时，要依照法定的权限条件，严格遵守法定程序规范，实现治安强制措施的根本目的。

2. 具体性。治安强制措施属于具体行政行为。是公安机关在特定条件下，为实现特定的治安管理目的，针对特定的相对人或特定的物，就特定的事项所作出的具体行政行为，不是广泛意义上的手段和方法。

3. 强制性。治安强制措施是公安机关在采取其他措施无效果，或没有其他措施可采取的情况下，以警察强制力对相对人的人身自由、财物、行为等采取的使相对人无法反抗或不得违抗的行政强制行为。虽然所有的具体行政行为作为体现国家意志的行为都具有强制性，但行政强制措施与其他具体行政行为相比，具有更强和更直接的强制性，这也是治安强制措施最本质的特征。

4. 限制性。从治安强制措施对相对人的权益所带来的影响看，它不是以制裁违法为直接目的，而是一种限制性的措施，即它只是限制当事人对权利的行使，而没有剥夺当事人对权利的拥有。

5. 从属性。治安强制措施是为实现一定的行政目的，具体来说，是为保障其他具体行政行为的顺利作出或实现所采取的行政手段。

6. 暂时性。治安强制措施是公安机关出于紧迫情势的需要，而对相对人采取的一种暂时性控制措施，不是对当事人的人身自由、财产权利的最终处分。

7. 广泛性。治安强制措施的实施面广量大，包含大量限制人身自由的行政措施。我国现有的含有限制人身自由行政强制措施的法律法规大部分都由公安机关实施，治安强制措施除了对人身的强制措施外，还包括对财产的强制措施、对行为的强制措施，涉及公安机关的治安、交通、消防、边防和出入境等多个相关警种，关系到公民的人身、财产、行为和资格等各方面相关权益。

8. 预防和制止性。治安强制措施还带有明显的预防性和制止性。通常，采取治安强制措施的原因，要么是预防危害社会行为的发生；要么是制止某种危害社会行为的发生；要么是兼而有之。在治安管理实践中，治安强制措施一般在危害行为发生之前采取，目的在于预防、制止危害社会行为的发生。

9. 可诉性。由于治安强制措施具有法律性、具体性、强制性等特征，我国《行政复议法》《行政诉讼法》《国家赔偿法》等分别规定行政相对人对公安机关的治安行政强制措施不服的，可以申请行政复议，提起行政诉讼，请求行政赔偿，因而治安强制措施就具备了可诉性。

**（三）治安强制措施与治安行政处罚的关系**

治安行政处罚属于行政处罚的一种，是公安机关在日常行政管理中常用的制裁手段。治安行政处罚是公安机关依法对违反公安行政法律法规尚不构成犯罪的公民、法人或其他组织实施的一种行政制裁。治安行政处罚与治安强制措施的实施主体都是公安机关，且都具有强制性，但二者存在明显区别。

第一，性质不同。治安行政处罚具有制裁性，是制裁相对人实体权利的最终的处分行为；而治安强制措施是临时对相对人权利的限制，不具有制裁性。

第二，目的不同。治安行政处罚的目的是对有违反行政管理秩序行为的相对人以制裁，使相对人承担一定的法律责任，对其实施一定的惩罚，以教育本人警示他人，从而实现教育公民、法人或者其他组织自觉守法的目的；治安强制措施的目的在于预防、制止危害公共利益、公共安全等其他合法权益的情形发生，不带有惩罚性。

第三，前提与结果不同，治安行政处罚前提是相对人的行为已经违反公安行政法规，该处罚是对相对人权利的最终处分，具有终局性；而治安强制措施通常是一种过程行为，是对相对人权利的一种临时限制，不是最终的行政处分。

### （四）治安强制措施与刑事强制措施的关系

公安机关的执法手段包括行政执法和刑事执法，即公安机关既可以实施行政强制措施，也可以实施刑事强制措施，这两者之间有着本质的区别：

第一，两者的性质不同。治安强制措施适用对象为行政相对人，即公民、法人、其他组织，主要适用于治安、交通、消防等治安行政管理领域，属于行政强制权；刑事强制措施适用对象为犯罪嫌疑人、被告人，适用于刑事犯罪领域，属于刑事司法权。

第二，两者的目的不同。治安强制措施是为了实现一定的行政目标，或为公共利益紧急需要而采取的，从而防止具有社会危害性的违法行为发生；刑事强制措施的是为了保全犯罪证据，迅速、准确地查明案件事实，防止犯罪嫌疑人逃跑而采取的，从而保障刑事诉讼活动的顺利进行。

第三，两者的实施程序和依据不同。治安强制措施的实施程序依据的是《行政强制法》和《公安机关办理行政案件程序规定》等行政法律法规；而刑事强制措施必须依据《刑事诉讼法》和《公安机关办理刑事案件程序规定》等有关规定的程序和方式执行，否则就是违法。

## 三、治安强制执行

### （一）治安强制执行的概念

治安强制执行，是指在治安管理法律关系中，治安行政管理机关或者治安行政管理机关申请人民法院，对拒不履行治安管理决定的公民、法人或者其他组织，依法强制其履行义务的行政行为。治安强制执行的主体是治安管理机关或者人民法院，前提是公民、法人或者其他组织不履行行政决定，目的是依法强制公民、法人或者其他组织履行行政决定，从而确保行政决定所设义务的实现。治安强制执行是一个过程，在此过程中，行政主体采取相应的强制措施，直接作用于行政相对人，以确保义务内容的实现。

### （二）治安强制执行的特征

1. 治安强制执行以行政相对人或组织拒不履行治安管理决定为前提，通常需要有不履行的故意。不履行治安管理决定一般有两种情况：一种是从事法律所禁止的行为；另一种是不履行法律规定的必须履行的义务。

2. 治安强制执行的目的在于强制公民、法人或者其他组织履行行政决定，这种强制直接影响着行政相对方的权益，因此治安强制执行应以治安义务为限度，使行政相对方的权益损害降到最小。

3. 拥有治安强制执行权的是治安管理机关，主要是公安机关。我国公安机关的强制执行是以自行强制执行为主，以申请法院执行为辅。公安机关拥有的自行强制执行权是公安机关强制执行体制的一大特点。

### （三）治安强制措施与治安强制执行的关系

治安强制措施和治安强制执行都是公安机关的行政强制性活动，是具有法律效力的具体行政行为，目的都是为了保障治安管理行为的顺利实施。治安强制执行是对采取治安强制执行措施全过程的综合概括，其中起决定作用的是治安强制措施。两者的区别在于：

一是实施主体方面。治安强制措施的实施主体只能是公安机关，治安强制执行的实施主体除了公安机关外，还可能是人民法院。

二是适用条件方面。治安强制执行以相对人不履行法定义务为前提，而治安强制措施并不以相对人不履行生效的行政决定为前提，通常以相对人存在某种危害公共秩序、威胁公共安全或自身安全的情形为前提，或者以可能妨碍行政执法或行政决定的作出为前提。

三是实施结果方面。治安强制执行都是终局性的，而治安强制措施都是暂时性的，不是最终处置。

## 第二节 治安强制的内容

在实践中，治安强制的种类多种多样，以强制对象或目的的不同，可分为对人身自由限制的强制措施、对财物处置的强制措施、对证件管理的强制措施、对行为和场所管理的强制措施以及对紧急事件应急的强制措施。

### 一、限制人身自由的强制措施

**(一)保护性约束**

保护性约束是指公安机关依法对醉酒的人和精神病人在对本人有危险或者对他人的人身、财产或者公共安全有威胁时，采取的暂时限制其人身自由的保护性和预防性措施。

《人民警察法》第 14 条规定，公安机关的人民警察对严重危害公共安全或者他人人身安全的精神病人，可以采取保护性约束措施。《治安管理处罚法》第 15 条第 2 款规定，醉酒的人在醉酒状态中，对本人有危险或者对他人的人身、财产或者公共安全有威胁的，应当对其采取保护性措施约束至酒醒。实施约束可以依法使用约束带或者警绳等进行约束，但不得使用手铐、脚镣等警械。公安机关在约束过程中应当以不伤害被约束人为原则，应当对被约束人加强监护，一旦约束的条件消失，应当立即解除约束。

**(二)传唤**

传唤是指公安机关依法责令违反治安管理行为人或者嫌疑人在指定的时间到指定的地点接受询问的一项法律措施。传唤在本质上是公安机关针对特定行为人采取的一种行政法律措施，其目的是为了查明案情、获取证据便于正确及时处理案件。传唤具有法律约束力，《治安管理处罚法》第 82 条规定，需要传唤违反治安管理行为人接受调查的，经公安机关办案部门负责人批准，使用传唤证传唤。对现场发现的违反治安管理行为人，人民警察经出示工作证件，可以口头传唤，但应当在询问笔录中注明。可见，传唤的对象只能是违反治安管理行为人或者嫌疑人，对被侵害人和证人不能使用传唤。

传唤分为三类，即书面传唤、口头传唤和强制传唤。

1. 书面传唤，是指公安机关对需要传唤违法嫌疑人到法定地点接受调查的，经公安派出所、县级以上公安机关办案部门或者出入境边防检查机关负责人批准，使用传唤证传唤的一种法律措施。使用传唤证传唤的，违法嫌疑人被传唤到案后和询问查证结束后，应当由其在传唤证上填写到案和离开时间并签名。拒绝填写或者签名的，办案人民警察应当在传唤证上注明。

2. 口头传唤，是指人民警察对现场发现的违法嫌疑人，经出示工作证件，当场口头限令其在指定的地点接受询问的一项法律措施。口头传唤需要在询问笔录中注明违法嫌疑人到案经过、到案时间和离开时间。

3. 强制传唤，是传唤的强制执行措施，是指公安机关对无正当理由不接受传唤或者逃避传唤的人，强行将其带到公安机关接受询问的强制措施。强制传唤不是独立的传唤措施，是书面传唤和口头传唤的补充，因此强制传唤必须满足以下条件：一是对传唤人已经进行了一次合法的传唤。二是被传唤人接到传唤后，无正当理由不接受传唤或者逃避传唤的。人民警察执行强制传唤时，强制方法的采用应当以能够将被传唤人传唤到指定地点为限度，必要时可以使用手铐、警绳等约束性警械将其带到公安机关，使用械具将被传唤人强制带到公安机关后，应立即解除强制。

根据《治安管理处罚法》第 83 条及《公安机关办理行政案件程序规定》第 55 条规定，对违反治安管理行为人，公安机关应当将传唤的原因和依据告知被传唤人。公安机关传唤后应当及时询问查证，询问查证的时间不得超过 8 小时；案情复杂，违法行为依法可能适用行政拘留处罚的，询问查证的时间不得超过二十四小时。同时，公安机关应当及时将传唤的原因和处所通知被传唤人家属。不得以连续传唤的形式变相拘禁违法嫌疑人。

**（三）强行驱散、强行带离现场、紧急拘留**

强行驱散是指公安机关人民警察在维护社会治安秩序时，当出现严重危害社会治安秩序的紧急状态时，运用警械或武器迫使集聚的人群散开而采取的强制措施。

依据《中华人民共和国集会游行示威法》第 27 条规定及《中华人民共和国戒严法》第 26 条规定，使用强行驱散措施的条件包括：

1. 未依照《中华人民共和国集会游行示威法》规定申请或者申请未获许可举行集会、游行、示威；
2. 未按照主管机关许可的目的、方式、标语、口号、起止时间、地点、路线进行集会、游行、示威；
3. 举行集会、游行、示威中出现危害公共安全或者严重破坏社会秩序情况的；
4. 戒严地区非法进行集会、游行、示威以及其他聚众活动，阻止无效的；
5. 戒严地区非法占据公共场所或者在公共场所煽动进行破坏活动的，阻止无效的；
6. 戒严地区冲击国家机关或者其他重要单位、场所的，阻止无效的；
7. 戒严地区扰乱交通秩序或者故意堵塞交通的，阻止无效的；
8. 戒严地区哄抢或者破坏机关、团体、企业事业组织和公民个人的财产的，阻止无效的；
9. 严重危害社会治安秩序的突发事件。

强行带离现场是指公安机关及人民警察对即将或正在实施危害社会治安秩序或者威胁公共安全的行为人，劝阻无效，为防止出现更严重的情形，依法采取必要手段，将其强行带离现场的一种强制措施。《集会游行示威法》规定，参加集会、游行、示威的人员进入禁止警戒线的范围，人民警察可以将其强行带离现场，如经审查后，无违法犯罪行为或有悔罪表现的，可以立即解除审查。《人民警察法》规定，对严重危害社会治安的人员，可以强制带离现场，依法可以采取拘留或法律规定的其他措施。如果审查后发现没有犯罪行为且本人有悔改表现的，可以立即解除审查。

强行带离现场是即时强制措施，多数时候是不需要特定程序的，但在适用时，需要执法人员先劝告、警告，在无效时，再采取强制带离现场的措施。将相对人带到特定场所时，应在 24 小时审查完毕，对本人没有违法犯罪行为或态度较好可以改正的，可以对其批评教育，不需追究法律责任；对已经刑事立案的，应移交刑事侦查机构进一步调查。

《集会游行示威法》规定人民警察有强制驱散的权力，并对非法不服从的人员强行带离现场或立即拘留。强行驱散与强行带离一起使用，但是强行驱散是在紧急情况下对现场相关群体实施的，不是针对特定人行为；强行带离是对特定人实施的行为。紧急情况时，公安机关一般首先使用强行驱散措施，强行驱散后对拒不离开人员可以采取强行带离措施；强行驱散可以适用武器警械，但强行带离是针对特定人的行为，以不使用武器为原则；被强行驱散人员，没有违法行为一般不再追究其此后的行为，被强行带离现场人员不需追究法律责任的也应责令具结悔过。

紧急拘留是指公安机关在执行戒严或处置突发事件时，对拒不服从人民警察命令，实施“打、砸、抢”等现行违法犯罪人员，依法采取的限制其人身自由的一种强制措施。

《人民警察法》第 17 条规定，县级以上人民政府公安机关，经上级公安机关和同级人民政府批准，对严重危害社会治安秩序的突发事件，可以根据情况实行现场管制。公安机关的人民警察依照前款规定，可以采取必要手段强行驱散，并对拒不服从的人员强行带离现场或者立即予以拘留。紧急拘留本身不是为了处罚，而是为采取紧急措施防止危害继续。紧急拘留不同于治安拘留不可以申请复议或提起行政诉讼。

**(四)强行遣送**

强行遣送是指公安机关对在本人居住地以外的城市发动、组织集会、游行、示威的人，强制其返回原居住地所采取的一种强制措施。《中华人民共和国集会游行示威法》第 33 条规定，公民在本人居住地以外的城市发动、组织集会、游行、示威的，公安机关有权予以居留或者强行遣回原地。可见，强行遣送的适用对象是居住地以外城市发动、组织当地公民集会、游行、示威的人。

**(五)强制戒毒**

强制戒毒是指公安机关对吸食、注射毒品成瘾人员，在一定时间内通过对其强制进行药物治疗、心理治疗和法制、道德教育，使其戒除毒瘾的一种行政强制措施。强制戒毒由公安机关实施，规定期限为 3~6 个月。对强制戒毒后仍未戒除毒瘾的，戒毒所可以提出意见延长戒毒期，但是实际执行的期限连续计算不得超过 1 年。强制戒毒一方面可以通过积极治疗恢复健康，对当事人自己交代有吸毒瘾，或当事人没有承认但毒瘾发作有客观表现的或经医疗部门检查，证实当事人吸毒成瘾的，应予以强制戒毒。另一方面通过强制治疗使之丧失社会危险性。

根据《中华人民共和国禁毒法》第 38 条规定，吸毒成瘾人员有下列情形之一的应当强制隔离戒毒：(1)拒绝接受社区戒毒的；(2)在社区戒毒期间吸食、注射毒品的；(3)严重违反社区戒毒协议的；(4)经社区戒毒、强制隔离戒毒后再次吸食、注射毒品的；(5)对于吸毒成瘾严重，通过社区戒毒难以戒除毒瘾的人员，公安机关可以直接作出强制隔离戒毒的决定；(6)吸毒成瘾人员自愿接受强制隔离戒毒的，经公安机关同意，可以进入强制隔离戒毒场所戒毒。

不适宜强制戒毒的情形包括：患有急性传染病或严重疾病，怀孕或正在哺乳自己未满一周岁婴儿，以及其他不适用强制戒毒的情况。对于不适于强制戒毒的可由户籍所在地公安机关进行监督，对未戒除毒瘾需要强制的，应继续强制戒毒。

**(六)收容教育、强制治疗**

收容教育，是指对卖淫、嫖娼人员集中进行法律教育和道德教育、组织参加生产劳动以及进行性病检查、治疗的行政强制教育措施。收容教育的期限是六个月至二年。行政处罚和治安管理处罚不能代替收容教育，收容教育不能免除相对人接受治安处罚，并以行政处罚为前提。

根据国务院颁发的《卖淫嫖娼人员收容教育办法》，对有下列情形之一的卖淫、嫖娼人员，可以不予收容教育：(1)年龄不满十四周岁的；(2)患有性病以外其他急性传染病的；(3)怀孕或者哺乳本人所生一周岁以内婴儿的；(4)被拐骗、强迫卖淫的。

实施收容教育需要县级以上公安机关作出，并将收容教育决定书副本交给被收容教育人，被收容教育人员在收容教育有悔改表现或立功表现可以提前解除，但实际期限不少于原决定期限的二分之一。对于收容教育对象的适用各地方由于理解不同，有的地方没有收容教育场所不适用这项措施，而有的地方机关对患有性病的卖淫嫖娼被处罚过的人员适用这项措施。

强制治疗是指由专门治疗机构强制收容因疾病而有社会危险的人，以排除社会危害行为的措施，对特定对象采取特殊矫正治疗，有效保护社会。其适用对象主要是肇事的精神病患者(《刑法》第 18 条第 1 款规定：“精神病人在不能辨认或者不能控制自己行为的时候造成危害结果，经法定程序鉴定确认的，不负刑事责任，但是应当责令他的家属或者监护人严加看管和治疗；必要的时候，由政府强制治疗。”因此，符合条件的对象无论本人或家属同意与否，在公安机关作出决定后，相对人必须接受治疗)和患有性病的卖淫嫖娼人员，以及吸食注射毒品的人。

**(七)针对外国人的治安强制措施**

1. 拘留审查。《公安机关办理行政案件程序规定》第 216 条规定，外国人具有下列情形之一，经当场盘问或者继续盘问后不能排除嫌疑，需要作进一步调查的，经县级以上公安机关或者出入境边防检查机关负责人批准，可以拘留审查：(1)有非法出境入境嫌疑的；(2)有协助他人非法出境入境嫌疑的；(3)有非法居留、非法就业嫌疑的；(4)有危害国家安全和利益，破坏社会公共秩序或者从事其他违法犯罪活动嫌疑的。

实施拘留审查，应当出示拘留审查决定书，并在 24 小时内进行询问。拘留审查的期限不得超过 30 日，案情复杂的，经上一级公安机关或者出入境边防检查机关批准可以延长至 60 日。对国籍、身份不明的，拘留审查期限自查清其国籍、身份之日起计算。

《公安机关办理行政案件程序规定》第 217 条规定，具有下列情形之一的，应当解除拘留审查：(1)被决定遣送出境、限期出境或者驱逐出境的；(2)不应当拘留审查的；(3)被采取限制活动范围措施的；(4)案件移交其他部门处理的；(5)其他应当解除拘留审查的。

2. 限制活动范围。《公安机关办理行政案件程序规定》第 218 条规定，外国人具有下列情形之一的，不适用拘留审查，经县级以上公安机关或者出入境边防检查机关负责人批准，可以限制其活动范围：(1)患有严重疾病的；(2)怀孕或者哺乳自己婴儿的；(3)未满十六周岁或者已满七十周岁的；(4)不宜适用拘留审查的其他情形。

被限制活动范围的外国人，应当按照要求接受审查，未经公安机关批准，不得离开限定的区域。限制活动范围的期限不得超过 60 日。对国籍、身份不明的，限制活动范围期限自查清其国籍、身份之日起计算。此外，被限制活动范围的外国人还应当遵守的规定有：(1)未经决定机关批准，不得变更生活居所，超出指定的活动区域；(2)在传唤的时候及时到案；(3)不得以任何形式干扰证人作证；(4)不得毁灭、伪造证据或者串供。

3. 遣送出境。《公安机关办理行政案件程序规定》第 220 条规定，外国人具有下列情形之一的，经县级以上公安机关或者出入境边防检查机关负责人批准，可以遣送出境：(1)被处限期出境，未在规定期限内离境的；(2)有不准入境情形的；(3)非法居留、非法就业的；(4)违反法律、行政法规需要遣送出境的。被遣送出境的人员，自被遣送出境之日起一至五年内不准入境。

被遣送出境的外国人可以被遣送至以下国家或者地区：(1)国籍国；(2)入境前的居住国或者地区；(3)出生地国或者地区；(4)入境前的出境口岸的所属国或者地区；(5)其他允许被遣送出境的外国人入境的国家或者地区。为确保遣送出境任务的顺利完成，遣送之前一般需要通过一定渠道与被遣送者的国籍国联系，以保证其接收。但是，当被遣送者被拘留审查，或者因天气、交通运输工具班期、健康状况等客观原因或者国籍、身份不明不能立即执行时，应当被羁押在拘留所或者遣返场所

## 二、处置财物的强制措施

**(一)收缴**

收缴是指公安机关在办理治安案件中对所查获的毒品、淫秽物品等违禁品、赌具、赌资，吸食注射毒品用具，以及直接用于实施违反治安管理行为的本人所有的工具予以缴获的一种强制措施。

《中华人民共和国治安管理处罚法》规定，公安民警在办理治安案件时，应当收缴所查获的违禁品以及直接用于实施违反治安管理行为本人所有的工具。《枪支管理法》对刀具、爆炸物品规定，公安机关对私自保存、藏匿枪支弹药爆炸物等拒不上缴，可以采取强行收缴的措施。《公安机关办理行政案件程序规定》第168条补充规定，公安机关对在办理行政案件中查获的下列物品应当依法收缴：(1)毒品、淫秽物品等违禁品；(2)赌具和赌资；(3)吸食、注射毒品的用具；(4)伪造、变造的公文、证件、证明文件、票证、印章等；(5)倒卖的车船票、文艺演出票、体育比赛入场券等有价票证；(6)主要用于实施违法行为的本人所有的工具以及直接用于实施毒品违法行为的资金；(7)法律、法规规定可以收缴的其他非法财物。

作为一种行政强制措施，收缴可以单独使用，也可以与治安管理处罚同时使用。对于违法行为情节轻微的，对行为人可以不予处罚，但是应当收缴其与违法行为有关的非法财物。收缴由县级以上公安机关决定。但是，违禁品，管制器具，吸食、注射毒品的用具以及非法财物价值在500元以下且当事人对财物价值无异议的，公安派出所可以收缴。

**(二)追缴**

追缴是指公安机关在办理治安案件中，对违反治安管理所得的被害人的财物予以追查缴获的一种强制措施。《治安管理处罚法》第11条第2款规定，有被侵害人的，追缴违反治安管理所得的财物退还被侵害人，没有被侵害人的，所得款项上缴国库。追缴由县级以上公安机关决定。但是，追缴的财物应当退还被侵害人的，公安派出所可以追缴。

收缴和追缴的区别在于针对的对象不同，收缴的财物是涉案财物，即非法财物；追缴的财物是违反治安管理行为人所得的财物，即非法所得。对收缴和追缴的财物，经原决定机关负责人批准，按以下规定分别处理：(1)属于被侵害人或者善意第三人的合法财物，应当及时返还；(2)没有被侵害人的，登记造册，按照规定上缴国库或者依法变卖、拍卖后，将所得款项上缴国库；(3)违禁品、没有价值的物品，或者价值轻微，无法变卖、拍卖的物品，统一登记造册后销毁；(4)对无法变卖或者拍卖的危险物品，由县级以上公安机关主管部门组织销毁或者交有关厂家回收。

对应当退还原主或者当事人的财物，通知原主或者当事人在6个月内来领取；原主不明确的，应当采取公告方式告知原主认领。在通知原主、当事人或者公告后6个月内，无人认领的，按无主财物处理，登记后上缴国库，或者依法变卖或者拍卖后，将所得款项上缴国

库。遇有特殊情况的，可酌情延期处理，延长期限最长不超过 3 个月。

**（三）查封**

查封是指公安机关限制行政相对人对其动产或不动产的处分，采取粘贴封条封存的方式的强制措施。其目的是阻止相对人在执行财产前转移可供执行的财产，保障相对人履行财产给付义务。在办理行政案件中，经公安机关负责人批准，可以依法查封专门从事无证经营活动的场所、设施、物品等，但与违法行为无关的场所、设施、公民个人及其抚养家属的生活必需品不得查封。此外，在对枪支的管理中，对生产、销售、使用违禁枪支的单位，可采取立即查封的措施。

**（四）扣押**

扣押是指公安机关在案件调查中，对发现的可以证明案件实施的物品和文件依法采取的一种行政强制措施。

扣押是一种临时性治安行政强制措施，目的是提取和保全证据。《治安管理处罚法》第 89 条规定，扣押对象是与案件有关的需要作为证据使用的物品，公安机关经调查取证后，在规定的期限内，要对扣押物品作出最终的处理决定；对被侵害人或善意第三人合法占有的财产不得扣押，但应当登记；违法行为已作出处理决定，不需要继续扣押的，应当及时解除。《公安机关办理行政案件程序规定》第 96 条规定，扣押期限一般为 30 日，但案情重大、复杂的，经公安机关负责人批准，可延长 30 日。法律、行政法规另有规定的除外。延长扣押期限的，应当及时书面告知当事人，并说明理由。对物品需要进行鉴定的，鉴定期间不计入扣押期间，但应当将鉴定的期间书面告知当事人。

**（五）冻结**

冻结是指公安机关为了防止案件当事人转移资金财产，保证行政处罚决定顺利执行，依法将其在金融机构的款项账户予以冻结，不允许动用的强制措施。其适用对象为存款、汇款及其他投资性权益。由于存款、汇款及其他投资性权益一般处于第三方（如银行、邮局、证券公司、基金公司等）控制下，因此，只需通知第三方协助公安机关，不向行政相对人或受益人支付就可达到控制财产、限制流转的目的。冻结之后，公安机关对被冻结财产并不行使占有权。在这方面，冻结与查封是类似的。在冻结期间，被冻结财产仍然由原占有权人占有，公安机关并不直接行使占有权。在冻结期间，公安机关对被查封财产不负保管之责。由于公安机关对被冻结财产并不直接行使占有权，因此，公安机关不负保管义务。

## 三、证件管理的强制措施

**（一）查验居民身份证件**

查验居民身份证，是人民警察在执勤、办理案件的过程中，依法对有关人员的居民身份证件进行检查、核对的一种行政强制措施。《中华人民共和国居民身份证法》第 15 条规定了警察查验居民身份证的强制措施。查验身份证的适用对象为：（1）对有违法犯罪嫌疑的人员，需要查明身份的；（2）依法实施现场管制时，需要查明有关人员身份的；（3）发生严重危害社会治安突发事件时，需要查明现场有关人员身份的；（4）在火车站、长途汽车站、港口、码头、机场或者在重大活动期间设区的市级人民政府规定的场所，需要查明有关人员身份的；（5）法律规定需要查明身份的其他情形。

**（二）扣留居民身份证件**

根据《中华人民共和国居民身份证法》，任何组织或者个人不得扣押居民身份证。但是，公安机关依照《中华人民共和国刑事诉讼法》执行监视居住强制措施的情形除外。扣留居民身份证，是指对被拘传、取保候审、监视居住的人的居民身份证，由执行上述刑事强制措施的有关机关予以扣留，待解除该项强制措施后再予以发还而采取的一种行政强制措施。

**(三)收缴居民身份证件**

收缴居民身份证，是指将被决定逮捕、刑事拘留、被判处有期徒刑、无期徒刑的人的居民身份证由有关执行机关收回扣留，待被释放时再予发还而采取的一种行政强制措施。

## 四、对行为和场所管理的强制措施

**(一)责令不得进入体育场馆观看同类比赛**

责令不得进入体育场馆观看同类比赛是指公安机关在办理治安案件的过程中，依法责令扰乱体育比赛秩序而被处以拘留的行为人，在法定期限内不得进入体育场馆观看同类比赛的行政措施。《治安管理处罚法》第24条规定，有下列行为之一，扰乱文化、体育等大型群众性活动秩序的，处警告或者200元以下罚款；情节严重的，处5日以上10日以下拘留，可以并处500元以下罚款：(1)强行进入场内的；(2)违反规定，在场内燃放烟花爆竹或者其他物品的；(3)展示侮辱性标语、条幅等物品的；(4)围攻裁判员、运动员或者其他工作人员的；(5)向场内投掷杂物，不听制止的；(6)扰乱大型群众性活动秩序的其他行为。因扰乱体育比赛秩序被处以拘留处罚的，可以同时责令其12个月内不得进入体育场馆观看同类比赛；违反规定进入体育场馆的，强行带离现场。

**(二)责令停业整顿**

责令停业整顿是指治安管理主体针对特定场所发生违法犯罪活动，或者不按规定设置相应的设备、设施等，令其在一定时间内停止营业予以整改的行政行为。根据《娱乐场所管理条例》第44条规定，有下列情形之一的，由县级公安部门责令改正，给予警告；情节严重的，责令停业整顿1~3个月：

1. 照明设施、包厢、包间的设置以及门窗的使用不符合本条例规定的；
2. 未按照本条例规定安装闭路电视监控设备或者中断使用的；
3. 未按照本条例规定留存监控录像资料或者删改监控录像资料的；
4. 未按照本条例规定配备安全检查设备或者未对进入营业场所的人员进行安全检查的；
5. 未按照本条例规定配备保安人员的。

**(三)责令停止活动**

责令停止活动是指公安机关对具有安全事故危险的大型群众性活动所采取的命令停止活动的一种行政强制措施。责令停止的对象是具有发生安全事故危险的文化、体育等大型群众性活动。

**(四)取缔**

取缔是指对未经许可，擅自经营的行业及活动予以取消和禁止的一种强制措施。根据《治安管理处罚法》的规定，未经许可，擅自经营按照国家规定需要由公安机关许可的行业的，予以取缔。按照国际规定，需要由公安机关许可的行业包括旅馆业、典当业、公章刻制业等。公安机关做出取缔决定的，可以采取在经营场所张贴公告等方式予以公告，责令被取缔者立即停止非法经营活动。

### 五、对紧急事件应急的强制措施

**（一）交通管制**

交通管制是指公安机关为了迅速控制突发事态的发展，维护社会治安秩序，对需要实行管制的道路采取的在一定时间内禁止或限制通行的应急强制措施。《人民警察法》第15条规定，县级以上人民政府公安机关，为预防和制止严重危害社会治安秩序的行为，可以在一定的区域和时间，限制人员、车辆的通行或者停留，必要时可以实行交通管制。

交通管制的内容包括：限制人员和车辆进出管制区域；限制车辆在管制区域停留；对进出管制区域人员的证件、车辆、物品进行检查；对违反交通管制的人员和车辆可以采取教育措施、强制措施或者进行处罚。

**（二）现场管制**

现场管制是指公安机关在发生重大事故或紧急事件时，对现场及周围的区域实行的强制管制措施。《人民警察法》第17条规定，县级以上人民政府公安机关，经上级公安机关和同级人民政府批准，对严重危害社会治安秩序的突发事件，可以根据情况实行现场管制。《集会游行示威法》规定，公安机关为维护社会秩序，可以设置临时警戒线，未经许可，不得逾越；游行在进行中遇有不可预料的情况，不能按照许可的路线行进时，人民警察现场负责人有权改变游行队伍的行进路线，实行现场管制。

**（三）紧急征用**

紧急征用是指公安机关在特殊情况下，依法征集、调用其他社会主体的非警用物资、装备、车辆、场地、建筑物及供水、供电、医疗设施等的治安应急手段。紧急征用是一项紧急强制措施，目的是保障治安管理活动顺利开展及警察组织履行职责，公安机关人民警察只能在法律规定的紧急情况下使用。

**（四）强行清障**

强行清障是指为了维护治安管理秩序，公安机关根据《消防法》和《道路交通安全法》等法律法规的规定，对妨碍正常管理秩序的障碍物，对于阻碍防火通道的障碍物，对于违章占道停放的机动车辆等采取的强行清除或拖移措施。

## 第三节　治安强制的实施

### 一、治安强制的实施原则

治安强制措施是一种公共权力，它的行使是一把双刃剑，既可以因其正当行使为公民提供必需的秩序，又可能因其被滥用而侵犯公民的合法权益。因此，不能无限度地运用该种措施，其行使必须遵循一定的原则。治安强制措施除了必须遵循作为行政法基本原则的行政法制原则，包括合法性原则和作为合法性原则补充的合理性以及公正原则、公开原则、行政效率原则之外，还应该遵循一般的治安强制措施原则。

**（一）法定原则**

对由立法依法设定的行政强制措施，享有行政强制权的机关必须依照法律规定的权限、范围、条件和程序行使该权力。作为治安强制措施的基本原则，法定原则的主要内容是治安行政强制措施的实施必须以法律、法规为依据，符合法定条件，遵循法定程序。

1. 实施治安强制措施的权限法定。治安行政管理机关及相关主体实施行政强制必须遵循权限法定的要求，没有行政强制权的机关和组织不得实施行政强制。

2. 实施治安强制措施的范围法定。对享有行政强制权的行政机关及相关主体，应严格按照法律事先规定的权限范围，不得逾越权限范围。

3. 实施治安强制措施的条件法定。行政强制权的行使都需要具备一定的条件，《行政强制法》及一系列公安法律法规对公安机关行使行政强制权的条件、情况作出了规定。公安机关只有在满足或符合法律规定的条件时，才能采取行政强制措施，否则构成违法。

4. 实施治安强制措施的程序法定。公安机关的行政行为合法包括结果合法和程序合法，二者缺一不可。治安行政强制行为应遵循法定程序，这也是行政强制法定原则的要求。

**(二)适当原则**

行政强制适当原则是指行政强制的设定和实施应当保证行政强制手段与行政强制目的关系的恰当与适中，即设定和实施的行政强制措施应当出于行政管理的必需，在有多种行政强制手段可采用时，应使用损害最小的手段。适当原则包括两个方面：(1)行政强制手段适当。行政机关所采取的行政强制手段必须为达到的结果相适当，手段与结果之间要匹配。(2)非强制手段优先。根据《行政强制法》的规定，采用非强制手段可以达到行政目的的，不得设定和实施行政强制。非强制手段优先原则的确立，明确限定了行政强制在行政管理中的定位，行政强制既不是行政管理的第一位选择，也不是能够频繁使用的手段，除非不得已，行政机关不得动用行政强制。

**(三)尊重与保障人权原则**

《治安管理处罚法》特别增加了要尊重和保障人权，保护公民的人格尊严的内容。公安部颁布的《公安机关办理行政案件程序规定》，明确规定了公安机关限制人身自由行政强制措施的适用对象、条件、期限和程序；明确规定了公安机关“以非法手段取得的证据不能作为定案的根据”，更加有效地防止刑讯逼供等非法取证现象的发生。治安强制措施是国家行政执法权的重要体现，是公权的一种，其作用在于维护社会秩序与安全。公民权是公民个人权利，属于私权，是人作为一国公民所享有并为这个国家的法律所保护的权利。公安机关除非由于公共需要，否则不得擅自采取强制措施介入私人自治的领域。公安机关及其人民警察在实施治安行政强制措施时，必须严格依法行事，决不采用法律法规禁止使用的强制措施。

**(四)说服教育和强制相结合的原则**

在实施行政强制时应树立教育与强制并举的观念。强制不是促进行政相对人履行义务的唯一方法，教育同样是行政机关可使用的重要方法。教育与强制相结合的原则要求行政机关在实施行政强制时应将教育置于优先地位，教育为先，强制在后，能够通过说服教育达成目的的，不能实施行政强制。因为治安强制措施是一种实力行为，对相对人产生的是痛苦的感觉和厌恶的情绪。如果一味地随意使用，不仅可能引发人们的抵触情绪，而且还可能导敌对状态，甚至抗拒治安强制措施。实施治安强制措施需要一定经济乃至政治成本的支撑，需要付出一定的代价，但是由于受主客观因素和条件的制约，行政强制目标的实现又总是不那么尽如人意。治安强制措施局限性的存在要求我们不能单纯地依赖它，要充分发挥治安强制措施的作用，就必须与说服教育相结合。在实施治安强制措施时，必须告诫当事人，尽量说服当事人自觉配合公安机关的行为，减少实施成本，避免给相对人造成不必要的侵害和损失。

## 二、治安强制的实施程序

### （一）治安强制实施的一般规定

1. 实施治安强制措施应当符合三个基本条件：(1)治安强制措施应当由法律、法规规定的有治安强制措施执行权的行政机关实施。(2)治安强制措施必须是出于履行公安机关行政管理的职责。即只有在履行制止违法行为，防止证据损毁、危险发生或者控制危险扩大等行政管理职责的过程中才能实施治安强制措施，即治安强制措施由公安机关在法律、法规规定的范围内实施。(3)公安机关必须依据法律、法规的明确授权依法采取行政强制措施，否则就构成违法行使职权。《行政强制法》赋予行政机关不予实施行政强制措施的自由裁量权，因此，当出现实施治安强制措施的法定情形时，公安机关可以根据违法行为的性质、违法手段、具体环境等因素决定是否采取治安强制措施。同时，公安机关的行政强制措施权不得委托。

2. 治安强制措施实施主体的要求。根据《行政强制法》第 17 条第 3 款规定：行政强制措施应当由行政机关具备资格的行政执法人员实施，其他人员不得实施。因此行政强制措施的实施主体只能是行政机关具有执法资格的行政执法人员，其他人员不得实施行政强制措施。据此规定，治安强制措施的实施主体只能是具有执法资格的公安机关人民警察，其他非警务人员不得实施公安行政强制措施。

### （二）治安强制措施实施的一般程序

根据《公安机关办理行政案件程序规定》第 43 条的规定，实施行政强制措施应当遵守下列规定：

1. 实施前须依法向公安机关负责人报告并经批准；

2. 通知当事人到场，当场告知当事人采取行政强制措施的理由、依据以及当事人依法享有的权利、救济途径，当事人不到场的，邀请见证人到场，并在现场笔录中注明；

3. 听取当事人的陈述和申辩；

4. 制作现场笔录，由当事人和办案人民警察签名或者盖章，当事人拒绝的，在笔录中注明，当事人不在场的，由见证人和办案人民警察在笔录上签名或者盖章；

5. 实施限制公民人身自由的行政强制措施的，应当当场告知当事人家属实施强制措施的公安机关、理由、地点和期限；无法当场告知的，应当在实施强制措施后立即通过电话、短信、传真等方式通知；身份不明、拒不提供家属联系方式或者因自然灾害等不可抗力导致无法通知的，可以不予通知。告知、通知家属情况或者无法通知家属的原因应当在询问笔录中注明。

6. 法律、法规规定的其他程序。(如《中华人民共和国出入境管理法》第 60 条第 2 款规定：实施拘留审查的应当出示拘留审查决定书，并在 24 小时内进行询问。)

一般情况下，对于违法情节显著轻微，或者没有明显社会危害性的行为，可以不采取治安强制措施；检查时实施行政强制措施的，制作检查笔录，不再制作现场笔录。

本条第一项规定了报告和批准的程序，要求执法人员在具体执法行动之前，向公安机关的有关负责人报告需要实施行政强制措施的原因、实施对象、拟采取的行政强制措施种类和方式等，在获得有关负责人的批准后方可实施。这样可以延缓公安机关实施治安强制措施的进程，避免给行政相对人造成不必要的损害。

本条第二项规定了告知和说明理由程序，这是对当事人知情权和参与权的基本保障。当场告知当事人采取治安强制措施的理由、依据及当事人依法享有的权利、救济途径，不仅便于执法人员向当事人说明实施治安强制措施的有关情况，也便于当事人对执法过程进行监督，以维护自己的合法权益。说明理由制度体现了公安机关对行政相对人的充分尊重，能够提高治安强制措施的可接受性，缓解行政相对人的抵触情绪，便于强制措施的具体实施。

本条第五项规定了公安机关实施限制人身自由治安强制措施的程序，限制人身自由的行政强制措施是一种较为严厉的措施，为有效保护当事人的合法权益，公安机关应当场告知或采取电话告知等其他方式立即通知当事人家属实施治安强制措施的公安机关、地点、期限，以便当事人家属能够及时获知当事人的去向，消除恐慌心理，也便于当事人家属及时采取相应的申诉、救济措施。

**(三)情况紧急时的程序**

根据《公安机关办理行政案件程序规定》第 44 条的规定，情况紧急，当场实施行政强制措施的，办案人民警察应当在 24 小时内依法向其所属的公安机关负责人报告，并补办批准手续。当场实施限制公民人身自由的行政强制措施的，办案人民警察应当在返回单位后立即报告，并补办批准手续。公安机关负责人认为不应当采取行政强制措施的，应当立即解除。

这里的"情况紧急"，是指如果不立即采取治安强制措施，将会造成国家利益、公共利益，及公民、法人或者其他组织合法权益的重大损失，或是出现证据灭失等无法挽回的情形。本规定体现了灵活性和原则性的有机结合，保证了行政管理的效率。

**(四)查封、扣押的实施程序**

1. 查封、扣押的对象。《行政强制法》第 23 条对查封、扣押的对象和范围作了具体的规定，《治安管理处罚法》第 89 条对扣押的对象作了具体规定。据此可知，公安部门查封、扣押的对象仅限于涉案的场所、设施或者财物，与案件无关的场所、设施或者财物不得查封、扣押；公民个人及其所抚养家属的生活必需品也不得查封、扣押；已被其他国家机关依法查封的当事人的场所、财物或者设施，不得重复查封。所谓"涉案"，是指与公安机关处理的案件有关，即与公安机关正在查处的违法行为有直接的联系。

具体来说，查封、扣押的对象主要有四类：一是作为违法结果的物品；二是作为违法行为工具的物品；三是证明违法行为存在的物品；四是违法行为场所。何时采取查封措施，何时采取扣押措施，应根据案件的具体情况决定，主要依据两个因素，即财物的情况和当事人的情况。如财物不易被移动或者当事人的守法意识尚可，就可以选择查封措施；如财物易于搬运，或者虽然数量多不易被搬运但当事人的守法意识差，只要当事人能控制财物，财物就有被转移、损毁的危险，就应该选择采取扣押措施。

2. 查封、扣押的程序。公安机关实施查封、扣押，除遵循《行政强制法》第 18 条和《公安机关办理行政案件程序规定》第 43 条规定的行政强制措施的一般程序外，还应当遵循《行政强制法》第 24 条规定，制作并当场交付查封、扣押决定书和清单。查封、扣押决定书应载明当事人姓名或者名称、地址；查封、扣押场所、设施或者财物的名称、数量；查封、扣押的理由、依据和期限；提起行政诉讼或者申请行政复议的途径和期限；公安机关的名称、印章和日期。

查封、扣押决定书是实施查封、扣押的基础和依据，即公安机关只有在制作并当场交付查封、扣押决定书之后才可以着手对涉案的场所、设施或者财物采取具体的查封、扣押措施，并且在实施查封、扣押时应严格依照查封、扣押决定书上载明的事项进行，不得擅自改变查封、扣押的数量和范围。

3. 查封、扣押的期限。《行政强制法》第 25 条和《公安机关办理行政案件程序规定》第 96 条规定了查封、扣押的期限，据此可知，公安机关查封、扣押措施的期限为 30 日，情况复杂的，需要延长查封、扣押期限的，经县级以上公安机关负责人批准，可以延长 30 日，同时应当及时书面告知当事人，并说明理由，法律、行政法规另有规定的除外。对物品需要进行鉴定的，鉴定期间不计入查封、扣押期间，但应当将鉴定的期间书面告知当事人。

4. 对查封、扣押的设施、场所或者财物的保管。对查封、扣押的设施、场所或者财物，公安机关应当依据《行政强制法》第 26 条和《治安管理处罚法》第 89 条之规定，予以妥善保管不得损毁、挪作他用；因保管不慎造成物品损毁的，应当承担相应的赔偿责任。对被查封的设施、场所或者财物，公安机关可以委托第三人保管，因第三人损毁或者擅自处置、转移等原因造成损失的，由公安机关先行赔付，之后有权向第三人追偿。由公安机关承担因查封、扣押发生的保管费用。

5. 查封、扣押后对涉案财物的处理。《行政强制法》第 27 条对查封、扣押后财物的处理作了规定，公安机关应依据相关规定，在采取查封、扣押措施后，及时查清事实，在法定期限内作出处理决定。对应当没收的非法财物，在查清违法事实后，依法予以没收；法律、行政法规规定应当销毁的，依法销毁；应当解除查封、扣押的，作出解除查封、扣押的决定。

6. 查封、扣押的解除。《行政强制法》第 28 条和《公安机关办理行政案件程序规定》第 97 条规定了解除查封、扣押的情形，因此具有下列情形之一的，公安机关应及时作出解除查封、扣押的决定：(1)当事人没有违法行为的；(2)查封、扣押的场所、设施或者财物与违法行为无关的；(3)查封、扣押期限已经届满的；(4)公安机关对违法行为已经作出处理决定，不再需要查封、扣押的；(5)其他不再需要采取查封、扣押措施的情形。解除查封、扣押后，财物应当立即退还；已拍卖或者变卖的鲜活物品以及难以保管的物品，拍卖或者变卖所得应当及时退还。以明显低于市场价格变卖的，造成当事人损失的，应当予以补偿。

**(五)冻结的实施程序**

1. 冻结的主体。《行政强制法》第 29 条对冻结存款、汇款的主体作了规定，冻结的主体是法律规定的行政机关，且该机关不得将该权力委托给其他行政机关或者组织实施；其他行政机关或组织不得对存款、汇款予以冻结。

2. 冻结的程序。公安机关依法决定实施冻结存款、汇款，应当履行《行政强制法》的以下有关规定：(1)冻结前须向公安机关负责人报告并经批准。(2)须有两名以上执法人员实施，并出示执法证件，制作现场笔录。(3)应向金融机构交付冻结通知书。(4)作出冻结决定的公安机关应当在法定期限(3 日)内向当事人交付冻结决定书。冻结决定书应当载明下列事项：当事人的姓名或者名称、地址；冻结的理由、依据和期限；冻结的账号和数额；申请行政复议或者提起行政诉讼的途径和期限；行政机关的名称、印章和日期。(5)公安机关应当在法定期限(自冻结存款、汇款之日起 30 日)内作出处理决定或者作出解除冻结决定；情况复杂的，经行政机关负责人批准，可以延长，但是延长期限不得超过 30 日，但是，法律另有规定的除外。延长冻结的决定应当及时书面告知当事人，并说明理由。到期未作出处理决定的，公安机关应及时作出解除冻结的决定。

3. 冻结的解除。对于当事人没有违法行为；冻结的存款、汇款与违法行为无关；公安机关对违法行为已经作出处理决定，不再需要冻结；冻结期限已经届满；其他不再需要采取冻结措施的情形，公安机关应当及时作出解除冻结决定。公安机关决定解除冻结的，应当及时通知金融机构和当事人，金融机构接到通知后，应当立即解除冻结。

【拓展阅读】

## 社区戒毒不是直接作出强制隔离戒毒的前提条件①

2013年11月24日，袁某某在一公共卫生间向其左手肌肉注射了约0.1克海洛因。同年12月5日，重庆市江北区公安分局作出《强制隔离戒毒决定书》，认为袁某某吸毒成瘾严重，决定对袁某某强制隔离戒毒二年。袁某某不服，诉至法院，称社区戒毒是强制隔离戒毒的前提条件，自己未经社区戒毒不能被公安机关决定适用强制隔离戒毒，请求法院撤销《强制隔离戒毒决定书》。经公安机关查明，袁某某曾于2004年8月3日因吸毒成瘾被江北区公安分局决定强制戒毒三个月。

重庆市江北区人民法院经审理认为，依据我国禁毒法第38条第2款"对于吸毒成瘾严重，通过社区戒毒难以戒除毒瘾的人员，公安机关可以直接作出强制隔离戒毒的决定"，被告江北公安分局具有作出强制隔离戒毒决定的行政职权。原告袁某某曾于2004年被强制戒毒，又于2013年11月24日再次注射毒品，故被告认定原告吸毒成瘾严重，符合《吸毒成瘾认定办法》第8条的规定。被告依据禁毒法第38条第2款的规定作出《强制隔离戒毒决定书》，适用法律正确。

至于原告认为依据禁毒法第38条第2款的规定，须经社区戒毒才能作出强制隔离戒毒决定，而原告未经社区戒毒即被强制隔离戒毒，故被告作出的《强制隔离戒毒决定书》不合法的诉讼理由，因"通过社区戒毒难以戒除毒瘾"仅是对吸毒成瘾严重情形的表述，社区戒毒不是直接作出强制隔离戒毒的必经前提条件，故原告的该项诉讼理由缺乏法律依据，依法不予采纳。江北法院于2014年5月14日判决，驳回原告袁某某的诉讼请求。

**评析：**

对于原告所持"社区戒毒作为强制隔离戒毒的前提条件必须先于强制隔离戒毒被适用"的主张，合议庭不予支持。理由如下：

1."通过社区戒毒难以戒除毒瘾"是"吸毒成瘾严重"程度性说明。禁毒法第38条第2款规定公安机关直接作出强制隔离戒毒决定的条件是吸毒成瘾严重，而条文中关于"通过社区戒毒难以戒除毒瘾"的表述，仅是对吸毒成瘾严重程度的描述和说明，社区戒毒并非是直接作出强制隔离戒毒必经的前置措施，应该把"达到通过社区戒毒难以戒除毒瘾的吸毒成瘾严重程度"与"实际经过社区戒毒的行政强制措施"这两个容易混淆却又意义重大的表述严格区分开来。

2. 认定"吸毒成瘾严重"的标准于法有据、清楚明确。既然认定吸毒成瘾严重是公安机关直接作出强制隔离戒毒决定的关键所在，那么明晰何为"吸毒成瘾严重"、厘清"吸毒成瘾"与"吸毒成瘾严重"之间的边界就显得十分必要。《禁毒法》第31条第3款中提到，吸毒成瘾的认定方法，由国务院卫生行政部门、药品监督管理部门、公安部门规定。作为禁毒法的执行性配套法规，2011年公安部、卫生部制定《吸毒成瘾认定办法》给公安机关吸毒成瘾认定工作提供了规范统一的吸毒成瘾和吸毒成瘾严重的认定标准。该办法第八条中即规定：吸毒成瘾人员具有下列情形之一的，公安机关认定其吸毒成瘾严重：(1)曾经被责令社区戒

① 江朝丽，张家齐. 社区戒毒不足直接作出强制隔离戒毒的前提条件. 人民法院报[N]，2015.1.22，第006版.

毒、强制隔离戒毒(含禁毒法实施以前被强制戒毒或者劳教戒毒)、社区康复或者参加过戒毒药物维持治疗，再次吸食、注射毒品的；(2)有证据证明其采取注射方式使用毒品或者多次使用两类以上毒品的；(3)有证据证明其使用毒品后伴有聚众淫乱、自伤自残或者暴力侵犯他人人身、财产安全等行为的。本案原告袁某某曾因吸毒成瘾被公安机关决定强制戒毒三个月，又于2013年再次以注射方式使用毒品。原告所具情状都符合前述条文第(1)、(2)项规定，应当依法被认定吸毒成瘾严重，这就构成了公安机关作出强制隔离戒毒决定的基础性条件。

3. 社区戒毒旨在充分利用社区资源，最大限度教育挽救那些吸毒时间不长、成瘾程度不深、本人有戒毒意愿且具备家庭监护条件的吸毒人员。从禁毒法关于强制隔离戒毒的法定情形看，立法者倾向于对公安机关第一次发现的吸毒成瘾人员先使用社区戒毒这一方式。如果主张“社区戒毒作为强制隔离戒毒的前提条件必须先于强制隔离戒毒被适用”，就意味着公安机关在每次作出强制隔离戒毒决定之前，都需要先责令戒毒人员接受社区戒毒，倘若吸毒人员仍然没有戒除毒瘾，才能决定适用强制隔离戒毒措施。这显然与禁毒法创设社区戒毒的宗旨相左。综上所述，具有法定职权的江北公安分局根据袁某某曾被强制戒毒而又再次注射毒品的情况，依据禁毒法第38条第2款之规定，对原告袁某某作出适用强制隔离戒毒措施的决定是符合法律规定的。

**【本章小结】**

治安强制是指治安管理主体为实现治安管理目的，对有关行政相对人的人身自由、财物、证件、行为(场所)等以强行的方式加以制约而实施的行政行为。以性质为标准划分，治安强制可以分为治安强制措施和治安强制执行。治安强制措施，是指在治安行政管理过程中，为制止违法行为、防止证据损毁、避免危害发生、控制危险扩大等情形，依法对公民的人身自由实施暂时性限制，或者对公民、法人或者其他组织的财物实施暂时性控制的行为，具有法律性、具体性、强制性、限制性、从属性、暂时性、广泛性、预防和制止性、可诉性等特征。以强制对象或目的的不同，治安强制措施可分为对人身自由限制的强制措施、对财物处置的强制措施、对证件管理的强制措施、对行为和场所管理的强制措施以及对紧急事件应急的强制措施。治安强制执行，是指在治安管理法律关系中，治安行政管理机关或者治安行政管理机关申请人民法院，对拒不履行治安管理决定的公民、法人或者其他组织，依法强制其履行义务的行政行为。

**◎ 思考题**

1. 治安强制的概念。
2. 治安强制措施的含义和特征。
3. 治安强制措施的主要种类。
4. 治安强制措施的实施原则。
5. 治安强制措施实施的一般程序。

# 第七章　接　处　警

【学习目标】理解掌握接处警的概念，了解110接处警的发展历程，掌握接警范围、接处警工作要求，熟练掌握和灵活运用处警的程序、方法和技巧。

【教学重点】接处警的基本理论和要求，常见警情的先期处置。

【教学难点】正确处置各种警情的原则、要求、方式方法。

【案例导引】

1. 2018年1月2日晚，某市东郊工人、31岁的刘某与同事5人聚会，共喝了4斤白酒。当晚11时，5人各自回家，一出门，喝了约8两白酒的刘某就出现醉意，两位同事送他回到原先住处时，却发现楼已经拆了，其新家没人知道，刘某也说不出来。三人返回到纺织城门口，此时已是次日凌晨零时，天上飘着雪，最低气温达到-4℃。

两位同事打110报警，由于担心醉酒给自己带来麻烦，他们站在路对面，看到穿着警服的民警从数十米外的纺织城派出所走出并到刘某身边后，两人离开。但处警的民警听刘某说“不用你管”后径自离去。3日凌晨3时，5位下夜班的女工在路边发现了外套丢失、正在痛苦呻吟的刘某，再次报警，但民警到现场后仍未采取措施。凌晨7时左右，清洁工发现了已经死去的刘某。

思考：案例中，出警民警的正确做法应该是？

2. 2017年10月12日凌晨2时许，某派出所接市局指挥中心指令：市区某居民区有精神病人发病，病人家属求助，两名值班民警迅速赶到现场。现场已聚集多名小区居民围观，一名20岁左右小伙子站在小区一车棚顶上大声叫喊，情绪激动并不断捡起车棚顶上的砖头向人群砸下。多名围观居民情绪较激动并围着病人家属争吵，现场比较混乱。

思考：假如你是出警民警，应该如何处理？

## 第一节　接处警概述

### 一、接处警的概念

#### （一）接警的概念

接警，是公安机关指挥中心、公安派出所（或执勤民警）对报警、求助、投诉的案（事）件情况进行询问、登记，了解情况，判明性质和轻重缓急，下达处警指令（对于执勤民警则是及时报告及接受指令）的全过程。主要包括接受、下达指令、信息沟通、回复回访和记录等。接警工作是窗口工作，做好接警工作对保护公民合法权益、维护社会治安秩序、提升执法公信力都具有重要意义。

**(二)处警的概念**

处警，是指对各类警情的现场处置。执勤民警到达现场后，应当立即打开执法记录仪，了解掌握现场情况，迅速开展制止违法犯罪行为、控制事态、保护现场、救助伤员、调查走访、先期取证等处置工作。

## 二、110 接处警的发展历程

**(一)110 接处警平台前身：单一接处(匪警)时期**

中华人民共和国成立初期，110 报警就已经产生，但当时仅限于“匪警”。110 这一数字作为报警号码缘起于旧式转盘电话的拨号方式，因为旧式的电话是转盘拨号的，拨“1”时间是最短的，“0”是最远的，选择“11”是因为接通快，所以将电话中离得最近的数字“1”纳入其中，而“0”距离又最远，让报警的群众有时间考虑是否需要接入，所以又将“0”作为报警的确认键；其次，从位数上考虑，位数太短容易被误拨，太长又容易大众被混淆，权衡之下，最终选择了“110”这三个数字组合作为我国的报警电话，110 报警电话最初设置在刑事侦查部门，负责接听刑事案件的报警电话。①

**(二)110 接处警平台的成长期**

20 世纪 80 年代中期，沿海和内地一些大城市公安机关，为适应治安形势发展的需要，提高公安机关接处警快速反应能力，进一步提升公安机关形象，将原为盗(匪)警电话的 110，逐步扩大职能，拓宽服务范围，建立了 110 报警台。1986 年 1 月 10 日，广州市公安局将 110 匪警电话改为 110 报警服务电话，率先建立我国第一个 110 报警台，正式开展 110 接处警工作。1987 年 6 月，公安部下发了《关于大中城市公安局普遍建立 110 报警服务台的通知》，要求各大中城市公安局在一两年内普遍建立 110 报警服务台，并力争尽快投入使用。自此，110 报警电话正式成为 110 报警服务台，110 接处警工作进入崭新阶段，逐步得到社会各界人民群众的欢迎，树立起新时期人民警察的良好形象。

1991 年，在第十八次全国公安会议上，公安部党委提出要“把相当的警力摆在街面上，把指挥系统健全起来，做到统一指挥、快速反应、合成作战，切实提高动态环境下对城市治安的控制能力”，正式提出了建立快速反应机制的问题。此后，110 报警系统在各地公安机关相继得到迅速开发和建设。

1996 年 7 月，公安部下发《关于加快城市 110 报警服务台建设的通知》，对各地 110 报警服务台建设进行了专门部署，要求地级以上城市必须在 1997 年年底前全部、开通 110 报警服务台。同年 8 月，公安部在福建省漳州市召开了全国城市 110 报警服务台建设工作现场会，全面推广“漳州 110”“有警必接、有难必帮、有险必救、有求必应”的“四有四必”精神，要求建立快速反应机制打击犯罪，服务人民并重。会后，公安部下发了《公安部关于向福建省“漳州 110”学习的决定》，极大推动了“110”工作的发展。同年，公安部与邮电部联合发文，明确群众拨打 110 电话免收费用。

1999 年，公安部专门下发《公安部关于加强指挥中心工作的通知》，针对当时公安指挥中心暨 110 报警服务台在机构设置、职责任务及接处警、指挥调度等方面存在的问题提出工作要求，对规范和促进公安指挥中心及 110 接处警工作的发展起到了十分重要的作用。

2000 年 2 月，公安部发出《公安部关于认真做好 110 报警服务台受理人民群众电话投诉

① 王世卿 .110 接处警的历史、现状、问题及规范化研究[J]. 中国人民公安大学学报，2016(6).

工作的通知》，明确规定自2000年3月1日开始，全国各地110报警服务台正式受理人民群众的电话投诉，凡群众发现公安机关、公安民警有违法违纪或失职行为的，可以直接拨打110进行监督投诉。

2003年5月，公安部在前期《110报警服务工作规范化标准》等系列规范性文件的基础上，正式出台了《110接处警工作规则》，这是一份在110报警服务台发展史上具有里程碑意义的规范性文件，它对公安机关110报警服务工作的职能、原则、要求、接处警范围、接处警程序、工作机制、警务保障、法律责任等方面都进行了全面、系统、科学的规范，极大地推动了110接处警工作的规范化建设。

2004年下半年，公安部办公厅制定下发了《关于全国公安指挥中心暨110报警服务系统开展大练兵活动的指导意见》，各地公安指挥中心暨110报警服务台，按照"干什么、练什么，缺什么、补什么"的指导原则，结合各自岗位实际，因地制宜地组织开展了大练兵活动，所有在岗民警均参加大练兵活动。通过大练兵，进一步强化了指挥调度人员和110接处警人员的综合素质和业务能力，提高了公安指挥调度水平、信息处理水平、110接处警技能和110技术保障能力，大大提高了公安机关快速反应和应急处置水平。

2005年开始，公安部历经一年多时间，针对部、省、地市、县四级公安机关指挥中心各自特点，在充分调研、论证的基础上，研究起草了《公安部指挥中心工作规范》《省级公安机关指挥中心工作规范(试行)》《地级(含)以上城市公安机关指挥中心工作规范(试行)》《县市级公安机关指挥中心工作规范(试行)》，并于2007年5月下旬印发各地。四级工作规范是建设创新型公安指挥中心的指导性文件，四级规范从指挥中心工作实际出发，充分考虑各级公安机关指挥中心工作共性，又照顾各自特点，对各级指挥中心职责权限、机构设置、值班、指挥调度、情报信息、110接处警等做了详细而科学的规范，明确了指挥中心制度化、规范化建设的目标。省、地市、县三级规范下发后，各地公安机关结合本地工作实际，及时对指挥中心各项规章制度进行修订、完善，进一步细化和完善了110接处警指挥工作环节和程序，统一了各级指挥中心的机构名称、职级，明确了职责权限。

110报警平台开通后，公安机关还开通了122交通报警平台和119火情报警平台，随着110报警报警服务平台开通及其影响力的扩大，群众逐渐熟知，同时(三台分立)的弊端已经显现，火情、警情、路情三台分设，导致重复交涉，人力财力浪费，而三台功能的趋同化导致其必要性收到质疑。2003年11月，第二十次全国公安会议上第一次明确提出县市级公安机关要逐步实现110、119、122"三台合一"的建设目标。此后，公安部先后下发了《关于大力推进县市公安机关110、119、122"三台合一"工作的通知》《县、市级公安机关"三台合一"接处警系统技术规范》《地级以上城市公安机关"三台合一"接处警系统技术规范》等一系列文件，在公安部的督促指导及各地公安机关的共同努力下，经过三年时间的不懈奋斗，到2006年底，全国县市级公安机关基本实现了"三台合一"。目前，全国绝大多数公安机关已实现三台合一。

**(三)110接处警平台的创新发展期**

随着信息技术的发展，110接处警形式不断创新，短信报警、网络报警等新的报警方式被引入，对110接处警产生了深远的影响。2012年，随着移动通信工具的普及和业务量的发展，人民群众尤其是聋哑人等特殊群体希望通过手机短信方式进行报警的要求日渐突出，公安部与移动通信商将12110作为全国公安机关统一的公益性短信报警号码。此外，随着微博、微信的不断发展，一些地方推出"平安"微博，警务APP或公众号，接受群众报警，同时对除110报警服务之外的其他警务服务进行了有效的拓展，取得了良好的社会效果。如2014年8月，钦州市向公众推出微信报警服务平台，可接受文字、图片、音视频、位置导航等形式的报警求助。① 随着大数据时代的到来，新技术的逐步应用，110接处警平台已进入创新发展时期。

## 第二节 接 警

### 一、接警范围

根据《中华人民共和国人民警察法》及有关规定制定的《110接处警规则》明确了公安机关接警的范围。主要包括以下几个方面。

**(一)报警**

《110接处警规则》第14条规定了110报警服务台受理报警的范围包括：

1. 刑事案件；

2. 治安案(事)件；

3. 危及人身、财产安全或者社会治安秩序的群体性事件；

4. 自然灾害、治安灾害事故；

5. 其他需要公安机关处置的与违法犯罪有关的报警。

**(二)求助**

《110接处警规则》第29条规定了110报警服务台受理求助的范围包括：

1. 发生溺水、坠楼、自杀等状况，需要公安机关紧急救助的；

2. 老人、儿童以及智障人员、精神疾病患者等人员走失，需要公安机关在一定范围内帮助查找的；

3. 公众遇到危难，处于孤立无援状况，需要立即救助的；

4. 涉及水、电、气、热等公共设施出现险情，威胁公共安全、人身或者财产安全和工作、学习、生活秩序，需要公安机关先期紧急处置的；

5. 需要公安机关处理的其他紧急求助事项。

同时，《110接处警规则》第32条、33条规定，对于公安机关职责范围以外的非紧急求助，110报警服务台接警工作人员应当告知求助人向所求助事项的主管部门或者单位求助，并视情予以必要的解释。承担城市应急处置主叫号码任务的110报警服务台接警工作人员，应当及时将公安机关职责范围以外的报警求助电话转到相关单位处置。

**(三)投诉**

《110接处警规则》第34条规定了110报警服务台受理投诉的范围包括：公安机关及其人民警察正在发生的违反《中华人民共和国人民警察法》《公安机关督察条例》等法律、法规和人民警察各项纪律规定，违法行使职权，不履行法定职责，不遵守各项执法、服务、组织、管理制度和职业道德的各种行为。

---

① 王世卿.110接处警的历史、现状、问题及规范化研究[J]. 中国人民公安大学学报，2016(6).

## 二、接警工作要求

**(一)110 报警服务台接警要求**

1. 110 报警服务台接警工作基本要求

110 接处警工作坚持全心全意为人民服务的宗旨，依法打击违法犯罪活动，维护社会治安，提供安全服务。

城市和县(旗)公安局指挥中心应当设立 110 报警服务台，负责全天 24 小时受理公众紧急电话报警、求助和对公安机关及其人民警察现时发生的违法违纪或者失职行为的投诉。

110 报警服务台在接到紧急报警时，应当进行先期处置，对公安机关各单位和担负处警任务的民警直接指挥，并可调用装备，对处警情况进行监督指导。公安机关各警种和各实战单位应当建立与 110 接处警工作相衔接的工作机制，确保及时执行指令。

110 报警服务台应当建立健全工作程序、内部管理、考核考评、通报检查、奖惩等各项制度。110 报警服务台应当建立监督制约机制，接受上级公安机关和社会各界的检查监督，及时改进工作。

110 接警工作实行“一级接警”，即统一由城市或者县(旗)公安局 110 报警服务台接警。

公安部指挥中心负责对全国公安机关 110 接处警工作进行业务指导、协调和监督。各省、自治区、直辖市公安厅、局指挥中心负责对本行政区划内的公安机关 110 接处警工作进行业务指导、协调和监督。

110 报警服务台工作人员应当掌握和使用普通话，在受理报警、求助、投诉时应当做到：

(1)警容严整，行为规范，态度热情；

(2)接听电话时主动说：“您好，××(市、县)110，××号接警员”；

(3)向当事人问明案(事)件的主要情况及当事人的基本情况；

(4)按照统一的表格认真登记、存储，做好接报、指挥、处警工作记录，并立卷备查。

在外国人来往较多的城市，110 报警服务台应当积极创造条件，开通外语接警服务。在少数民族聚居较多的城市，开通当地通用的少数民族语言接警服务。

2. 受理报警的基本要求

110 报警服务台接到报警后，根据警情调派警力进行处置。对危及公共安全、人身或者财产安全的紧急案(事)件，应当在派警处置的同时，立即向分管负责人报告，并向业务主管部门通报。

对接报的符合受理报警范围中的重大案(事)件，应当根据警情的性质、事态规模、紧急程度，及时报告分管负责人，并按照工作预案和分管负责人的指示，迅速派警处置。对接报的规模较小、影响不大的一般性群体性事件，应当迅速将情况通报业务主管部门，同时酌情派警维持现场秩序，协助有关部门进行疏导劝阻，防止事态扩大。

对接报的规模较大、行为方式激烈的群体性事件，应当立即报告分管负责人，并按照工作预案和分管负责人的指示，派警赶赴现场，控制事态，协助有关部门做好缓解、化解矛盾的工作，尽快平息事态。

对接报的自然灾害事故，应当根据灾害的种类、程度派警处置，同时报告分管负责人。

对接报的管辖暂不明确的地区发生的案(事)件，应当先指定处警人员进行先期处置，必要时再移交属地公安机关有关部门进行处理。

对谎报警情或者拨打骚扰电话的，应当根据有关法律法规予以查处。

3. 受理救助基本要求

公安机关应当积极参加政府统一领导的城市应急处置工作，并配合有关部门充分履行职责，为社会提供服务。

对于公安机关职责范围以外的可能危及公共安全、人身或者财产安全的紧急求助，110报警服务台应当派警进行先期处置，同时通报相关部门或者单位派员到现场处置。在相关部门或者单位进行处置时，公安机关处警人员可以予以必要的协助。

对于公安机关职责范围以外的非紧急求助，110报警服务台接警工作人员应当告知求助人向所求助事项的主管部门或者单位求助，并视情予以必要的解释。

承担城市应急处置主叫号码任务的110报警服务台接警工作人员，应当及时将公安机关职责范围以外的报警求助电话转到相关单位处置。

4. 受理投诉基本要求

公安机关警务督察部门也可设立110接诉台，直接负责接受和处理投诉。110报警服务台受理投诉应当如实登记，秉公查处，及时反馈。110报警服务台在受理投诉时，应当向投诉人问明被投诉对象的基本情况、投诉的具体内容和投诉人姓名、工作单位或者家庭住址、联系方式等主要情况。110报警服务台对投诉内容及投诉人情况应当严格保密，严禁将投诉情况泄露给被投诉对象或者其他人员。

**(二)公安派出所接警工作要求**

按照《公安派出所执法执勤工作规范》相关规定，公安派出所实行24小时工作制度，并应当建立值班和备勤制度，保证全天候有人接受报警和出警。

值班是指公安派出所民警在规定时间内，在值班岗位执行公安派出所勤务的活动。根据《公安派出所执法执勤工作规范》第44条之规定，值班民警接警工作的内容及要求主要有：

1. 通讯联络，接受传达110警情和命令。

(1)值班民警在值班期间，要保证随时接听电话(接听电话应使用规范的文明用语，禁用服务忌语)，并可随时利用值班电话、对讲机、警务通等通讯手段与所领导及各岗位民警保持通讯联络(在通讯联络中要加强保密意识)。

(2)在接到群众报警及上级公安机关出警指令后，在问明发生案(事)件的准确地点、性质、需要派出的警力和任务等基本情况后，立即向值班领导报告情况并接受派警命令。

(3)按照值班领导的指令，立即通知岗位值勤民警赶赴现场；需备勤民警出警的，立即下达出警命令。

(4)值班民警要保持与出警民警的联络畅通，及时将出警处置情况向派出所长和上级报告，并转达在现场执行任务的民警提出的要求与建议，为派出所和上级公安机关指挥决策提供情报信息和参考意见。

2. 接受报案、控告、举报及扭送的违法犯罪嫌疑人和投案自首人员。

(1)询问前来报案、控告及扭送违法犯罪嫌疑人和投案自首人员的基本情况，制作《询问笔录》。

(2)制作完《询问笔录》问明情况后，及时将情况报告值班领导依法处理，并规范填写《接受案件回执单》。属于刑事案件的，迅速按照法律法规程序规定移交有关刑侦部门；属于派出所主管的，按派出所领导指令交有关民警处理；如果不属本派出所或者不属公安机关管辖范围之内的或者被扭送的人员不属于违法犯罪嫌疑人范围的情况时，要说明应当如何处理，指导其到有关部门解决，或者按照案件的性质，归属，移交有关部门处理。

(3)对紧急案事件，应当立即向值班领导报告，按照领导指示或预案，组织民警依法采取紧急处理措施。

(4)对扭送到派出所的违法犯罪嫌疑人和投案自首人员，要依法采取安全措施，确保民警及其他相关人员、财产的安全。

(5)对于受伤的人员要组织民警将其送往医院救治，立即通知其家属，并保留相关证据。

3. 接待群众来访、查询、求助；

(1)耐心答复或者解决群众提出的问题。

(2)接待群众寻人或者查找住址的，详细问明情况，积极帮助查找。

(3)对于群众的求助，属于职责范围的，积极帮助解决；不属于职责范围的，向群众说明理由，告知其应当到何部门办理。

(4)对群众送交拣拾物品的，详细做好记录，尽快查找失主。对于归还物品的情况或者无主物品的处理情况，应当向送交拣拾物品的群众反馈。

(5)群众求助及民警处理的情况都应当记录在案。

4. 保卫公安派出所内部安全。

(1)对公安派出所所内的安全情况进行巡查；加强门卫值班登记制度，对进入内部办公区的所外人员和车辆应当查验证件，查清情况进行登记。

(2)加强进出派出所车辆通行、停放的交通安全管理。

(3)对派出所内存放武器弹药的部位，严格按照相关制度要求进行看守，确保安全。

(4)做好防盗、防火、防治安灾害事故的组织防范工作，落实安全防范措施。

5. 其他需要处理的事项。

值班民警还需完成上级交办的各种临时任务，以及维护通信、办公、生活等设施。

## 第三节 处 警

### 一、处警工作总体要求

根据《110 接处警工作规则》之规定，处警工作应做到以下几个方面：

1. 公安机关应当根据当地实际情况，合理布置警力，确保案(事)件发生时，处警民警能够及时赶到现场。

2. 110 报警服务台应当及时下达处警指令，公安机关各业务部门、基层单位和人员必须服从 110 报警服务台发出的处警指令，不得推诿、拖延出警，影响警情的处置。

3. 对危及公共安全、人身或者财产安全迫切需要处置的紧急报警、求助和对正在发生的民警严重违法违纪行为的投诉，处警民警接到 110 报警服务台处警指令后，应当迅速前往现场开展处置工作。

4. 对其他非紧急报警、求助和投诉，处警民警应当视情尽快处理。对紧急和非紧急报警、求助的出警时限，由城市和县级公安机关根据市区或者城镇规模、警力资源和道路交通状况等情况决定并予公布，接受公众监督。

## 二、报警类(属于110报警服务台受理报警范围内)警情处置工作基本要求

1. 110处警工作实行“一级处警”和“就近处警”“分类处警”相结合的处警原则；特大城市可以根据实际情况采取适当的处警机制。

2. 处警民警应当按规定着装，警容严整，携带必要的警械、通讯工具等处警装备；专职处警民警应当掌握基本的救人、救灾及医疗救护技能。

3. 处警民警到达现场后，应当根据有关规定对警情妥善处置。处警结束后，应当及时将处警情况向110报警服务台反馈，并做好处警记录。处警结果需要制作法律文书的，按有关规定办理。

4. 对正在发生的案(事)件，最先到达现场的处警民警不足以制止或者控制局面的，应当立即将案(事)件情况报告110报警服务台。110报警服务台应当按照工作预案，迅速调集、指挥有关警种、部门赶赴现场增援或者进行布控查缉。

5. 对接报的跨区域的重大案件，需要进行布控查缉的，110报警服务台在指挥本地警力处置的同时，可视情将情况报告上级公安机关或者通报有关地区公安机关。

有关地区公安机关在接到上级公安机关指令或者案发地公安机关的通报后，应当迅速按照工作预案，落实有关查缉措施，提供必要的协助，并随时与案发地公安机关或者本地公安机关110报警服务台保持联系。

6. 对涉及外籍人员的警情，处警人员除按规定进行处置外，应当及时报告110报警服务台，由110报警服务台及时通知当地公安机关外国人管理部门派人协助开展处置工作。

7. 处警民警使用武器、警械时，应当遵守《中华人民共和国人民警察使用警械和武器条例》等有关规定。

## 三、求助类警情处置工作基本要求

1. 公安机关应当积极参加政府统一领导的城市应急处置工作，并配合有关部门充分履行职责，为社会提供服务。

2. 对于公安机关职责范围以外的可能危及公共安全、人身或者财产安全的紧急求助，110报警服务台应当派警进行先期处置，同时通报相关部门或者单位派员到现场处置。在相关部门或者单位进行处置时，公安机关处警人员可以予以必要的协助。

3. 对于公安机关职责范围以外的非紧急求助，110报警服务台接警工作人员应当告知求助人向所求助事项的主管部门或者单位求助，并视情予以必要的解释。

4. 承担城市应急处置主叫号码任务的110报警服务台接警工作人员，应当及时将公安机关职责范围以外的报警求助电话转到相关单位处置。

## 四、受理投诉类警情处置工作基本要求

1. 具体承办投诉的有关部门和单位，应当迅速开展调查工作，及时做出处理，并在受理投诉的3日内将查处情况告知投诉人，同时抄送110报警服务台备查；如3日内未能办结的，应当及时告知投诉人办理情况。投诉人姓名、工作单位或者家庭住址、联系方式不实，致使无法告知的除外。

2. 110报警服务台及具体承办投诉的有关部门应当严格依照法律法规的规定，客观公正地进行调查处理，防止利用投诉对民警进行诬告陷害。

3. 对已办结的投诉，应当做到事实清楚，证据确凿，定性准确，程序合法，处理适当，并立卷备查。对上级公安机关交办的投诉，应当及时上报查处结果。

4. 上级公安机关应当对下级公安机关上报的对投诉的处理情况进行审查。如发现在事实认定、办理程序、处理结果等方面存在错误的，应当限期予以纠正。

## 五、处警过程中执法视音频记录工作

为贯彻落实党的十八届四中全会《关于全面推进依法治国若干重大问题的决定》提出的关于建立执法全过程记录制度的要求，公安部2016年6月14日制定印发了《公安机关现场执法视音频记录工作规定》(公通字〔2016〕14号)。这对于规范公安机关现场执法活动、维护当事人及处警民警合法权益、提高公安机关的执法公信力和执法安全水平具有重要意义。因此，执勤民警处警过程中必须做到“执勤必携带、处警必使用”。

**(一)使用范围**

根据《公安机关现场执法视音频记录工作规定》(公通字〔2016〕14号)相关规定，对于以下现场执法活动，公安机关应当进行现场执法视音频记录：

1. 接受群众报警或者110指令后处警；

2. 当场盘问、检查；

3. 对日常工作中发现的违反治安管理、出入境管理、消防管理、道路交通安全管理等违法犯罪行为和道路交通事故等进行现场处置、当场处罚；

4. 办理行政、刑事案件进行现场勘验、检查、搜查、扣押、辨认、扣留；

5. 消防管理、道路交通安全管理等领域的排除妨害、恢复原状和强制停止施工、停止使用、停产停业等行政强制执行；

6. 处置重大突发事件、群体性事件。

7. 其他需进行现场执法视音频记录的情形。

**(二)注意事项**

根据《公安机关现场执法视音频记录工作规定》(公通字〔2016〕14号)相关规定，使用过程中需注意以下事项：

1. 开展现场执法视音频记录时，应当对执法过程进行全程不间断记录，自到达现场开展执法活动时开始，至执法活动结束时停止；从现场带回违法犯罪嫌疑人的，应当记录至将违法犯罪嫌疑人带入公安机关执法办案场所办案区时停止。

2. 现场执法视音频记录应当重点摄录以下内容：

(1)执法现场环境；

(2)违法犯罪嫌疑人、被害人、被侵害人和证人等现场人员的体貌特征和言行举止；

(3)重要涉案物品及其主要特征以及其他可以证明违法犯罪行为的证据；

(4)执法人员现场开具、送达法律文书和对有关人员、财物采取措施情况；

(5)其他应当记录的重要内容。

3. 现场执法视音频记录过程中，因设备故障、损坏，天气情况恶劣或者电量、存储空间不足等客观原因而中止记录的，重新开始记录时应当对中断原因进行语音说明。确实无法继续记录的，应当立即向所属部门负责人报告，并在事后书面说明情况。

4. 公安机关执法办案部门应当对现场执法记录设备进行统一存放、分类管理。民警应当在开展执法活动前领取现场执法记录设备，并对电量、存储空间、日期时间设定等情况进行检查；发现设备故障、损坏的，应当及时报告管理员。对现场执法记录设备应当妥善保管、定期维护。

5. 民警应当在当天执法活动结束后，将现场执法视音频资料导出保存。连续工作、异地执法办案或者在偏远、交通不便地区执法办案，确实无法及时移交资料的，应当在返回单位后二十四小时内移交。

## 六、处警过程中现场制止违法犯罪行为

### （一）现场制止违法犯罪行为一般要求

根据《中华人民共和国人民警察法》、《中华人民共和国人民警察使用警械和武器条例》（以下简称《人民警察使用警械和武器条例》）、《公安机关人民警察现场制止违法犯罪行为操作规程》等有关法律、法规和规定。处警过程中现场制止违法犯罪行为（这里所讲的制止违法犯罪行为是指执勤民警在处警中遇到的一般违法犯罪行为，需要现场予以制止的处置活动，对重大恐怖事件和群体性事件等重大紧急警情的处置，按照相关规定执行）一般要求如下：

1. 采取处置措施前，公安民警应当表明身份并出示执法证件，情况紧急来不及出示执法证件的，应当先表明身份，并在处置过程中出示执法证件；着制式警服执行职务的，可以不出示执法证件。

2. 公安民警到达处置现场后，应当与所属公安机关保持联络，迅速报告现场情况；接到报告的公安机关应当视情增派警力或者调整警力部署。现场警力难以有效制止违法犯罪行为时，公安民警应当立即向所属公安机关报告，请求增派警力支援；接到报告的公安机关应当根据现场情况立即增派警力。增援警力到达现场后，现场公安民警应当立即向增援民警介绍情况，共同进行处置。

3. 公安民警现场制止违法犯罪行为时，应当根据现场警情的性质、危害程度、影响范围、涉及人数、当事人身份及警情敏感性等综合因素，快速判断，采取相应的处置措施。现场警情发生变化的，公安民警应当及时调整处置措施。公安民警现场采取处置措施，应当以制止违法犯罪行为为限度，尽量避免和减少人员伤亡、财产损失；使用较轻处置措施足以制止违法犯罪行为的，应当尽量避免使用较重处置措施。公安民警现场制止违法犯罪行为，应当注意方式方法，避免激化矛盾；发现事态有进一步扩大可能的，应当及时采取相应措施进行妥善处置。公安民警制止违法犯罪行为过程中，应当对违法犯罪行为的危险性、可能还有未被发现的违法犯罪行为人等情况保持警惕，防止、减少自身伤亡。

4. 公安民警采取处置措施制止违法犯罪行为后，对可能脱逃、行凶、自杀、自伤或者有其他危险行为的违法犯罪行为人，可以使用手铐、警绳等约束性警械将其约束，并及时收缴其所持凶器。

5. 公安民警对现场制止违法犯罪行为的情况，应当按照《110 接处警工作规则》做好处警记录。

### （二）处置措施种类

处置措施，是指公安民警为现场制止违法犯罪行为而依照相关法律法规和规定采取的强制手段，由轻到重依次为：口头制止、徒手制止、使用警械制止、使用武器制止。

1. 口头制止。

（1）口头制止的内涵

口头制止是指公安民警为制止违法犯罪行为而发出强制命令。对正在以非暴力方式实施

违法犯罪行为的，公安民警可以口头制止。口头制止可能导致违法犯罪行为人逃跑、毁灭证据或者其他严重危害后果的，公安民警按照有关规定，采取徒手制止措施。

(2)口头制止包括的内容

①命令违法犯罪行为人停止实施违法犯罪行为。

②命令违法犯罪行为人按照要求接受检查；

③告知违法犯罪行为人拒不服从公安民警命令的后果；

④根据警情需要，要求在场无关人员躲避；

⑤其他能够达到有效制止目的的口头命令。

(3)用语要求

口头制止用语应当明确、简洁、易懂，如：请迅速离开、放下砖头、双手抱头等等，禁止使用侮辱性、歧视性语言。

(4)处置措施的调整

①违法犯罪行为人不听从公安民警口头制止的，公安民警可以将其传唤至公安机关处理。

②违法犯罪行为人不听从公安民警口头制止，并实施暴力行为的，公安民警应当根据本规程的有关规定，采取相应处置措施。

2. 徒手制止

(1)徒手制止的内涵

徒手制止是指公安民警使用身体强制力制止违法犯罪行为的强制手段。

(2)徒手制止使用条件

①对正在以轻微暴力方式实施违法犯罪行为，尚未严重危及公民或者公安民警人身安全，经警告无效的，公安民警可以徒手制止；情况紧急，来不及警告或者警告后可能导致更为严重危害后果的，可以直接使用徒手制止。

②对徒手无法制止违法犯罪行为的，公安民警可以根据相关法律法规和有关规定，采取相应措施。

(3)徒手制止使用的一般要求

①公安民警徒手制止，应当以违法犯罪行为人停止实施违法犯罪行为为限度；除非必要，应当避免直接击打违法犯罪行为人的头部、裆部等致命部位。

②当违法犯罪行为人停止实施违法犯罪行为时，公安民警应当立即停止可能造成人身伤害的徒手制止动作，并依法使用手铐、警绳等约束性警械将其约束。

3. 使用警械制止

(1)使用警械制止的内涵

使用警械制止是指公安民警遇有《人民警察使用警械和武器条例》所列危害公共安全、社会秩序、公民人身安全，违法犯罪分子可能脱逃、行凶、自杀、自伤或者有其他危险行为时依照其相关规定使用驱逐性、制服性、约束性警械制止违法犯罪行为的强制手段。

(2)使用条件。

一是使用驱逐性、制服性警械。

执勤民警遇有下列情形之一，经警告无效的，可以使用警棍、催泪喷射器等驱逐性、制服性警械；

①结伙斗殴、殴打他人、寻衅滋事、侮辱妇女的；

②聚众扰乱车站、码头、民用航空站、运动场等公共场所秩序的；

③非法举行集会、游行、示威的；

④强行冲越公安民警为履行职责设置的警戒线的；

⑤以暴力方法抗拒或者阻碍公安民警依法履行职责的；

⑥袭击公安民警的；

⑦危害公共安全、社会秩序和公民人身安全的其他行为，需要当场制止的；

⑧法律、行政法规规定可以使用警械的其他情形。

二是使用约束性警械。

执勤民警依法执行下列任务，遇有违法犯罪行为人可能脱逃、行凶、自杀、自伤或者有其他危险行为的，可以使用手铐、脚镣、警绳等约束性警械：

①抓获违法犯罪行为人或者犯罪重大嫌疑人的；

②执行逮捕、拘留、看押、押解、审讯、拘传、强制传唤的；

③法律、行政法规规定可以使用警械的其他情形。

(3)注意事项

①对严重危害公共安全或者他人人身安全的精神病人，可以使用约束带或者警绳等约束性警械，采取保护性约束措施。

②醉酒的人在醉酒状态中，对本人有危险或者对他人的人身、财产或者公共安全有威胁的，应当对其使用约束带或者警绳等约束至酒醒，但是不得使用手铐、脚镣等警械。

③公安民警使用驱逐性、制服性警械，应当以制止违法犯罪行为为限度；当违法犯罪行为人停止实施违法犯罪行为时，应当立即停止使用。

④违法犯罪行为人的攻击尚未危及他人或者公安民警生命安全的，公安民警使用警棍时尽量避免攻击违法犯罪行为人的头部、裆部等致命部位。

⑤公安民警使用催泪警械时应根据现场情况，要求现场无关人员躲避。使用时应选择上风向站位和安全有效距离，直接向违法犯罪行为人喷射催泪剂。制服违法犯罪行为人并将其约束后，对有异常反应或者可能引发疾病的，应当及时采取适当措施救治。

⑥公安民警制服违法犯罪行为人后，应当立即使用手铐、警绳等约束性警械将其约束。对受伤的违法犯罪行为人，应当及时采取适当措施救治。

⑦符合使用警械条件，但是现场没有警械或者使用警械可能造成更为严重危害后果的，公安民警可以使用除武器以外的其他物品对违法犯罪行为人进行控制。

⑧对使用警械不能制止违法犯罪行为的，公安民警可以根据有关规定，采取相应措施。

4. 使用武器制止

(1)使用武器制止的内涵

使用武器制止是指执勤民警在执行任务时，遇有危及公共安全、本人或者其他公民人身安全和合法财产、公共财产等暴力犯罪行为时，应当根据现场情况和危险程度，及时选择采取持枪戒备、出枪警示、鸣枪警告、开枪射击措施，有效预防、制止严重暴力犯罪行为，最大限度地避免人员伤亡、财产损失。

(2)使用武器制止的程序

第一，持枪戒备。

执勤民警判断可能发生暴力犯罪行为的，应当及时进行持枪戒备，采取相应的戒备状态，并将枪口指向安全方向。

第二，出枪警示。

①执勤民警发现犯罪行为人准备实施暴力犯罪行为的，应当进行出枪警示，迅速表明人民警察身份，并将枪口指向犯罪行为人。同时，命令犯罪行为人立即停止实施暴力犯罪行为，并口头警告其拒不服从命令的后果。

②出枪警示时，应当子弹上膛，打开保险，抠压枪支扳机的手指置于扳机护圈外，与犯罪行为人保持一定距离，并采取有效措施，防止枪支走火或者被抢。

第三，鸣枪警告。

执勤民警在现场处置犯罪行为人准备实施或者正在实施暴力犯罪行为，经口头警告无效的，可以视情向天空等安全方向鸣枪警告。来不及口头警告的，可以直接鸣枪警告。

第四，开枪射击。

按照《人民警察使用警械和武器条例》第 9 条之规定，人民警察判明有下列暴力犯罪行为的紧急情形之一，经警告无效的，可以使用武器：

①放火、决水、爆炸等严重危害公共安全的；

②劫持航空器、船舰、火车、机动车或者驾驶车、船等机动交通工具，故意危害公共安全的；

③抢夺、抢劫枪支弹药、爆炸、剧毒等危险物品，严重危害公共安全的；

④使用枪支、爆炸、剧毒等危险物品实施犯罪或者以使用枪支、爆炸、剧毒等危险物品相威胁实施犯罪的；

⑤破坏军事、通信、交通、能源、防险等重要设施，足以对公共安全造成严重、紧迫危险的；

⑥实施凶杀、劫持人质等暴力行为，危及公民生命安全的；

⑦国家规定的警卫、守卫、警戒的对象和目标受到暴力袭击、破坏或者有受到暴力袭击、破坏的紧迫危险的；

⑧结伙抢劫或者持械抢劫公私财物的；

⑨聚众械斗、暴乱等严重破坏社会治安秩序，用其他方法不能制止的；

⑩以暴力方法抗拒或者阻碍人民警察依法履行职责或者暴力袭击人民警察，危及人民警察生命安全的；

⑪在押人犯、罪犯聚众骚乱、暴乱、行凶或者脱逃的；

⑫劫夺在押人犯、罪犯的；

⑬实施放火、决水、爆炸、凶杀、抢劫或者其他严重暴力犯罪行为后拒捕、逃跑的；

⑭犯罪分子携带枪支、爆炸、剧毒等危险物品拒捕、逃跑的；

⑮法律、行政法规规定可以使用武器的其他情形。

人民警察依照前款规定使用武器，来不及警告或者警告后可能导致更为严重危害后果的，可以直接使用武器。

(3)注意事项

执勤民警开枪射击时，应当命令在场无关人员躲避，避免受到伤害。犯罪行为人停止实施暴力犯罪行为，或者失去继续实施暴力犯罪能力的，应当立即停止开枪射击，并确认危险消除后，及时关闭枪支保险，恢复佩带枪支状态。

不得使用枪支。执勤民警遇有下列情形之一的，不得鸣枪警告、开枪射击：

①发现实施犯罪的人为怀孕妇女、儿童的，但是使用枪支、爆炸、剧毒等危险物品实施

暴力犯罪的除外；

②犯罪分子处于群众聚集的场所或者存放大量易燃、易爆、剧毒、放射性等危险物品的场所的，但是不使用枪支予以制止，将发生更为严重危害后果的除外；

③正在实施盗窃、诈骗等非暴力犯罪以及实施上述非暴力犯罪后拒捕、逃跑的。

(4)伤亡处置

执勤民警使用枪支造成犯罪行为人或者其他人员伤亡的，应当及时抢救受伤人员，保护现场，防止证据灭失。

(5)使用报告

执勤民警使用枪支后，应当立即口头层报所属配枪部门主要负责人，并在完成任务后24小时以内，向所属配枪部门提交书面报告。报告应当包括下列内容：

①使用枪支的地点、时间；

②使用枪支时的现场情况；

③使用枪支时采取的警告措施；

④使用枪支理由及造成的伤亡情况；

⑤弹药消耗情况；

⑥使用枪支后所做的处置工作。

符合使用武器条件，但是现场没有武器或者使用武器可能造成更为严重危害后果的，可以使用其他必要强制手段制服犯罪行为人。

## 七、现场保护

### (一)现场保护及其意义

1. 现场保护

对于一线处警民警来说，现场指发生违法犯罪、治安灾害事故或意外事件等并遗留有关痕迹、物证的场所。现场保护是指为保持现场的原始状态，防止由于人为或自然因素导致现场的变化或破坏而采取一系列保护措施的一种法律行为。它包括划定适当的现场保护范围，及时布置现场警戒，严密封锁现场等必要的且适当的防护措施。

2. 现场保护的意义

由于各种因素的影响，现场容易遭到破坏或发生变化。例如，违法犯罪分子对现场进行破坏、制造假象、毁灭证据；被害人或亲友急于了解损失情况、救人等，移动了现场的物品，破坏了原始痕迹；无关人员出于好奇，无意中使现场发生变动；自然原因，如风、雨、阳光等对现场特别是露天现场造成的破坏等。

对现场进行有效的保护，使其处于原始状态，有利于查明违法犯罪行为的活动情况、灾害事故的起因及意外事件的发生经过；保护有关痕迹、物证不被损坏和散失，有利于及时发现和收集违法犯罪证据，从而有力的揭露和证实违法犯罪。及时有效的现场封锁和保护，还有利于及时制止犯罪、保护现场秩序，使现场免遭破坏，使不法分子没有趁火打劫的机会，有利于采取紧急救护措施，急救人命、抢救财物、排除险情和交通障碍，有利于采取紧急措施，拘捕那些未及逃跑的犯罪分子，监视控制重大犯罪嫌疑分子等。

侦查工作的实践证明：刑事案件能否迅速侦破，在很大程度上取决于现场勘查的成败，而勘查的成败，又取决于现场保护的好坏。犯罪现场中任何犯罪信息的破坏和灭失，都有可能使现场痕迹物证失去提取条件，侦查工作失去线索，刑事诉讼失去有力证据。因此，保护好现场，责任重大，意义深远。

**(二)现场保护的方法**

1. 划定现场范围的依据

保护犯罪现场的重要措施，就是要根据犯罪现场的情况和周围环境，划定保护区的范围，保护区的范围不要太大或太小，保护区范围的大小，要根据现场环境和犯罪遗留物、抛弃物所在的位置来划定。也可根据出事地点周围的建筑物、河流、山沟、围墙等地貌、地物来划定。

一般来说，保护区范围适当划大一点为好，不要只注意中心现场的保护。例如：发生在室内的犯罪现场，不仅要注意室内场所的保护，还要注意室外现场周围的痕迹、遗留物的保护。特别是一些盗窃案，为选择最佳的作案时机，很多案件的犯罪分子在现场外围往往有守候的过程，在这一阶段，犯罪分子受作案心理的驱使，往往焦虑烦躁，在现场留下唾液、大小便等排泄物，烟头、纸张等物品，而且犯罪分子自身对这类痕迹的伪装、破坏意识差，寻找、发现这类现场并勘查，往往对案件的侦破起到意想不到的作用，是现场保护的重中之重。因此，即使是发生在室内的案件，通常情况下我们也要在现场的周围地带划出一定的警戒范围，布置警戒。现场保护的范围最好在离中心场所外围三米到十米的地方，作为保护区范围，用警戒带围起来，设置屏障，封锁现场。现场范围的划定要将违法犯罪人员的作案地点和可能遗留有痕迹、物证的场所都包括进去。

同时，在现场的四角或道路的两头、门外或院外也布置警戒，不准无关人员进出现场。既便是当事人或其家属以及保护现场人员，也不应随便进出，更不得擅自进行勘验或搞现场实验，随便触摸或移动犯罪现场上的任何物品。此外，保护现场的人员严禁吸烟，更不要把别处的东西带到或丢弃在现场上，以免污染现场。

确定现场范围的原则一般是：

(1)将违法犯罪人员的作案地点和可能遗留有痕迹、物证的场所都包括进去；

(2)防止无关人员可能进入；

(3)除非必要，不应妨碍正常生产、公共活动和居民的生活。

在上述原则下，可以把保护区的范围划得大一些，以免遗漏痕迹、物证和有利于采取保护措施。

2. 封锁现场，实施警戒

禁止无关人员进入，保护现场的人员也不应无故进入现场，不得擅自移动和触摸现场的任何物品。封锁现场的方法包括布置警戒岗哨、设置路障、用绳索圈绕、以粉笔或白灰画线、放置砖头、瓦块作标示等。对室内现场，也可以将门窗封闭，但要将门窗原来的位置、有无损坏等情况进行记载，并不得用手接触门柄、门锁等处，以免破坏可能留有的痕迹或留下自己的指纹。我国《刑事诉讼法》第102条规定："任何单位和个人，都有义务保护犯罪现场。"因此，如果现场较大，需要设置的警戒岗哨人员数量不够，民警应当动员、组织有关单位的保卫人员、附近的居民、现场或过往的群众，协助保护现场。

在处置规模比较大，影响比较广，人员伤亡严重的事件时，根据现场实际情况一般要设置多层警戒线。如，根据现场危险源的威胁范围和相关证据散落的范围设置内围警戒线，为满足救援处置工作的空间需求设置外围警戒线。

3. 维护秩序，疏导交通，疏散现场积极周围的无关人员

现场秩序的稳定是现场处置工作有效开展的重要条件。对引起秩序混乱或可能引起混乱

的因素进行分析，从而采取切实可行的预防及控制措施，是现场处置工作的重要环节及必要工作。在现场处置过程中，各种车辆短时间内聚集现场，不可避免的造成交通混乱，因此，维护良好的交通秩序，疏导交通就显得非常重要。如，必要时，可进行交通管制，禁止无关车辆进入现场，封闭可能影响现场处置工作的道路，开辟救援车辆绿色通道等。对于治安灾害事故、治安事件、意外事件以及正在实施违法犯罪活动(如打架斗殴、流氓滋扰、聚众哄抢等)的现场，维护好现场秩序，疏导交通，疏散现场及其周围的无关人员尤其重要。这不仅有利于保护现场，而且也是为了防止事态扩大，便于采取处置措施。

4. 对痕迹、物证的保护

对在现场发现的明显的痕迹、物证等，为了防止其受到破坏，应当采取措施保护。如，室外暴露在空气中的尸体。要用苇席等物遮盖，以防烈日暴晒，加速腐败过程。如遇下雨、下雪等气候变化时，应用塑料布等不透风雨的材料遮盖，以免尸体和尸体上附着的血迹、毛发、精斑等被散失、污染和破坏。但要忌用带有浓烈气味的旧物遮盖，以免破坏嗅源，妨碍使用警犬追踪鉴别。同时注意禁用麻袋、塑料布、席子等平面物品遮盖现场上的手印、足迹、毛发、灰尘等痕迹物证，防止其被破坏。对必须移动的物品，在移动时应当选择适当的部位，以免破坏原有的痕迹，或者留下保护人员的痕迹。要注意必须先记录或标明有关物品的原始状态。

民警在保护现场的同时，还应当及时将现场情况向上级和公安机关的有关部门报告；待勘查人员和后续警力到达后，应向他们详细介绍已了解的现场情况及自己的看法。

**(三)现场保护中应做的工作**

民警在获悉案件或接到指令后，应当迅速赶赴现场，根据现场的具体环境，采取切实有效的保护措施。执行现场保护任务时，如果勘查人员和后续警力尚未到达，或者遇有需要进行先期处置的情况(如抢救受伤人员、救火等)，应当立即向上级公安机关报告情况，与此同时，还要积极做好有关工作：

1. 抵达现场后，抓紧时间，向被害人、现场群众了解发生案件(事件)的简要情况。包括发案过程、被害人情况，以及违法犯罪嫌疑人的情况、特征、逃跑方向等。初步核实后，立即报告上级公安机关；

2. 在上报的同时，根据现场的具体情况，划定保护范围，采取保护措施，布置警戒，维持秩序，封锁现场，救助被害人和受伤人员，如安慰和安置被害人，尽快将受伤人员送往附近医院抢救，有防止违法犯罪嫌疑人的，防止其逃跑、行凶、自杀、毁灭证据等；

3. 不许任何人进入现场，即使是保护现场人员本人，也不得随便进入现场，更不得擅自进行勘查，随意触摸和移动现场上的任何物品；

4. 现场勘查人员抵达现场后，要主动向勘查人员报告发现案件经过和保护现场情况，以及保护现场过程中发现的疑人疑事，群众对案件的议论、反映等情况；

5. 在现场勘查人员的统一领导下，继续搞好现场保护工作，直至勘查完毕。

## 八、调查取证

执勤民警开展调查取证工作，主要是第一时间的现场取证和现场访问。

**(一)现场取证**

1. 使用执法记录仪录音、录像、拍照。通过录音、录像、拍照等方法，及时收集、固定和保护现场证据，重点如下：

(1)进入现场前打开执法仪，进行递进式拍摄，可以视情先对现场周围环境全貌、围观人员环摄一周，再对主体现场进行拍摄。

(2)主体现场拍摄应当注重重要痕迹、物证，当事人言行。

(3)完整记录现场执法过程，如询问当事人、登记证人、开展现场访问、以及现场救治、制止违法行为等。

2. 盘问、检查。对违法犯罪嫌疑人员进行当场盘问、检查。

3. 搜集实物证据。对有关涉案物品和违禁品、管制器具进行现场搜索、收集，依法办理扣押、登记手续。对易灭失、易遭破坏的证据，应当妥善保护并采取适当方法固定。

**(二)现场访问**

1. 及时询问报警人、当事人，制作《询问笔录》。

2. 对目击证人、知情群众进行访问，有必要的制作《询问笔录》。

3. 调查线索。及时对有关线索进行登记、调查。

**(三)证据收集重点**

刑事案件，重点了解案发时间、作案动机、犯罪嫌疑人基本情况(人数、体貌特征、逃跑方向)、损失情况等，保护、固定现场原始痕迹物证。治安案件，重点了解案发时间、原因、情节、过程，提取凶器等物证，固定现场状态和违法行为证据。群体性事件，重点收集掌握事件起因、有无过激行为，发现重点挑头人员，固定违法行为证据。

## 九、现场处结

**(一)结束案(事)件现场处置**

1. 当场处罚。对符合当场处罚条件的行政案件，处警民警可以当场作出处罚决定。

2. 现场调解。对符合现场调解条件的治安案件，处警民警可以进行现场调解。

3. 移交证据材料。值勤队(警)长或派出所负责人带领民警到场处理的，应当转交有关证据材料，听从进一步工作安排。

**(二)结束求助现场处置**

1. 救助成功后，确认被救人员身份，必要时联系其家属到现场或者医院，办理交接手续。

2. 主管部门到达现场的，应当当场移交，办理交接手续，必要时协助现场处理。

3. 救助结束后，有关事项属于民事纠纷的，告知当事人向人民调解组织请求调解，或者向人民法院提起民事诉讼。

## 十、后续办理

1. 报告情况

填写呈报《接处警登记表》。在本单位《接处警登记表》中记明报警人姓名及联系方式、当事人基本情况、警情来源、接到报警时间和到达现场时间、发现警情时间、警情发生时间和地点、警情的基本内容、造成的损失、现场处置情况和报告下达处警指令的单位情况等，写明下步处理建议，报派出所负责人批准。

2. 告知处理情况和结果

对属于本单位办理的案件，应当依照有关规定，办理案件受理手续，将处理情况和结果告知原报警人；对移交其他公安机关办理的，应当将移交情况告知原报警人。

3. 评估处警情况

派出所、值勤队和民警应当定期对处警情况进行评估，分析、总结经验教训，不断提高处置能力和水平。对重大、复杂、疑难警情的处置情况，应当及时进行评估。

## 十一、常见警情处置

### (一)扰乱公共秩序警情现场处置

1. 行为表现

根据《中华人民共和国治安管理处罚法》(以下简称《治安管理处罚法》)有关规定，扰乱公共秩序行为主要有以下几种：

(1)扰乱机关、团体、企业、事业单位秩序，致使工作、生产、营业、医疗、教学、科研不能正常进行，尚未造成严重损失的；

(2)扰乱车站、港口、码头、机场、商场、公园、展览馆或者其他公共场所秩序的；

(3)扰乱公共汽车、电车、火车、船舶、航空器或者其他公共交通工具上的秩序的；

(4)非法拦截或者强登、扒乘机动车、船舶、航空器以及其他交通工具，影响交通工具正常行驶的；

(5)破坏依法进行的选举秩序的；

(6)扰乱文化、体育等大型群众性活动秩序的(强行进入场内的；违反规定，在场内燃放烟花爆竹或者其他物品；展示侮辱性标语、条幅等物品的；围攻裁判员、运动员或者其他工作人员的；向场内投掷杂物，不听制止的；扰乱大型群众性活动秩序的其他行为)；

(7)散布谣言，谎报险情、疫情、警情或者以其他方法故意扰乱公共秩序的；

(8)投放虚假的爆炸性、毒害性、放射性、腐蚀性物质或者传染病病原体等危险物质扰乱公共秩序的；

(9)扬言实施放火、爆炸、投放危险物质扰乱公共秩序的。

2. 现场处置要点

(1)迅速判明现场状况，及时采取有效措施，组织警力分离聚众扰乱人员和围观群众，控制现场事态。

(2)设置警戒区域、隔离设施，封闭现场和相关区域，必要时依法实行交通管制或现场管制。

(3)维护现场秩序，疏散围观群众，疏导交通。

(4)发布命令或通知，责令聚集人员限时离开现场，对超时滞留现场或有滋扰生事行为的人员，经警告无效的，视情况依法强行驱散。

(5)对经强行驱散仍不离开的人员或为首煽动滋事的人员，应强行带离现场或者予以拘留。

(6)现场处置过程应全程录音、录像，做好调查取证、信息收集工作。

目前，扬言实施爆炸警情越来越多，对于这类警情，处警民警应重点把握处置流程，妥善处置。其行为表现为行为人故意通过电话、短信、网络等渠道，以准备实施爆炸相威胁的方式，扰乱公共秩序的行为。处警时应当开启执法记录仪，对受威胁目标部位进行初步搜索和检查，有无疑似爆炸物品。通过监控查看有无可疑人员进出受威胁目标部位，进出前后随身携带的物品有无变化。观察围观群众，注意从中发现有无可疑人员。如果发现疑似爆炸物，划定警戒范围，疏散群众，保护现场，等候专业人员前来处置。处警时还应注意区分行为人的扬言爆炸行为系蓄意、预谋扰乱社会秩序还是一时情绪过激的言行，以便为准确判断警情提供参考。

**(二)寻衅滋事警情现场处置**

1. 行为表现

根据《治安管理处罚法》有关规定，寻衅滋事是指行为人结伙斗殴，追逐、拦截他人，强拿硬要或者任意损毁、占用公私财物，以及其他肆意滋事行为。

2. 现场处置要点

(1)开启执法记录仪，表明身份，制止违法行为，依法控制违法嫌疑人。

(2)现场有人受伤的，立即通知120急救车到场救治。

(3)开展法律宣传，疏散围观群众，维护现场秩序。必要时，设置警戒区域。

(4)对现场有暴力行为的，在确保民警自身安全的前提下，及时隔离当事双方，收缴器械，控制现场局面。对不听劝告，仍然继续实施违法行为的，依法采取必要的强制措施制止。

(5)行为人刚逃离现场的，要及时查清嫌疑人人数、体貌及衣着特征、逃跑方向等情况，确定搜索范围，组织警力追捕。

(6)开展现场调查，收集、固定证据。

**(三)传播邪教、会道门等宣传品的处置**

1. 行为表现

行为人在公共场所散发、张贴、传播邪教、会道门等宣传品或者书刷邪教、会道门等标语的行为。

2. 现场处置要点

(1)开启执法记录仪，及时扣押、检查、清点、回收携带和散发的邪教、会道门等宣传品，防止扩散，并对行为人进行控制和约束，疏散围观人员，维护现场秩序。

(2)对邪教、会道门等标语进行拍照、录像固定，及时予以遮盖、清除。

(3)对行为人进行盘问，并检查其随身携带的手机、U 盘、笔记本电脑等移动存储介质，注意发现有无邪教、会道门等图片、音视频等资料。

(5)走访现场证人。

(6)移交业务主管部门进行进一步处理。

**(四)非法携带枪支弹药、管制器具警情现场处置**

1. 行为表现

行为人非法携带枪支、弹药或者弩、匕首等国家规定的管制器具进入公共场所的行为。

2. 现场处置要点

(1)对行为人有无携带资格进行审查，确系非法携带枪支弹药的，要立即实行人、枪分离，查清枪支弹药的品名、数量等情况，同时及时报告，进一步查处。

(2)对非法携带的管制器具予以收缴，并视情对行为人进行处罚。

(3)携带枪支进京的民警要检查省级公安机关批文，无批文的要予以制止。

(4)对涉及竞技、体育运动的枪支弹药和弓弩等管制器具，要审查由有关部门开具的相关证明。

**(五)非法携带危险物质警情现场处置**

1. 行为表现

行为人违反国家法律法规，携带爆炸性、毒害性、放射性、腐蚀性物质或者传染病病原体等危险物质进入公共场所的行为。

2. 现场处置要点

(1)处警民警应对行为人及危险物质进行准确定位，并将行为人和物品分离。当场能够确认为易燃、易爆品等危险物质的可以收缴。

(2)危险物质性质难以判断，要对行为人进行询问物品性质、数量等，需要进一步查明的，联系有关专业部门进行鉴定。

(3)如携带危险物质数量较大、情节较为严重，或行为人用于非法目的的，要及时向上级报告。

(4)检查要坚持安全第一的原则。不当场测试查获的危险品性能，以免发生危险；不能品尝、手摸各类固态、液态、粉末状物等可疑物、不明物，避免皮肤接触，引起中毒或伤害；对发现的不明性能的装置不能随意触动；对发现的不明性能的装置、液体的行为人，未经安全鉴定的不能随意放行。

**(六)殴打他人警情现场处置**

1. 行为表现

殴打他人是指行为人故意对他人人身进行打击或伤害的行为。

2. 现场处置要点

(1)到达现场后，及时打开执法记录仪，对于正在实施殴打行为的，应立即制止违法行为，依法控制嫌疑人。

(2)维护现场秩序，疏散围观群众，协助救治受伤人员。违法犯罪嫌疑人受伤的，也应及时救治。

(3)对不听劝告，仍然实施殴打行为的，依法采取强制措施。嫌疑人逃离的，要及时查清嫌疑人人数、体貌及衣着特征、逃跑方向等情况，确定搜索范围组织警力布控查缉。

(4)询问当事人、报案人、证人案发时间、地点、殴打方式、经过、财物损失等情况。登记证人的姓名、地址、联系方式等信息以备取证。

(5)提取、固定相关证据。

(6)对因纠纷引起的殴打他人的治安案件，违法事实清楚，证据确凿，责任明确，符合调解条件的，民警应征得双方同意后进行调解。

**(七)强买强卖警情现场处置**

1. 行为表现

强买强卖是指行为人以暴力、威胁手段强买强卖商品，强迫他人提供服务或者强迫他人接受服务的行为。

2. 现场处置要点

(1)到达现场后，及时打开执法记录仪，责令行为人停止违法行为，不听制止的，依法采取强制措施。

(2)开展调查走访，询问受害人、报案人、证人案发时间、地点、方式、经过、财物损失等情况，重点收集反映强买强卖、强迫交易情况的相关证据。登记证人的姓名、地址、联系方式等信息以备取证，依法进行查处。

(3)在调查取证中注意发现是否使用暴力、威胁等手段。注意与敲诈勒索、抢劫、寻衅滋事、非法拘禁等违法犯罪行为的区分。涉及黑恶势力违法犯罪的，要全面调查取证，整体把握，及时上报。

**（八）抢劫、抢夺警情现场处置**

1. 行为表现

抢劫是以非法占有为目的，对财物的所有人、保管人当场使用暴力、胁迫、麻醉或其他方法，强行将公私财物抢走的行为。抢夺是指以非法占有为目的，乘人不备，公开夺取数额较大的公私财物的行为。

2. 现场处置要点

(1)到达现场后，及时开启执法记录仪，对被害人受到暴力伤害的，应及时救治并采取必要的处置措施。

(2)对行为人正在实施违法行犯罪行为或仍在现场的，制止其违法行为，及时控制违法犯罪嫌疑人，并对其进行人身安全检查，提取、扣押作案工具及赃款、赃物。

(3)行为人在逃的，开展现场调查，询问受害人、报案人、证人，案发的时间、地点、方式、经过，是否持有凶器、外观样式等情况，并登记证人的姓名、地址、联系方式等信息以备取证。

(4)行为人刚逃离现场的，把握现场访问时机，及时查清嫌疑人的体貌、衣着特征、逃逸方向等情况，确定搜索范围，组织警力追捕。

(5)收集、提取、固定相关证据。

**（九）疑似精神病人肇事警情现场处置**

1. 人员特征

是指不能辨认或者不能控制自己行为的疑似患有精神病的人员。

2. 现场处置要点

(1)到达现场后，及时打开执法记录仪，对手持棍棒等危险物品、具有较强攻击性的疑似精神病人肇事的，应立即疏散周围无关人员，尽量稳定疑似精神病人情绪，缓解其紧张心理，防止伤及群众或民警自身。

(2)对于造成人员伤亡的事件，应立即通知120急救车到场救治。

(3)在危及群众或民警自身安全情况下，可以使用非杀伤性工具，如使用钢叉控制其行为等，伺机控制后，可使用约束带、警绳等加以约束防止发生意外，并带至人员较少的空旷场所。对被制服的疑似精神病人，依法报请所属县级公安机关批准，送指定的康复医院进行收治。

(4)制止疑似精神病人肇事后，应对其进行安全检查，收缴可能用于行凶的危险物品。同时，有监护人或同行人的，可以要求其对疑似精神病人进行看护。

(5)疑似精神病人肇事后逃离现场的，要及时查清其体貌及衣着特征、逃跑方向等情况，确定搜索范围，组织警力追捕。

(6)做好现场的勘验和调查，妥善保存痕迹物证，对疑似精神病患者、同路人和目击证人的情况进行详细登记，并制作询问材料。应尽可能地全程录音录像，详细记录接处警、约束过程。

**（十）醉酒人员肇事警情现场处置**

1. 人员特征

是指在醉酒状态中，对本人有危险或者对他人人身、财产、公共安全有威胁的人员。

2. 现场处置要点

(1)到达现场后，及时开启执法记录仪，疏散围观群众，维持现场秩序，视情设置警戒带划出临时警戒区域。

(2)醉酒严重或现场有伤员的，立即通知 120 急救车到场救治。

(3)迅速判明情况，及时制止醉酒者持危险物品伤人行为，不听制止的，在适当时机采取约束性措施实施控制，防止事态扩大。发现处置警力不足时，要立即报告寻求增援。

(4)醉酒肇事者被制服后，责成其同行人进行监护。没有同行人的，可指定专人进行看管。监护或看管应在安全地点。对醉酒肇事者携带的物品，交由其同行人保管；没有同行人的，经检查后妥善保管，防止丢失、被盗。

(5)当对醉酒肇事者本人有危险或者对他人人身、财产、公共安全有威胁时，可以用约束带或警绳等将其约束至酒醒，但不得使用手铐或其他械具。

(6)开展现场调查，走访周边群众，询问受害人、酒后肇事者及其同行人，有条件的对相关证人身份、联系方式予以登记，以备事后取证。收集、固定物品毁损、人身伤害等证据。

**(十一)爆炸事故现场处置**

1. 事故特征

发生突发性大量能量的释放，造成财物损失、破坏或人身伤亡，并伴有强烈的冲击波、高温高压和地震效应的事故。

2. 现场处置要点

(1)到达现场后，立即开启执法记录仪，迅速核实判明受害人(犯罪嫌疑人)人数、有无人员伤亡及被困电梯、嫌疑人逃跑方向等现场简要情况并向上级报告。

(2)设置警戒区域，保护现场和疏散围观群众，配合有关部门开展救人、灭火、排险、抢险等工作。

(3)犯罪嫌疑人仍在现场的，立即实施抓捕和控制，刚刚逃离尚有追捕条件的，查清嫌疑人体貌特征、逃跑方式、方向等，立即开展堵截。

(4)发现现场有人员伤亡时，应立即通知 120 急救车到场急救。

(5)保护现场，配合专业技术人员及时固定、记录、收集、分类爆炸残留物、散落物，以便技术人员分析爆炸物性质、引爆物、引爆方式等情况。

(6)灭火方法科学。对不需外界供氧的爆炸性物品，不能用窒息法进行灭火。对于含金属钾、钠、镁粉、铝粉等遇水反应剧烈的爆炸性物品，不能用水扑救。

(7)处置过程中民警要具有自我保护意识。

(8)发现未爆装置或者其他安全隐患的，应当迅速报告指挥中心，在专业技术人员和技术设备未到达现场前不得擅自触碰。

(9)未经许可，民警不得泄露任何有关案件的情况、照片、录像资料，不得擅自接受媒体采访。

**(十二)踩踏事故现场处置**

1. 事故特征

是指在人群拥挤的场所，由于密度过大或者人员恐慌等因素造成人员跌倒并被踩踏的群体性意外伤害事故。

2. 现场处置要点

(1)到达现场后，及时开启执法记录仪，迅速了解事故原因、人员伤亡等情况，并报告指挥中心。

(2)现场有人员伤亡情况，及时通知120急救车到场并协助开展救治。

(3)责令有关单位迅速打开所有疏散应急通道，引导群众安全疏散。

(4)维持现场秩序，设置警戒区，疏导交通，开辟救援绿色通道，引导救援人员和车辆及时到达现场。必要时实行现场管制。

(5)做好现场取证工作，为事后处置提供依据。

(6)民警在处置过程中寻找附近牢固物体进行倚靠。摔倒后，立即将双臂交叉环形护住头和胸腔，保护身体的重要部位，还可以预留空间保持呼吸，增加获救机会。

(7)事故中比较容易发生骨折和挤压伤。对于骨折伤，切忌随意移动伤肢。可以用衣服、毯子等软垫包裹伤肢，保持固定位，等待救援。

**(十三)火灾事故的现场处置**

1. 事故特征

在时间或空间上失去控制的燃烧造成的灾害事故。

2. 现场处置要点

(1)接报警后迅速携带单警装备赶赴现场，开启执法记录仪，了解和报告火灾准确地点、燃烧物、火势、受困人状况、周边环境等相关情况，请求指令或者支援。

(2)疏散现场群众，抢救伤员，设置警戒范围。

(3)切断电源，转移危险、易燃物品。

(4)疏导交通，开辟救援通道，引导消防车辆和急救车辆等进入火灾现场，向消防人员和救援人员介绍现场情况。

(5)收集、保全证据，注意发现、监视和控制事故责任人或者肇事人，涉及违法犯罪的，依法查处。

(6)保护火灾现场，等待消防部门现场勘查。

**(十四)食物中毒事故的现场处置**

1. 事故特征

食物中毒是指患者所进食物被细菌或细菌毒素污染，或食物含有毒素而引起的急性中毒性疾病。

2. 现场处置要点

(1)初步了解中毒发生的时间、地点、中毒人数、主要症状以及人员伤亡情况和造成中毒的可能原因、现场人员情绪状况等简要情况并报告上级领导，请求增援。

(2)通知120急救人员到场救治中毒人员；设置警戒区域，封控中心现场，疏散无关人员和围观群众，维护现场秩序。

(3)对可能需要追究法律责任的相关责任人迅速采取措施，依法予以控制。

(4)开展现场勘查和走访调查，及时收集、固定证据，对中毒人员使用过的餐具、遗留食物、可疑食物原材料、呕吐物等现场固定、重点保护，以待专业人员处理。

(5)积极协助卫生防疫、食药监等相关主管部门到场处置明事由、善后处理。

**(十五)群体性事件现场处置**

1. 事件特征

聚众堵塞道路，扰乱交通秩序或者非法占据、围堵公共场所的行为。

2. 现场处置要点

(1)迅速了解清楚事件发生的时间、地点、缘由，参与及围观人数、人员身份、年龄结构、人员伤亡、财产损失、诉求内容，行为方式、口号、是否有条幅、周边交通及治安环境等基本情况。

(2)及时报告，根据领导指示，启动相关预案，视情指令治安、国保、交巡警、消防、特警、技侦、网安等有关部门赶赴现场或待命。必要时协调附近派出所警力或地方警力携带单警装备、相应设备(警戒绳、电台、高音喇叭电筒、防护器具等)及必要的警械、武器赶赴现场。

(3)制止过激行为，保护现场被围堵的单位和人员，疏散观群众，疏导交通，维持现场秩序，稳定现场人员情绪控制现场事态，严禁封门堵路、冲击单位或打、砸、抢、烧等违法犯罪行为。必要时设置警戒区域、实行交通或现场管制。现场有人员受伤的，立即通知120急救车到场救治。

(4)及时开展政策、法律宣传，分化、劝退一般参与者和不明真相的群众，视情开展法律宣传，劝导聚集人员通过合法途径反映诉求，配合涉事人员所在单位或基层组织负责人做好劝解、疏导等工作。

(5)对正在发生的伴有打、砸、抢、烧、堵塞交通等违法犯罪行为的，迅速采取措施，控制平息事态，尽快恢复正常秩序。

(6)发布公告或通知，责令聚集人员限时离开现场，对拒不离开的，可使用驱逐性警械强行驱散，对组织者、骨干人员以及其他有违法犯罪行为的人员，使用制服性、约束性警械强行带离，并视情对群体性事件使用的标语、横幅、传单等工具予以证据保全。

(7)处置中全程录音、录像，尤其对煽动、组织、积极参与者等重点人员的言行及影响后果进行重点拍摄取证，做好证据收集、固定工作。

**【延伸阅读】**

## 美国911报警中心一女接警员的一次接警电话记录

2001年11月，美国亚利桑那大学中国留学生杨某某、陈某某夫妇在当地的家中遇害。案发后，中国警方与美国警方开展了执法合作，抓获了凶手。这是中美警方共同打击严重暴力刑事犯罪的一个成功案例。在美国亚利桑那州皮马县检察长移交给中国警方的一大批有关此案的证据材料中，有一份911接警电话的录音记录。这份记录中所记录的那位美国女接警员的工作表现，令中国警察至今难忘。

那天深夜，杨某某、陈某某夫妇的6岁的女儿醒来，走出她在二楼的卧室。突然间，她看到只穿着一条短裤、赤裸着上身的父亲倒在楼梯上，身下是一大片鲜血。孩子急忙拼命呼唤："妈妈!"可是没有回应。她根本想不到，她的妈妈已经被杀死在底楼的厨房里了。

极度恐怖中，小女孩拨通了美国"911"报警电话。

接警员：这里是"911"紧急中心。

孩子：对不起……(哭声)

接警员：你在哪儿?

孩子：……(哭声)

接警员：(迅速根据来电显示系统找到登记的地址)你是在北郊俱乐部2575号吗?

孩子：……(哭声)

接警员：平静一点，好！我能给你一些帮助吗?

孩子：我想他已经被打死了！
接警员：发生了什么事？
孩子：我看见他倒在楼梯上了。
接警员：现在你在哪儿？告诉我你的地址好吗？
孩子：我在家里。
接警员：你是在北郊俱乐部2575号吗？是，还是不是？
孩子：我不知道。
接警员：你不知道？你几岁了？
孩子：6岁。
接警员：好！你的爸爸、妈妈在吗？
孩子：爸爸……(哭声)死了。
接警员：他死了？
孩子：是的，我需要帮助(哭声)。
接警员：你别害怕，你看爸爸还在呼吸吗？
孩子：我不知道。
接警员：我马上派人来，你不要挂电话，好吗？
孩子：……
接警员：你叫什么名字？
孩子：艾丽。
接警员：你知道你家的门牌号吗？
孩子：不知道。
接警员：你看看周围有信件吗？上面有地址吗？
孩子：G4。
接警员：是G4？
孩子：G4。
接警员：你知道你家所在的街名吗？
孩子：……
接警员：是北郊俱乐部吗？
孩子：是的。
接警员：你知道你家的门牌号码？
孩子：不知道。
接警员：你爸爸几岁了？
孩子：不知道。
接警员：他发生什么事了？
孩子：他全身都是血。
接警员：他在什么地方？
孩子：在楼梯中间。
接警员：楼梯在屋里还是在屋外？
孩子：在屋里。
接警员：有没有其他人和你在一起？

孩子：我不知道妈妈在不在楼下，我想喊一下。

接警员：好。

孩子：妈妈！妈妈！

接警员：有回答吗？

孩子：没有。

接警员：你有爷爷和奶奶吗？

孩子：我的爷爷和奶奶在中国，只有爸爸妈妈和我在一起。

接警员：好。你能做两次深呼吸吗？

孩子：（吸气）

接警员：……好……做得很好。你能为了父亲勇敢些吗？你看看他醒着吗？

孩子：没有。

接警员：你知道发生什么事吗？

孩子：我不知道。我在睡觉。

接警员：好。他没有醒着，他不能和你讲话吗？

孩子：不能。

接警员：你知道妈妈在哪里吗？

孩子：不知道。

接警员：她会到外面去工作吗？

孩子：不知道。

接警员：好。艾丽，你不要挂断电话。你能看看你家门锁住了吗？你能为我打开门锁吗？

孩子：我害怕去楼下。

接警员：好，那你等在楼上。你能听到警报声吗？

孩子：我没有听到。

接警员：你继续和我讲话好吗？不要挂断好吗？

孩子：好的。

接警员：你做得很好！救援人员马上就要到了，他们是来帮助你父亲的。不要害怕，好吗？

孩子：好的。

接警员：你听到有人敲门吗？

孩子：我听到了。

接警员：如果你听到很响的撞门声，不要害怕，好吗？

孩子：好的。

接警员：他们来帮助你爸爸了，他们是救援人员。

孩子：我听到他们在底下开门。

接警员：他们想打开门进来。如果你听到很响的“嘭”的声音，不要害怕，他们正在撞门。

孩子：好的。他们进来了！

接警员：不要害怕，他们来帮助你的。

孩子：我知道了。

陌生人：有人吗？

孩子：有的。

陌生人：你在哪儿？

孩子：我在上面。

陌生人：只有你一个人吗？

孩子：是的。

陌生人：我们是消防队员。

孩子：好的。

接警员：艾丽，你做得好棒，你怎么学会打“911”的？

孩子：我妈妈教的。

接警员：你妈妈教你的？

孩子：爸爸妈妈都教过我。

接警员：艾丽，你做得真好，我真为你骄傲。你是个聪明的女孩。

消防队员：你受伤了吗？

接警员：你受过伤害吗？

孩子：没有。

接警员：现在有人和你在一起了。

孩子：是的。

接警员：他们是消防队员吗？

孩子：是的。

接警员：你做得真好。任何时候你看见有人受伤害或者遇到危险，你就给我们打“911”电话，好吗？

孩子：好的。

接警员：你读几年级了？

孩子：一年级。

接警员：我儿子也是一年级。哦！不，我想今年是二年级了(笑声)。

孩子：我快过生日了。12月22日是我的生日。

接警员：那就在圣诞节前，你会收到两份礼物。一份是生日礼物，一份是圣诞礼物。

孩子：我不知道。

接警员：会的，你会收到的。你感觉好些了吗？

孩子：是的。

接警员：好。你做得真好。

消防队员：喂！我是消防队。

接警员：你与孩子在一起吗？这就好了！

消防队员：警察到了！让警察和你讲话吧。

警察：我是警官哈利根。

接警员：这里是“911”紧急中心。

警察：我已到现场。

接警员：好了，谢谢。

警察：再见。

美国“911”报警台的这名女接警员接到6岁女童的报警电话后，并没有在问清了案情和地点的情况下将电话挂上。因为报警人是一名6岁的女童，她针对孩子正处于目睹惨案后的惊恐无助的特别情况，体贴入微地安抚了女孩的情绪，并自始至终和女孩保持着电话联系，一直等到警察赶到现场。

这名女警的行为体现了她细致入微的专业精神和处理事件时的冷静和智慧。

**【本章小结】**

接处警是公安机关为人民服务的重要窗口和勤务方式，是公安机关维护社会治安秩序，打击违法犯罪活动，保护人民群众生命、财产安全的一项有效且主要的手段，同时，也是人民警察的责任和义务。根据《人民警察法》《110接处警规则》等法律法规，警情范围很广，既有一般意义上的报警，又有求助、投诉等。因此，对这些警情的处置需要区别对待，既要掌握处警的一般要求，又要掌握常见警情的现场具体处置方法。既要熟悉接处警的基本理论和要求，又要掌握各种接处警勤务的范围、原则、方式、方法。最终具备接警及正确处置各种警情的能力。

**◎ 思考与练习**

1. 接警、处警的含义。
2. 公安派出所接警的范围。
3. 处警过程中现场制止违法犯罪行为的种类及具体适用。
4. 常见警情的现场处置。

# 第八章　巡 逻 勤 务

【学习目标】理解巡逻的概念、职责和权限，正确理解、熟练掌握巡逻的方法和要求。
【教学重点】巡逻警察的职责和权限，巡逻勤务的特点，巡逻的内容和要求。
【教学难点】巡逻中的观察识别

堪萨斯实验：1971 年美国密苏里州堪萨斯市警察局南方巡逻分局对不同巡逻水平的效果进行实验。15 个巡逻小组分成各包括 5 个小组的三个组别。反应式小组不执行例行巡逻，只在处理民众的报警求助时警车才进入辖区。主动式小组通过利用反应式小组的车辆将巡逻增加到正常巡逻的两到三倍。控制式小组继续保持传统水平的巡逻，一辆车为一个小组。时间为 1 年。研究者从公众的态度、犯罪发案水平、受害程度、交通事故、反应速度以及类似因素等方面进行比较研究。实验结果：在这一实验所实验的范围内，减少和增加例行预防巡逻，对犯罪、公众对犯罪的恐惧感、社区就警察服务对警察的态度、警察反应速度或交通事故等并无影响。①

## 第一节　巡逻勤务概述

### 一、巡逻的含义和作用

巡逻本意指行走查看警戒，英语解释为“go on patrol”或“Patrolling”，巡逻英文一词源自法语(Patrouiller)，原意是跋山涉水、披星戴月、沐雨栉风、随臭逐污、不避艰险、不眠不休。故巡逻是一项全时空性的艰苦工作，要求通过巡查警戒以保安全。巡逻是警察工作中最古老、最重要、最基础的一种勤务方式，是指警察为了维护社会治安秩序、保障社会公共安全，而依法在一定空间内进行的有组织的巡视查看勤务活动，是强化社会治安控制的重要手段。

随着社会的发展变化，巡逻的方式也历经步巡、骑巡、车巡、舟巡、空巡、带犬巡逻等多种形式，期间为适应社会治安形势的发展变化，有效发挥各种巡逻方式的优点、克服其不足，而往往将不同巡逻方式进行有机结合，使得点、线、面的巡逻连在一起，有机配合，协同作战，在社会治安控制中发挥着至关重要的作用。正如日本警察泰斗高桥雄豺所云：“如果说绝大部分的警察实务有赖巡逻完成，也非夸张之词。”英国近代警察之父罗伯特·皮尔则强调警察巡逻勤务是“组织着装警察在固定的路线上执行巡逻，保持警察在社会面上的不断出现(能见度)”。

---

① ［美］罗伯特·兰沃西、劳伦斯·特拉维. 什么是警察——美国的经验［M］. 尤小文译. 北京：群众出版社，2004.

1. 预防非法行为。预防非法行为是警察巡逻勤务的主要作用。最初的警政专家在设计警察巡逻时，认准一个道理：警务工作的重点在于预防违法犯罪，消除其于无形。警察控制下的各类违法犯罪行为，均为违法意图与违法机会结合而成。因此，这两种因素之消灭，实为警察人员的基本职责。不过，无论警察如何努力。均不能消灭犯罪意图，警察的行动只能以震慑作用的形式出现，来打击犯罪者的成功信念。而巡逻勤务的全时空特性，客观上造成了警察无所不在的印象，总是给违法犯罪分子一种“法网恢恢、疏而不漏”的感觉。因此，它一直是各国预防违法行为的最佳勤务方式。这也许就是各国警察专家一直刻意追求的“警之于先、察之于后”的警务效果。

2. 维护公共安全和社会秩序，增强公众安全感。巡逻警察进行全时空巡逻，对整个社会面进行控制。对一切违法犯罪活动均进行取缔和打击，以维护社会的安宁。同时，巡逻使守法公民的心目中产生了警察无所不在的印象，使他们感到警方在致力于制止违法犯罪，并可在紧急情况下提供援救，无形中增强了公众的安全感及对警方的满意度。

3. 提供服务。巡逻警察在街面上执行警务，使得他们有更多的机会与街面上寻求帮助的公民相遇，其服务功能较之其他勤务方式发挥得更为充分。如：救助那些生命处于危险境地的人，排除各种冲突纠纷，回答公民提出的各种问题等。

4. 协助其他行政。

5. 便于公众监督。

6. 促进警民关系。

## 二、巡逻警察的职责和权限

### （一）巡逻警察的职责

《城市人民警察巡逻规定》和《公安派出所执法勤务工作规范》明确规定了警察巡逻时应当履行的职责。根据《城市人民警察巡逻规定》，巡警在执行巡逻勤务中应当履行以下职责：

1. 维护警区内的治安秩序；
2. 预防和制止违反治安管理的行为；
3. 预防和制止犯罪行为；
4. 警戒突发性治安事件现场，疏导群众，维持秩序；
5. 参加处理非法集会、游行、示威活动；
6. 参加处置灾害事故，维护秩序，抢救人员和财物；
7. 维护交通秩序；
8. 制止妨碍国家工作人员依法执行职务的行为；
9. 接受公民报警；
10. 劝解、制止在公共场所发生的民间纠纷；
11. 制止精神病人、醉酒人的肇事行为；
12. 为行人指路，救助突然受伤、患病、遇险等处于无援状态的人，帮助遇到困难的残疾人、老人和儿童；
13. 受理拾遗物品，设法送还失主或送交拾物招领部门；
14. 巡察警区安全防范情况，提示沿街有关单位、居民消除隐患；
15. 纠察人民警察警容风纪；
16. 执行法律、法规规定由人民警察执行的其他任务。

而《公安派出所执法勤务工作规范》则明确规定派出所警察巡逻时应当履行下列职责：

1. 维护公共秩序，特别是党政机关、重点要害部位、大型公共场所、校园周边等重点地区的治安秩序；

2. 对可疑人员依法进行盘问和检查，对可疑物品依法进行检查；

3. 抓捕违法犯罪嫌疑人员；

4. 救助走失儿童、老人、伤病人员及其他急难者；

5. 排解纠纷；

6. 接受群众询问及口头报案、举报、控告。

**(二)巡逻警察的权限**

《城市人民警察巡逻规定》第五条规定，人民警察在巡逻执勤中依法行使以下权力：

1. 盘查有违法犯罪嫌疑人的人员，检查涉嫌车辆、物品；

2. 查验居民身份证；

3. 对现行犯罪人员、重大犯罪嫌疑人员或者在逃的案犯，可以依法先行拘留或者采取其他强制措施；

4. 纠正违反道路交通管理的行为；

5. 对违反治安管理的人，可以依照《中华人民共和国治安管理处罚条例》的规定，执行处罚；

6. 在追捕、救护、抢险等紧急情况下，经出示证件，可以优先使用机关、团体和企业、事业单位以及公民个人的交通、通信工具。用后应当及时归还，并支付适当费用，造成损坏的应当赔偿；

7. 行使法律、法规规定的其他职权。

## 三、巡逻的方式

随着科技的进步和交通工具的日益改善，警察的巡逻方式也发生了较大的变化。根据使用的交通工具与设备不同，巡逻可分为徒步巡逻、骑马巡逻、自行车巡逻、摩托车巡逻、汽车巡逻、舟舰巡逻、带犬巡逻、空中巡逻、视频巡逻等。根据使用的路线不同，巡逻可以分为定线巡逻、乱线巡逻、顺线巡逻和逆线巡逻等。各种巡逻方式都有优缺点，要因地制宜，有机结合，综合运用。《公安派出所执法勤务工作规范》第 64 条规定，巡逻应当以徒步和骑自行车巡逻为主，以驾驶摩托车、汽车巡逻为辅。

**(一)根据使用的交通工具与设备不同划分**

1. 步巡。步巡即徒步巡逻，它是一种最简捷的巡逻方式，也是使用最为广泛的巡逻方式。步巡不受气候、时间、地形、地貌的限制和影响，各种地方基本均能到达。

2. 骑巡。骑巡是指骑自行车执行巡逻勤务。骑自行车(电动自行车)巡逻当前成为一种主要的巡逻方式。其基本不受地形限制，同时能与市民保持密切的接触，同时具有极大的机动性。

3. 摩托车巡逻。摩托车巡逻是指驾乘摩托车执行巡逻勤务。

4. 汽车巡逻。汽车巡逻是指驾乘汽车执行巡逻勤务。

5. 舟巡。舟巡又称为舟舰巡逻，是指驾乘巡逻舰船在水域执行巡逻勤务。舟巡适用于江、河、湖、泊、沿海等区域。

6. 带犬巡逻。带犬巡逻是步巡的延伸，指民警带领警犬在指定区域执行巡逻任务。

7. 空巡。空巡是指驾乘空中飞行器执行巡逻勤务或使用无人机执行巡逻。

8. 视频巡逻。视频巡逻不是真正意义上的巡逻，是指利用视频监控系统进行的网上巡逻。

**(二)根据巡逻路线不同划分**

1. 定线巡逻，指巡逻警察在一定时间内按照指定路线进行的有规律巡视查看活动。

2. 乱线巡逻，指巡逻警察在巡区内自由选定巡逻路线进行的巡视查看活动。

3. 顺线巡逻，指巡逻警察按照规定的线路及方向有条不紊进行的巡视查看活动。

4. 逆线巡逻，指巡逻警察按照规定的路线及方向作反方向的巡视查看活动。

### 四、警察巡逻勤务的特点

1. 巡逻勤务是对社会治安进行动态管理的一种勤务方式，要求对社会面做到全时空控制，才能起到应有的作用。

2. 巡逻勤务是一个系统工程，要求科学规划，如有一定区(线)、班次、警力分配原则、战略战术原则、依实际情况而弹性变动的原则，等等。

3. 巡逻方式要求多样化，满足各方面的不同需求；宏观上要求综合运用，微观上要求因时因地选择适当方式加以运用。

4. 巡逻勤务是警察勤务的主干，巡逻效果的好坏，直接关联着警察工作的得失。因此巡逻勤务要求起到综合效果，即要起到预防犯罪、打击犯罪、管理治安、执行宣传法令、为民服务等多方面的效果。

## 第二节 巡逻勤务的内容

警察巡逻过程中，应当仔细观察周围的情况，注意发现与治安有关的各种问题。巡逻效果如何，往往取决于警察观察力的强弱。在观察的基础上，警察应当对“异状”进行判断，判断是否有违反治安法律规范的现象存在，是否应当予以干涉，是否应当予以处罚，应当如何进行处罚等。在此基础上进行相应的处理。正如台湾警政专家梅可望所言“巡逻是警察人员在一定区域内巡行，以期发觉警察问题，处理警察问题，执行警察法令，维持安宁秩序。使每一寸土地，每一个人民，在每一秒钟之内，都能受到警察的保障，得到警察的服务。巡逻是主动而非被动的；是遍及而非固定的；是有目的的行动而非漫无意义的巡视。因此巡逻在社会中产生一种无形的安定力，不法之徒因警察巡逻而提心吊胆走避唯恐不及，守法民众因警察巡逻而无忧无虑安居乐业。巡警是名副其实的‘夜间安琪儿’。”1902 年，时任直隶总督袁世凯创办天津南段巡警总局，总局外设五个分局，以“画区域、清户口、督率官弁兵丁昼夜巡守”。每局仿照清末陆军建若干棚，名为“巡警棚”。巡警每到一地，均要求留心熟记：“街名、巷名、某街与某巷相通，某处人烟稠密，某处荒僻无人，某处有沟是明是暗，某处有桥是否破坏，某处有妓馆、饭馆、茶楼、酒店、烟店、某处有客宴是何字号，某处有衙署管理何事，某处有会馆、公所、学堂、教堂，某处有当店、金店、富商、官宅字号姓名。”对于管界内“曾经犯事有案者，聚赌抽头者，凶恶无赖遇事生风者，酗酒滥嫖者，素无正业游手好闲者，骤贫暴富者”以及“住所无定徘徊各处者，多数下等人聚集之处”都要留心防范，随时记入日记簿中，以为将来司法巡警使用。巡警每日工作 12 小时，巡逻时遇有

“聚会喧杂之事，演剧扰攘之所”，要及时禀报本区警察署，“请派专人弹压，以免滋事”。①

当然，在巡逻过程中，警察有时依靠自己观察发现治安问题，有时则受理群众告发或求助的治安问题，但无论哪种情况，警察都要根据有关治安法律规范和事件的具体情况，作出妥善处理。

## 一、观察识别

观察是人类一种有意识、有目的、有计划的审视察看活动。通过观察准确把握事物（人员）的外部特征（现象），然后以正确和科学的思维抓住事物的本质。巡逻勤务中的观察，是警察在巡逻过程中，通过对街面上发现的各种现象的审视察看，以发现与违法犯罪活动有关的人、事、地、物的勤务活动。

巡逻勤务中的观察方法主要有以下几种：

1. 静态观察。静态观察是指警察针对特定的目标和对象，在自身位置处于静止状态下进行的观察方法。主要适用于观察对象处于静止状况或活动范围小、不会脱离警察观察视野的情况，有助于警察细致深入地观察分析问题。

2. 动态观察。动态观察是指警察自身在运动状态之中对街面的静态或动态的人、事、地、物进行观察的方法。

3. 跟踪观察。跟踪观察是指警察针对处于不断运动状态中的可疑目标和对象，在一定时间和区域范围内对其进行的追踪观察的方法。

4. 刺激反应观察。刺激反应观察是指警察发现可疑迹象或对象时，为证实自己的怀疑，而采取先给予观察对象一定的条件刺激，以观其在刺激下的行为反应。

## 二、判断

判断是警察在观察识别的基础上对异常现象是否有违反法律规范，是否应当处罚和管理，以及怎样处罚和管理作出的决定。

## 三、执行（处理）

警察在巡逻的时候，有时靠自己观察发现问题，有时受理公众告发案件。但一经判断属于警察职责上的问题，便要执行。无论哪种情况，警察都要根据有关法律规范和具体情况，作出妥善处理，以维护社会治安。《公安派出所执法勤务工作规范》第 70 条规定，巡逻中发现可疑人员时，应当出示工作证件，表明身份，并在告知法律依据后，依法对其进行盘问、检查。经盘问、检查排除违法犯罪嫌疑的，应当感谢其配合，并礼貌地让其离去。第 76 条规定，巡逻中发现未成年人有下列行为的，应当立即予以制止、劝导，并采取相应措施：

（一）在公共场所寻衅滋事的；

（二）离家出走、逃学的；

（三）深夜在公共场所逗留或者游荡街头的；

（四）进入禁止未成年人入内的公共娱乐服务场所的；

（五）有其他不良行为的。

---

① 《重订区署办事规则》，1914 年 12 月 9 日。

### 四、报告

以上所述的“观察注意”“判断”及“执行”等事项，巡逻警察都要写成报告。在一些情况下，虽未执行，亦应写成报告，以作为巡逻警察了解、分析社会治安的重要信息资料。《城市人民警察巡逻规定》第6条规定，在巡逻执勤中遇有重要情况，应当立即报告。对需要采取紧急措施的案件、事件和事故，应当进行先期处置。对需要查处的案件、事件和事故应当移交公安机关主管部门处理。《公安派出所执法勤务工作规范》第67条规定，警察巡逻遇有突发事件或者事故，先期处置，及时报告；接受处理案(事)件任务时，将任务执行情况及时向下达指令的部门报告。

## 第三节　巡逻勤务的实施要求和方法

### 一、划定巡区

《公安派出所执法勤务工作规范》第66条规定，公安派出所应当根据辖区面积、地域特征、治安、交通状况等，划分若干个巡逻区域，把重点单位、要害部位、治安混乱地区等作为巡逻重点，确定设立岗卡的部位和巡逻密度、快速反应所需的时间，形成巡逻路线，并根据治安形势的变化适时进行调整。

巡区的划分一般以道路、街道等自然地形或重要目标、要害部位等分布状况来划定，其范围一般以半小时至一小时步行一周为宜。考虑到警察体力及视力所及，一般规定2小时为一巡逻班次，徒步巡行正常速度一般为4~5公里每小时，巡行一圈一般最大周长为8~10公里，巡区面积一般为2~3平方公里较为适宜。

### 二、熟悉巡区情况

巡逻的警察只有熟悉巡区的地理环境、治安状况等情况，才能针对性地开展巡逻活动，做到了如指掌、及时发现、有效控制。

1. 地理环境。

主要是街道、里巷名称、走向、建筑物布局及单位、住户分布情况、重点设施、首脑机关、要害部门的位置及周围环境情况等。其中要害部位和易发生治安问题的地段、单位及其他需要重点控制地区的情况应了如指掌，同时要随时补充新情况，把握动态变化。

2. 治安动态。

一方面要掌握警区内的动态情况，即掌握巡区内治安积极分子情况，以及其他有违法犯罪可疑的人员。另一方面掌握警区内行业治安情况，掌握易发案部位、时间、规律及特点。

3. 社会动态。

主要是收集社情反映，即了解影响社会稳定及经济发展的社会动态，搜集对国内外重大事件或敏感问题的反映，尤其要注意从中发现聚众闹事苗头。

4. 其他情况。

即在巡区内发生的其他影响社会治安稳定的情况。

## 三、确定巡逻路线

确定巡逻路线的根本依据是如何最大限度的发挥现有警力与交通工具的效能，有效满足社会治安防范要求。一般根据警力状况、交通工具情况、巡区地理状况、人口分布、重点区域分布、治安状态和治安需求等来综合确定。要求进行巡逻勤务规划，以最少的警力发挥最大的勤务效果。

### (一)进行巡逻勤务规划

巡逻勤务规划涉及的范围较广，但是最主要的是巡逻时间和巡逻路线的选择。其主要步骤为：

1. 收集资料。广泛搜集资料，进行登记、整理、归纳、分析与判断。

(1)辖区街道图。通过辖区街道图，可以找出特殊场所、地形要点及地区特性等，作为巡逻区、线规划的参考。

(2)城建规划图。一般情况来说，城建规划图准确性超过辖区街道图，两图应互相对照参阅，以求正确。

(3)档案资料。包括交通、治安、刑事、灾害事故统计资料，从中找出重点地段、时段与治安重点。

2. 实地考查。实地考查是使已收集的资料，经过图上研究，再与实地对照检验，调查研究，进一步提高正确性。

3. 初步规划。经过上述几个步骤后，可以初步规划巡逻勤务，但必须具体化，便于回到实践中操作验证。

4. 定期分析。社会治安状况瞬息万变，为使巡逻勤务能适应社会治安状况的需要，应定期实施分析规划，一般巡逻规划实施3~6个月后进行分析调整为宜；以保证巡逻勤务规划紧贴社会治安实际。

巡逻勤务能否发挥功效，规划是关键。而规划则需要科学的态度，脚踏实地的工作，因地制宜，因时制宜，因需制宜，确保重点，注重实效。

### (二)选择巡逻路线

1. 确定巡逻路线的原则

(1)普遍化原则。即巡逻路线遍布整个辖区，尽可能保证警察能巡逻到辖区的每个角落。

(2)固定与不固定结合原则。即警察每天对于重点目标具有警卫功能的巡逻路线应是相对固定的。而对于非重点目标地区的巡逻路线，则可以在核定的责任范围随机选择。

(3)相对稳定原则。一般巡逻路线确定后，在一定时间内保持相对稳定。但要根据治安形势、巡逻效果、警力变化，以及上级要求和临时任务不断作调整。

2. 选择巡逻路线的要求

(1)最大限度地发挥现有警力与交通工具的效能，采取最佳配比形式；

(2)有效控制巡逻区，形成巡逻网络；

(3)保证专项任务的完成或目的的实现；

(4)紧急情况下相邻线路、警区能够及时提供支援；

(5)需确保重点目标和区域的控制。

## 四、遵守巡逻勤务的基本要求

1. 穿着警服，系武装带，佩戴执法记录仪、枪支、警械和通讯工具；

2. 恪尽职守，遵守法律和纪律；

3. 严格执法，秉公办事，不得超越或滥用职权；

4. 举止规范，文明执勤，礼貌待人；

5. 对巡逻情况应当进行记录，内容包括巡逻起止时间、巡逻路线和任务执行情况，并向接班组进行工作交接；

6. 按照指定路线巡逻，不得无故超出巡逻区域，或者减少巡逻时间和巡逻密度；

7. 到达巡逻重点地区时，应当停留作小区域巡查；

8. 车巡组停留作小区域巡查时，除遵守本规范第六十七条规定以外，还应当遵守下列规定：

(1)停放车辆不得妨碍交通；

(2)必须下车徒步实施，不得仅在车内观望；

(3)下车巡查时，车上或者车侧应当留一人，保护车辆安全及负责通讯联络和必要时请求支援等。

**【本章小结】**

巡逻是警察为了维护社会治安秩序、保障社会公共安全，而依法在一定空间内进行的有组织的巡视查看勤务活动，是警察工作中最古老、最重要、最基础的一种勤务方式，是强化社会治安控制的重要手段。警察应当熟悉巡区情况，因地制宜，合理选择巡逻方式和确定巡逻路线，最大限度地发挥现有警力与交通工具的效能，有效满足社会治安防范要求。警察在巡逻过程中，应当仔细观察周围的情况，注意发现与治安有关的各种问题，及时有效处理治安异常状况。

**◎ 思考题**

1. 如何理解堪萨斯市的巡逻实验结果？

2. 如何理解巡逻方式的演进？应当如何选择巡逻的方式？

3. 如何理解巡逻中的观察识别？

4. 实施巡逻勤务应当遵循的基本要求有哪些？

# 第九章　盘查勤务

**【学习目标】**理解掌握盘查的实施要件，能够识别违法犯罪行为人并依法依规实施盘查。

**【教学重点】**盘查的实施要件，盘查的原则，盘查对象确定的条件，盘查的实施要求，继续盘问的适用程序和实施要求。

**【教学难点】**盘查对象确定的条件，盘查的实施要求。

2002年，纽约警察共实施了9.7万次截停盘查，其中的82.4%没有进行任何处罚；到2008年，截停次数戏剧性地上升到超过50万次，88%没有做任何处罚和进一步的查证；到2012年，68.5万多次盘查，88%没有处罚；从2002年到2013年全部的截停盘查中，87.6%的对象是清白的。2016年，截停盘查的次数陡然下降，上半年纽约警局报告7636起，创历史新低，与此同时，犯罪总数在下降，凶杀案和枪击案比上年同期也有所减少。①

## 第一节　盘查勤务概述

### 一、盘查的含义

盘查即盘问和检查的合称，指公安机关的人民警察为维护社会治安秩序而依法对有违法犯罪嫌疑的人员进行当场盘问、检查行为。它是公安机关的人民警察在实施治安管理的过程中，预防和制止违法犯罪的职责需求，是警察的职权行为，属于警察现场的当场处置权之一。盘查权具有一定的强制性，主要表现为两个方面。一是对公民人身自由的强制。盘查对人身自由的强制主要体现为警察对公民的阻拦、对公民身份的盘问和对人身的检查。二是对公民财产权的强制。盘查对公民财产权的强制主要体现为警察对公民携带与附随物品的检查行为。

盘查权的实施必须符合下列条件：

1. 主体要件：实施盘查的主体必须是公安机关的人民警察，其他人员无权实施盘查权。

2. 对象要件：盘查的对象必须是有“违法犯罪嫌疑”的人员。“违法犯罪嫌疑”存在是进行盘查的前提条件。不能凭空想象或者没有任何根据随意盘查社会公众。

3. 程序要件：实施盘查必须经过一定的法律程序，即“出示能够证明自己执法合法性的证件，遵守盘查行为实施的限制条件”。

---

① 刘长煌．纽约警务盘查概述[J]．现代世界警察，2018(10)．

## 二、盘查的法律依据

**(一)《人民警察法》的规定**

《人民警察法》第九条规定：为维护社会治安秩序，公安机关的人民警察对有违法犯罪嫌疑的人员，经出示相应证件，可以当场盘问、检查；经盘问、检查，有下列情形之一的，可以将其带至公安机关，经该公安机关批准，对其继续盘问：(1)被指控有犯罪行为的；(2)有现场作案嫌疑的；(3)有作案嫌疑身份不明的；(4)携带的物品有可能是赃物的。

**(二)《公安机关适用继续盘问规定》的规定**

《公安机关适用继续盘问规定》第7条规定：为维护社会治安秩序，公安机关的人民警察对有违法犯罪嫌疑的人员，经表明执法身份后，可以当场盘问、检查。未穿着制式服装的人民警察在当场盘问、检查前，必须出示执法证件表明人民警察身份。

**(三)《中华人民共和国居民身份证法》的规定**

《中华人民共和国居民身份证法》第15条规定：人民警察依法执行职务，遇有下列情形之一的，经出示执法证件，可以查验居民身份证：

1. 对有违法犯罪嫌疑的人员，需要查明身份的；
2. 依法实施现场管制时，需要查明有关人员身份的；
3. 发生严重危害社会治安突发事件时，需要查明现场有关人员身份的；
4. 在火车站、长途汽车站、港口、码头、机场或者在重大活动期间设区的市级人民政府规定的场所，需要查明有关人员身份的；
5. 法律规定需要查明身份的其他情形。

有前款所列情形之一，拒绝人民警察查验居民身份证的，依照有关法律规定，分别不同情形，采取措施予以处理。

## 三、盘查的原则

**(一)坚持高度警惕**

盘查时常会遇到盘查对象的拒绝或者暴力性反抗，甚至由于人民警察的麻痹大意，疏于防范而造成重大伤亡事件。因此，对人的盘问，无论双方人数对比如何，警察都要保持高度警惕，随时准备对确有违法犯罪行为或确有重大犯罪嫌疑的盘查对象实施现场缉捕。要占据有利地形，严格控制对方，进可攻退可守，防止坏人穷凶极恶反扑伤人，或者千方百计伺机逃脱。对物的检查，也不可掉以轻心。警察要按照规范的程序，妥善处置，防止引燃、引爆，防止腐蚀剂溢出或者损坏易破易碎物品，造成不必要的损失。

**(二)坚持先盘后查**

盘查是有先后顺序的。弄清楚人的身份，如果嫌疑已排除，就不必再查其携带物品了。但经过盘问，确认有违法犯罪行为，或者嫌疑不能排除，那么就有必要进一步检查其所携带的物品，证实盘查对象的确切身份，并做好缉捕盘查对象的准备，一旦行动，要先缉捕，后搜身，再检查携带的物品。如果盘和查顺序颠倒，很可能会使警察的工作陷于被动。例如，检查物品没有发现什么，被盘查人可能会以此为由攻击警察。再例如，检查物品发现了问题，被盘查人也可能百般抵赖，言称那不是他的，是捡来的或者别人暂存的。

**(三)坚持妥善处理**

对盘查的各种结果，都一定要妥善处理好，不可留下任何后遗症。第一，若盘查对象的嫌疑解除，则人放行，物归还，并对被盘查人表示歉意。第二，若查获了违法犯罪分子或重大嫌疑人，则应立即缉捕，并进一步搜身，同时将其凶器、赃物等一并移交有关部门处理。第三，若经盘查后疑点不能排除，但证据又不充分，则将其控制到有关部门，按照法律程序进一步审查。第四，若并非坏人假冒，确系真正的醉酒人，或者精神病患者，则应及时通知其家属或工作单位来领人，但绝不允许放任不理。

## 第二节　盘查勤务的内容与实施要求

### 一、盘查对象的确定

“可疑”是盘查对象确定的根本标准。盘查应当有针对性，有合理的根据，要准确认定盘查对象。要求警察在执行勤务的过程中，善于观察，能够发现异常情况。通过观察准确把握事物的外部特征和表象，从中抓住各种细微的迹象、苗头。然后在合理分析推敲的基础上，确定“可疑情况”的存在。

在英国，盘查权亦可称为“责令停止与搜查”(Stop and Search)的权力。明确规定了警察对场所与车辆进行盘查的实体条件，即“合理怀疑和相信”。其是英国警察行使停止与搜查权时的基本要求，也是英国警察盘查权发动的判断标准。英国内政部发布的《责令停止与搜查手册》(Stop and Search manual)第一章明确指出，警察的“责令停止与搜查的权力渊源”在于“合理怀疑”，“警察在行使责令停止与搜查权力时必须有合理的根据怀疑”，“合理怀疑”可概括为：

合理怀疑必须有客观事实、信息和情报为基础或；

通常与准确的现时的情报或信息相关联或；

有时也可以建立在对源自于特定情形下的个人行为的一般化理解或；

也可以根据某人的衣着或其他表明某种成员身份或帮派系属的明显标志；

和与此相关联的，该人可能携带有武器或受限毒品等可靠信息或情报；

合理怀疑不能只是根据一些孤立的个别化或一般化，或模式化的因素而获得正当性或得到支持。

合理怀疑标准的有效运用很可能是建立在诸多因素之上的，只有这样才有助于防止权力的活用和增加公众对警察的信心。

出于种族平等的尊重，警察基于种族、肤色、出身、国别等的歧视而采取的责令停止和搜查行为是不合法行为。停止与搜查权力的运用在对象的确定上必须公平、合乎理性而不得有前述歧视。①

在美国，盘查权被称为“责令暂留、拍身与询问”(Stop, Frisk and Question)的权力。盘查权的启动需要有“合理性怀疑”，美联邦最高法院在 Terry v. Ohio 案的判决中阐述了警察盘查之“合理性”的标准②：

第一，警察之合法盘查必须基于在盘查时，有特别且明显的事实，足以使一个理性审慎

① Stop and Search Manual at 17, http://www.homeoffice.org.uk/.

② See Yale Kamisar, Jerold H. Israel&Wayne R. Lafave, Basic Criminal Procedure ($7^{th}$), America casebook Series Published by West Publishing Co. ST. Paul, Minn., 1990: 269-285.

之人凭其理性进行推论，可以认为被盘查之人实施了犯罪，或者正在犯罪，或者即将犯罪。但是，该怀疑程度不需达到足以构成逮捕所需要的“合理根据”；

第二，警察在盘查时对嫌疑人的合法搜查必须基于在盘查时合理地感觉到受盘查者身上带有武器，会使警察本身或其他人遭受危险；

第三，警察盘查时对嫌疑者进行搜身的目的在于保护警察及周围公众的人身安全，因此仅限于搜查嫌疑者身上是否带有武器，所以从搜查的过程看，是先从嫌疑者衣服外部对其进行拍身(pat down)，除非有合理的理由否定以衣服内部藏匿有武器，方得伸入取出，但不得对嫌疑者作全面搜查；

第四，除非对被盘查者进行逮捕，否则对于被盘查者的拘束，不得将被盘查者带回警察局，并作有罪控诉。

盘查绝不能主观臆断、凭空想象，更不能随意性地盘查行人。不分清红皂白，不管是非曲直地怀疑一切，搞人人过关，必将事倍功半。而可疑情况一般归为有违常情、有悖常理的行为。通常可以表现为反常现象，即违反行为常规的现象；矛盾现象，即言行诸方面表现出不一致的现象；同一现象，即民警发现的情况与已掌握的违法犯罪情况疑似同一。

1. 身份可疑。身份证与本人不符，穿着与身份不符，言谈举止与穿着不符；口音与自述籍贯不符，体貌特征与被通缉、通报对象相似，证件有涂改痕迹，持假证件或一人持多个工作证件的。

2. 行为可疑。行为举止违反客观规律，违反正常人的行为模式，神态异常，行为慌张。或者符合和相似于一些违法犯罪活动特征的行为。例如在公共场所的人群中挤来挤去，或张望窥视，鬼鬼祟祟的；深夜在要害部位周围东张西望的；接近妇女、儿童，并与之同行，看到人民警察后，躲躲闪闪，表情惊慌，疾步走开的等。

3. 携物可疑。携带物品与身份不符，携带有管制刀具、枪支弹药、民用爆炸物品等危险物品，携带毒品、淫秽物品、封建迷信用品等违禁物品，携带有疑似作案的工具，携带有本人说不清来源和用途的物品等。如深夜某人身背肩扛体积较大或包装不规则的包裹，但又怕碰撞或触摸，遮遮掩掩行进的。

4. 痕迹可疑。身负可疑外伤，衣着有被撕破的痕迹，身上染有不明血迹或体液，携带物品上有疑似作案的痕迹等。例如身负枪伤或刀伤，浑身血迹或污痕的人；车牌号码与车的新旧程度不符，车钢印号码或出厂号码被锉掉的，车身与零部件不同型号、牌号的等；

5. 关系疑点。即与之相处于同一空间的人的关系或行踪可疑，说不清对方姓名、住址等基本情况，或双方不能提供能证明其所述关系的有效证明，或女方、儿童表情异常，有被控制强迫的迹象的。

当然，大千世界无奇不有，疑点的存在并不意味着必然存在违法犯罪，但是存在警察怀疑违法犯罪的合理根据，故不能将疑点的认定绝对化、片面化从而否定疑点的存在而放纵违法犯罪，如嫌疑对象身上染有不明血迹而片面认为不能排除“人血”的可能性但同样不能排除“动物血”的可能性，从而认定疑点不存在而放弃盘查。被盘查对象只是被怀疑有某种行为的可能性，有没有违法犯罪事实尚须进一步证实。因此只要有可疑迹象就构成了嫌疑，就具备盘查的客观条件。

## 二、盘查地点的选择

“有利”是选择盘查地点的标准。要尽量选择既能够保证盘查顺利进行又能够确保警察安全的地点。当执勤中发现可疑情况，需要对嫌疑人进行盘查时，一定要提高警惕，防止违法犯罪嫌疑人反抗、突袭或逃跑。因此，选择好恰当适宜的盘查地点，就显得尤为重要。当然，执勤中发现可疑情况是随机性的，但是选择盘查地点，则需要人民警察自己来决定。选择盘查地点时，应根据现场的治安实际状况而定，根据可疑情况的特点、涉及人数、性质、关系和时间等相关因素来确定，预想盘查中可能会发生的各种情况及处置方法，权衡利弊选择对我最有利的地点进行盘查。一般应尽量考虑以下因素：

1. 视野开阔，便于查控

要尽量选择地形地貌简单之处，如宽敞、平直、叉路口少的地方。要远离丛林、高苗地、居民村庄、建筑群等。目的就在于有利于防止嫌疑对象逃跑。

2. 宜明不宜暗

要选择光线明亮之处，尤其在夜间尽可能选择路灯等照明条件较好的地方。目的就在于有利于观察和检查，能够看清嫌疑对象的体貌特征、面部表情变化、行为举动变化等。便于警察根据现场情况变化及时采取应对措施。

3. 有所依托

要尽量选择有利于警察一方的地形地貌，选择较易获得其他支援之处，确保自身安全。

4. 尽量避开人群

要尽可能选择人流较少的地方。以防群众围观、起哄，缩小不利影响，防止事态扩大。

## 三、盘查的正确实施

**(一)接近盘问对象**

选择接近盘问的方式方法，是关系到能否制敌取胜的大问题。采用何种方法更恰当、更适宜，必须根据可疑情况的性质、嫌疑人的特点、周围环境、地形和时间等相关因素来确定，采取有针对性的、灵活机动的有效接近方法，防止打草惊蛇，使违法犯罪嫌疑人逃跑、藏匿、毁灭罪证或行凶、自杀等。在日常工作中，民警必须认真总结经验教训，学会和掌握根据可疑情况的具体特点来确定适宜而巧妙的接近方法。通常采取的接近方法有：①正面接近，迅速出击。②迂回包围，隐蔽贴近。③化妆尾随，秘密跟近。④公秘与内外相结合，协同制敌。

**(二)正确站位**

由于盘查对象是嫌疑人员，所以既不能像对待群众那样宽容，又不能像对待坏人那样严厉，既要弄清楚情况，又不能让坏人逃跑。于是警察盘查时的站位就非常关键。通常，数个警察进行盘查，站位可以是包围或半包围形，距离盘查对象约 1.5~2 米。这个距离在违法犯罪行为人反扑的击打范围之外，同时又在警察的控制范围之内。也是无违法犯罪人员可接受的距离，其不受到紧逼，不致于引起反感。如果是一个警察进行盘查，其站位应能封住嫌疑人员出路或可能逃窜的方向，距离 1.5 米左右，侧身对着盘查对象，随时准备，进可攻，退可守。对有一定危险性的盘问对象(如身上明显携带有枪支弹药、管制刀具等危险物品的等)，可先将其控制，确认无危险后再行盘问。要求一人主问，一人负责警戒，如只有一个警察进行盘查，要时刻保持高度警惕。《公安派出所执法勤务工作规范》第 71 条明确规定，盘问可疑人员时，应当做到：

(1)与被盘问人保持 1 米以上的距离，尽量让其背对开阔街面；

(2)对有一定危险性的违法犯罪嫌疑人，先将其控制并进行检查，确认无危险后方可实施盘问；

(3)盘问时由一人主问，另一人负责警戒，防止被盘问人或者同伙的袭击；

(4)对符合继续盘问条件的，将其带至公安派出所继续盘问。

**(三)公开警察身份**

对公民实施盘查，警察必须首先公开自己的身份。除了出示自己有效证件外，还应当说明自己的执法身份，如：我们是××派出所警察，现在执行盘查，请你配合等。2004 年 7 月 12 日公安部颁布的《公安机关适用继续盘问的规定》第 7 条明确规定：为维护社会治安秩序，公安机关的人民警察对有违法犯罪嫌疑的人员，经表明执法身份后，可以当场盘问、检查。未穿着制式服装的人民警察在当场盘问、检查前，必须出示执法证件表明人民警察身份。实践证明，公开警察身份有三个好处：第一，可以起到威慑盘查对象的作用，使他们不敢乱说乱动。第二，可以得到人民群众的理解和帮助，便于警察依法对违法犯罪嫌疑人员进行盘问、检查。第三，可以使盘查对象自觉不自觉地配合警察的行动，避免引起不必要的麻烦。实践中，有个别警察认为警察只要着装即可实施盘查无须出示证件，这是错误认识，随着法治化进程的加快，要求警察的执法行为必须法制化和规范化，警察行使盘查权时出示相应证件证明自己的执法身分是十分必要的，否则被盘查的公民有理由拒绝配合。

**(四)实施盘问**

盘问是指民警为了进一步发现疑点或弄清违法犯罪事实而对可疑人员进行的仔细查问。它是对可疑人员进行初步审查的过程。民警掌握了实质性疑点后，便可进入盘问阶段。民警必须讲究盘问的技巧和方法。盘问时要尽量避免使用刺激性语言，要掌握发问的技巧，不要态度粗暴，口气生硬，措辞过激，无论面对情况已基本清楚，还是尚不清楚的对象，都不要作结论性的表态。即使已证实对方就是违法犯罪行为人，也不要随便作出结论性的表示。如果措词过激，会激怒对方，使其采取暴力反抗措施或借机逃窜。同样是盘查问话，但因表达方式不一，语言效果就截然两样。而且，警察的观察力有时也会出现偏差，甚至会把并无不轨行为的公民也当作违法嫌疑人员拦住盘查。因此，说话要留有余地，切忌动不动就训人，以至让对方抓住把柄，纠缠不清盘问时要注意语言技巧，使对方感觉是自己的由于某些行为的反常，才引起巡警的注意，被查询是事出有因，合理合法。

盘问时应重点查清四个方面的情况：

(1)查清盘查对象的身份。包括：姓名、年龄、住址等能确认身份的基本情况。

(2)查清盘查对象的携带物品。包括：物品种类、数量、来源、用途等情况。

(3)查清同行人关系。包括：夫妻、子女、同事、朋友等情况。

(4)查清可疑情况。包括：可疑行为、可疑事件、可疑神情、可疑痕迹、可疑迹象等主要可疑情况。

盘问的具体要求为：

(1)讲礼貌，开口尊称。“严格执法，热情服务”是对公安工作的基本要求。民警在盘查中一定要讲究礼貌。问话开始要用尊称，诸如“同志”“先生”“小姐”之类使人感到亲切、受尊敬的称呼，使之无法拒绝民警的问话。这样盘查工作才能顺利地进行下去。

(2)先问身份，再查事情。先查问身份，要求其出示身份证件，并将身份证件拿到民警自己手中，再根据情况进行深入盘问。对被盘问人来说，一旦其身份证件被民警掌握，无形之中在心理上增加了几分压力，有时现编谎话也来不及了。一般要求先问身份、问来由、问去向，在询问的同时查验证件的真伪。

(3)注意倾听，发现破绽。在询问过程中，警察应当注意发现对方答话中的疑点，对已发现的疑点提出问题，引导对方自述，使之尽可能多讲具体情节。有问题的人言多必失，并很难自圆其说。民警要注意倾听，结合证件识别，发现破绽和漏洞。在盘问中，切忌民警自己滔滔不绝，而让盘查对象沉默不语。如对一伙四个嫌疑对象的盘查，当民警问其中一人，“你身份证呢?”该人回答：“我们都没带，我们把身份证都放在工地上了。”这就是明显答话破绽，因为正常情况下他是不可能知道别人是否携带身份证件。

(4)抓住事实，穷追不舍。发现破绽和漏洞后，民警的问话要紧紧围绕已发现的破绽和漏洞，包括所怀疑的违法犯罪事实，或一语破的，或包抄迂回，使对方防不胜防，不得不如实供述。但切忌使用刺激性语言，以防违法犯罪分子狗急跳墙，反扑咬人。

(5)分开进行，各个击破。对同一嫌疑的数个被盘查对象，一定要分开盘问，不许他们答问时有互补。这样，在盘查时若发现矛盾或漏洞，便可以以甲之矛攻乙之盾，或用乙之矛攻甲之盾，以充分揭露其问题和真相，乃至摧垮其攻守同盟和心理防线。

**(五)进行检查**

检查是指民警为弄清疑点，进一步发现问题而对有关物品和证件进行仔细的查看。查证主要查居民身份证、工作证、机动车驾驶证、护照、车牌等，查物主要查嫌疑包裹、身体隐藏嫌疑物、涉嫌车辆等。检查是盘查的重要组成部分，它不仅可以证实盘问的内容，还可以发现问题，为进一步盘问提供线索。同时，及时检查盘查对象的身体和携带物品，可以有效地控制盘查对象，防止其行凶或脱逃。检查的任务是发现、收集违法犯罪证据，确认或排除盘查对象的违法犯罪嫌疑。

1. 总体要求

(1)做到人物分离。民警对嫌疑人的物品进行检查，首先应将物品与携带人分离，以防止盘查对象突然抽、掏凶器，毁灭赃物，或引爆包裹，同时也是为了防止盘查对象袭击人民警察。

(2)注意安全防范。检查物品，警察的注意力往往集中在物品上，很容易忽视对盘查对象的控制。因此，要特别强调安全意识。数个警察在场时，应由一部分人实施检查，其余人负责控制被盘查人及掩护检查动作。一个警察在场时，那么该警察主要是控制、指挥被盘查人，令其接口令将物品摊开、拿出或理清。无论有多少个警察在场，务必保持高度的警惕性，不得忽视周围环境，不得好奇都去看被检查物品，以防给坏人以可乘之机。

(3)检查要按一定程序进行。检查物品应按一看、二听、三闻、四摸、五拆的顺序进行。看，就是看物品的形状、结构，要仔细观察，看嫌疑对象衣服中是否有明显凸起物、隐蔽物等，看其所携带的包裹外形、重量与所称物品是否相符；听，就是听物品有无异常声响；闻，就是闻一下物品有无异味；摸，就是摸一下物品的材料质地，掂一下物品的重量；拆就是为进一步判定物品性质而拆开物品，但要慎拆。

(4)检查要细微、彻底。检查物品一定要细微，不要怕麻烦，各部位都要检查到，特别是一些不被人注意的地方，也许问题就出在这里。凡是盘查对象携带的物品，不论大小，一律查清，不要有遗漏。

(5)检查要注意文明。检查物品要轻拿、轻放，防止损坏物品。检查后要按顺序将物品装好、放好。一般情况下，不要拆破物品。检查女性的箱包时，尽量不要将所有物品统统取出、亮开。

(6)检查他人身体，应当谨慎，在没有发现明显异样时，应当从外部进行轻轻拍打，以发现问题。对妇女身体进行检查，应当由女性工作人员进行，必要时带回公安机关进行。

2. 身份证件查验时，应当做到：

(1)查证防伪暗记和标识，判定证件的真伪；

(2)查验证件内容，进行人、证对照；

(3)注意持证人的反应，视具体情况让持证人自述证件内容，边问边查。

3. 对可疑人员进行人身检查时，应当做到：

(1)有效控制被检查的嫌疑对象，防止自身受到攻击和伤害。

(2)对携带或者可能携带凶器、武器的违法犯罪嫌疑人检查时，应当先检查其有无凶器和武器，然后依法扣押。必要时，可以先依法使用戒具，然后进行检查。

(3)责令被检查人伸开双臂高举过头面向墙、车等，扶墙或者车等站立，双脚分开尽量后移，民警站于其身后并将一只脚置于其双脚中间，迅速从被检查人的双手开始向下对衣领及身体各部位进行检查，特别注意腋下、腰部、裆部及双腿内侧。

4. 对可疑物品进行检查时，应当做到：

(1)责令被检查人将物品放在适当位置，不得让其自行翻拿；

(2)由一名民警负责检查物品，另一人负责监控被检查人；

(3)开启箱包时应当先仔细观察，防止有爆炸、放射性等危险物品；

(4)自上而下按顺序拿取物品，不得掏底取物或者将物品直接倒出；

(5)对有声、有味的物品，应当谨慎拿取；

(6)避免损坏或者遗失财物。

5. 对可疑车辆进行检查时，应当做到：

(1)检查前，责令驾驶员将车辆熄火，拉紧手制动后下车，必要时应当暂时收存车钥匙，如车上有其他人员，应当责令其下车等候；

(2)对人员进行检查并予以控制；

(3)查验车辆行驶证件和牌照；

(4)观察车辆外观和锁具；

(5)检查车载货物和车内物品；

(6)若驾驶员拒检逃逸，应当立即报告，请求部署堵截、追缉。

**(六)合理处理**

盘查中的处理，是指民警对被盘查对象的可疑点基本弄清后所采取的措施。盘查的基本目的是通过盘问和检查弄清可疑人员身份和可疑行为，确认其有无违法犯罪行为。民警对盘查对象应当根据其行为性质、嫌疑程度、现场环境采取不同的处理方式。

1. 客气放行

经过盘查，解除了嫌疑，并没有发现任何违法犯罪迹象时。盘查人员应立即客气予以放行，必要时应当致歉。

2. 批评教育

对已经查明存在轻微违法、违规或有违社会公德行为的被盘查对象，予以批评教育。

3. 实施治安处罚

对违反治安管理具备当场处罚条件的盘查对象，可适用当场处罚的简易程序。如果不适用当场处罚程序的，带回当地公安派出所或治安管理部门按照普通程序处理。

4. 行政约束

对盘查中遇到的醉酒者和精神病患者，要因势利导，将其引离现场，通知当地公安派出所或其家人领回。如醉酒者的行为可能对其本人或他人的人身安全构成威胁时，应在不伤害醉酒人的前提下，对其约束，并带至当地公安派出所处罚。

5. 实施抓捕

对于查明有犯罪嫌疑或有犯罪事实的盘查对象，应将其抓捕带至就近公安机关依法办理刑事拘留或逮捕手续，并通知其所在单位和家属。

6. 继续盘问

继续盘问指人民警察为了维护社会治安秩序，对有违法犯罪嫌疑的人员当场盘问、检查后，发现具有法定情形而将其带至公安机关继续进行盘问的措施。

**【延伸阅读】**

## 杨佳上海街头被盘查实录

"杨佳袭警案"发生后，上海市公安局在新闻发布会上当场播放了当日杨佳和民警在街头争执的录音片段，约 4 分钟左右，时间是 2007 年 10 月 5 日晚。

民警：小伙子，请你停车接受检查！

杨佳：马路上这么多人，为什么你单单挑我？

民警：我们一个个来，请你下车接受警方的调查，出示你的自行车凭证。

杨佳：这车我租的。

民警：请拿租车凭证交给我，你拿着纸这么远，我能看得见吗？

杨佳：你看不见执什么法啊？

民警：请你把车子靠靠边！

杨佳：你这个执法为什么查我？

民警：那你有没有义务告诉你叫什么名字？

杨佳：你有什么理由耽误我的时间？

民警：大家相互尊重点吧！

杨佳：你不要说什么叫尊重！尊重什么？

民警：在法律的前提下，请你配合检查！

杨佳：法律有哪一条规定可以限制我的人身自由？

民警：那你有没有义务告诉我你是什么地方人啊？

杨佳：没有。

民警：你有没有义务告诉我你叫什么名字啊？

杨佳：你没有理由占用我的时间。你有什么理由在这占用我的时间？这是法律规定的吗？你把法律拿过来，你会背！你就这样子限制我的人身自由，你有什么理由？

民警：这叫相互尊重。

杨佳：你不要说这个。你别说什么相互尊重，什么叫相互尊重，尊重什么？

民警：在法律的前提下……

杨佳：法律？什么叫法律？你还敢跟我说法律，法律哪一条规定你临检无缘无故要这样地抢我的证件。你怎么可以限制我的人身自由？

民警：你不要吵。有什么事情你可以说，你认为我有什么不对的可以……

杨佳：你当然有不对，你看那，1342，你给我说说看，你为什么要当着这么多人的面查看我的证件，限制我的人身自由？你为什么都不拦，就拦住我一个。你也没有理由……

**【实例分析】**

**案情：**2014年8月10日2时20分，某区北干街道兴议村巡防中队队员楼炎潮下班途中，发现在钱江三桥接线公路兴议村高强加油站对面，电信大楼工程围墙边有一辆农用运输汽车，形迹可疑。楼考虑到只身一人，遂将侧三轮摩托车停放于该车前，并联系北干街道巡防大队队员傅华利、杨成飞。正在巡逻的傅、杨两人迅速赶到现场。只见这辆蓝色农用车正在围墙的大门内，车头对着马路，但车身仍在围墙内，车上坐着一男一女。几个月前，工地围墙的铁门曾经被不法分子卸下，附近群众反映围墙内经常有可疑人员出没，巡防队员因此多长了个"心眼"，对该地段的巡逻格外严密。凭着高度的责任心，傅华利走近农用车的左前侧亮明自己的身份，要求驾驶员出示有效证件。"这么晚，为什么还在这里？请出示身份证。"在司机没有身份证的情况下，三人开始对其进行盘查。司机说，他在等老乡送钱来，他老婆受伤了，等钱去医院治病。"什么时候给老乡打电话的？""一小时前。""那么把手机拿来看看。"司机走下车，交给傅一只手机。傅翻了一下通话记录，司机在三小时前、一分钟前打了两个电话。司机肯定说了谎，这更加深了队员们的怀疑。这时杨、楼两人从车后检查到了前面。杨站在汽车前端，傅、楼两人分别站在汽车的左、右侧准备再进一步盘查。没想到，就在他们专心查看手机、车辆时，司机悄悄地发动了汽车。没等队员反应过来，汽车猛地向后一倒，司机快速地打着方向盘，在侧三轮与墙体间冲了出去。就在这一瞬间，站在汽车左前侧墙边的26岁的傅华利躲闪不及。汽车挤着他的身体，斜斜地冲向马路。汽车没有开大灯，就向钱江三桥方向逃走了。汽车一过，傅华利就瘫软下去。两位队员在车后追了一截，就立即返回抢救小傅。同时报警，对小傅实施抢救。3时20分，120救护车将小傅送到区第一人民医院进行抢救。北干派出所的领导迅速赶到医院，组织抢救工作。从医院了解到，傅华利送到急诊室时，神志清楚，但面色苍白，且量不出血压，右肝脏被撞粉碎。案件发生后，公安机关组织力量全力抓捕在逃犯罪嫌疑人，区公安分局立即成立了由局长任总指挥的专案组，组织派出所、刑侦、交警等部门全力开展侦破工作。下午5时，河南商城籍犯罪嫌疑人35岁的男子叶某在江干区被抓获。

**案例评析：**本案是巡防队员盘查违法犯罪可疑人员时遭到违法犯罪可疑人员反抗并实施侵害最终导致盘查失败的典型案例。其盘查过程既有可供借鉴的成功之处，也有需要反思以避免类似情况再次发生之处。

1. 巡防队员有没有实施盘查的权力？

众所周知，巡防队是一支在乡村、街道和企事业单位内建立的区域性治安防范组织。巡防队不是国家行政组织，而是一支群众性的治安组织，其工作带有一定的专业性，专门从事维护公共秩序，控制社会面的工作，是协助公安机关维护社会治安秩序的有力助手。而根据《中华人民共和国人民警察法》第9条的规定，只有公安机关的人民警察才拥有盘查的权力，即实施盘查的主体必须是公安机关的人民警察，其他人员无权实施盘查权。故巡防队员不具有盘查权力，其只能在公安派出所的统一组织安排下，进行驻点值勤和流动巡逻，做好安全防范检查。协助公安机关堵截、查缉通缉的各类违法犯罪嫌疑人。当发现刑事、治安案件，要保护好现场，并迅速报告公安机关。而且，根据公安部有关通知精神，2008年将完成巡防队员的清理工作。在本案例中，当巡防队员发现可疑情况，应当在监视的同时，立即报告当地公安机关，由执勤警察进行盘查。

2. 疑点的判断是否合理？

“可疑”是盘查对象确定的根本标准。盘查应当有针对性，有合理的根据，要准确认定盘查对象。本案例中，疑点来源于几个方面：其一，凌晨2时，一辆农用运输汽车停在围墙的大门内，车头对着马路，但车身仍在围墙内，而车内坐着一男一女。这有违常理，是反常现象；其二，几个月前工地围墙的铁门曾经被不法分子卸下；其三：附近群众反映围墙内经常有可疑人员出没。考虑以上几点，巡防队员认为行为人存在“行为可疑”情况，其对疑点的判断，盘查对象的确定都是准确的。

3. 盘查过程有无缺漏？

在盘查实施过程中，以下几点是值得赞许之处：其一，当楼炎潮发现可疑情况后，考虑到只身一人，并不盲目擅自进行盘查，而是将摩托车停放于该车前，并联系傅华利、杨成飞共同实施盘查，形成力量优势，确保安全；其二，盘查中，首先亮明身份，再查身份证件，盘查程序正确；其三，能够结合嫌疑对象的回答，在答话中进一步寻找可疑点，通过手机通话记录的查看，确定司机撒谎，进一步加深了疑点的判断。但没有坚持高度警惕的原则，麻痹大意、疏于防范而造成重大伤亡事件。案例中，嫌疑对象始终坐在车里，盘查人员就应当事先考虑到嫌疑对象存在驾车逃跑的可能，而且，盘查时，无论双方人数对比如何，都应当有人主问，有人负责警戒，始终保持高度警惕，随时应对嫌疑对象的反抗或攻击举动，随时准备对确有违法犯罪行为或确有重大犯罪嫌疑的盘查对象实施现场缉捕。而本案例中，盘查人员人数虽然占优，但盘查职责分工不明确，均专心于查看手机和车辆而忽略了警戒，忽略了对嫌疑对象的控制，最终导致“有始无终”，盘查失败，盘查人员付出惨重代价。

## 第三节　继续盘问

继续盘问，是指公安机关的人民警察为了维护社会现场秩序，对有违法犯罪嫌疑的人员当场盘问、检查后，发现盘查对象具有法定情形，而将其带至公安机关进行继续盘问的强制性审查措施。

### 一、法律依据及适用对象

**(一)继续盘问的适应性规定**

《人民警察法》第9条明确规定了继续盘问的情形：为维护社会现场秩序，公安机关的人民警察对有违法犯罪嫌疑的人员，经出示相应证件，可以当场盘问、检查；经盘问、检查，有下列情形之一的，可以将其带至公安机关，经该公安机关批准，对其继续盘问：1. 被指控有犯罪行为的；2. 有现场作案嫌疑的；3. 有作案嫌疑身份不明的；4. 携带的物品有可能是赃物的。而《公安机关适用继续盘问规定》第8条中将适用继续盘问的具体情形规定为：

1. 被害人、证人控告或者指认其有犯罪行为的；
2. 有正在实施违反现场管理或者犯罪行为嫌疑的；
3. 有违反现场管理或者犯罪嫌疑且身份不明的；
4. 携带的物品可能是违反现场管理或者犯罪的赃物的。

**（二）继续盘问的特别限制性规定**

《公安机关适用继续盘问规定》第10条对继续盘问适用对象做了“特别限制性”规定：“对符合本规定第八条所列条件，同时具有下列情形之一的人员，可以适用继续盘问，但必须在带至公安机关之时起的4小时以内盘问完毕，且不得送入候问室：

1. 怀孕或者正在哺乳自己不满一周岁婴儿的妇女；

2. 不满十六周岁的未成年人；

3. 已满七十周岁的老年人。

对前款规定的人员在晚上九点至次日早上七点之间释放的，应当通知其家属或者监护人领回；对身份不明或者没有家属和监护人而无法通知的，应当护送至其住地。”

4. 外国人、无国籍人以及港澳台居民等的继续盘问适用问题。

对外国人、无国籍人以及港澳台居民是否可以适用继续盘问？《人民警察法》第9条未对外国人、无国籍人以及港澳台居民是否可以适用继续盘问作特别规定，意即对外国人、无国籍人以及港澳台居民可以适用继续盘问。

但按照有关国际公约的规定，对享有外交特权和豁免权的外国人，不得适用继续盘问，只能通过外交途径解决。对符合适用继续盘问条件的外国人、无国籍人以及港澳台居民使用继续盘问时，应当贯彻“慎用”的原则，尽量依法采取传唤、刑事拘留等法律手段。

**（三）继续盘问的禁止性规定**

《公安机关适用继续盘问规定》第9条特别规定了不得适用继续盘问的情形：

1. 有违反现场管理或者犯罪嫌疑，但未经当场盘问、检查的；

2. 经过当场盘问、检查，已经排除违反现场管理和犯罪嫌疑的；

3. 涉嫌违反现场管理行为的法定最高处罚为警告、罚款或者其他非限制人身自由的行政处罚的；

4. 从其住处、工作地点抓获以及其他应当依法直接适用传唤或者拘传的；

5. 已经到公安机关投案自首的；

6. 明知其所涉案件已经作为现场案件受理或者已经立为刑事案件的；

7. 不属于公安机关管辖的案件或者事件当事人的；

8. 患有精神病、急性传染病或者其他严重疾病的；

9. 其他不符合本规定第八条所列条件的。”

## 二、继续盘问的适用程序

1. 继续盘问的时限。《公安机关适用继续盘问规定》规定：继续盘问的时限一般为12小时；对在12小时以内确实难以证实或者排除其违法犯罪嫌疑的，可以延长至24小时；对不讲真实姓名、住址、身份，且在24小时以内仍不能证实或者排除其违法犯罪嫌疑的，可以延长至48小时。

2. 继续盘问的审批。《公安机关适用继续盘问规定》在审批权限上做了具体规定：适用继续盘问12小时的，由公安派出所负责人审批；适用继续盘问24小时的，由县、市、旗公安局或者城市公安分局的值班负责人（正副局长、正副政委等）审批；适用继续盘问48小时的，由县、市、旗公安局或者城市公安分局的主管负责人（分管派出所工作的局领导成员）审批。

3. 继续盘问的执行。

(1)公安派出所的人民警察对符合继续盘问条件的人员，可以立即带回公安机关，并立即制作《当场盘问、检查笔录》，并填写《继续盘问审批表》报公安派出所负责人审批决定继续盘问12小时。公安派出所负责人批准的，应当将《继续盘问审批表》复印、传真或者通过计算机网络报所属县、市、旗公安局或者城市公安分局主管公安派出所工作的部门备案。填写《继续盘问通知书》，送达被盘问人，并立即通知其家属或者单位。因身份不明或没有家属而无法通知的，应当在通知书上注明，并由被盘问人签名或捺指印。

(2)批准后应当立即结合当场盘问、检查的情况继续对其进行盘问，并制作《继续盘问笔录》，载明被盘问人被带至公安机关的具体时间，经其核对后签名或捺指印，拒绝的在笔录时应注明。

(3)设置"候问室"等候继续盘问。《公安机关适用继续盘问规定》第4章对候问室做了具体规定，县级公安局(城市分局)，经报请市(设区)以上公安机关批准，可以在符合条件的公安派出所设置候问室。"候问室"的设置条件为：确有维护社会现场所需；警力配置能够保证在使用候问室时的警察人力所需。县级以上公安机关及其内设机构不得设置候问室。

(4)确保被盘问人的无独立生活能力家属的人身安全。《公安机关适用继续盘问规定》第15条规定："被盘问人的家属为老年人、残疾人、精神病人、不满十六周岁的未成年人或者其他没有独立生活能力的人，因公安机关实施继续盘问而使被盘问人的家属无人照顾的，公安机关应当通知其亲友予以照顾或者采取其他适当办法妥善安排，并将安排情况及时告知被盘问人。"这里的"其他适当办法"，包括交给被盘问人的邻居或者所在的居委会、村委会照顾，交由本辖区内的社会福利机构托管、交由派出所民警照顾等。

5. 继续盘问的备案制度。《公安机关适用继续盘问规定》第36条规定，发生被盘问人重伤、逃跑、自杀、自伤等事故以及继续盘问超过批准时限的，公安派出所要报告县、市、旗公安局或者城市公安分局警务督察部门和主管公安派出所工作的部门，并做好详细记录。

### 三、使用"继续盘问"强制措施应当注意的问题

1. 不能将继续盘问作为办理现场、刑事案件的必经程序。对已经立为现场案件或者刑事案件的，或者明知其姓名、身份住址、工作单位的嫌疑人员，公安机关可以直接采取传唤等强制措施。

2. 未设置候问室的公安派出所也可以依法进行继续盘问。未设置候问室的公安派出所，也可以依照《人民警察法》和《继续盘问规定》使用继续盘问，在继续盘问间隙期间，可以将被盘问人送人就近的公安派出所的候问室，也可以由警察在询问室、办公室看管。但是，不得送人看守所、拘役所、现场拘留所、强制戒毒所、收容教育所或者其他监管场所关押。

**【拓展阅读】**

### 特里截停①

"特里截停"是纽约市警察截停盘查的法律基础，也是全美警务盘查的依据。

1963年10月31日，俄亥俄州克里夫兰市，有着30年巡逻经验的警探马丁·麦克法登在街头巡逻，发现两名男子(特里和奇尔顿)来回溜达，24次凝望某商店，后还和另一名男

① 刘长煌．纽约警务盘查概述[J]．现代世界警察，2018(10)．

子(卡慈)窃窃私语，马丁怀疑他们“可能是为持枪抢劫该商店而踩点”，于是把特里一伙拦停，进行外衣拍打搜查，结果发现他们非法携带枪支。后来，该三名嫌疑人被逮捕，法庭作有罪判决。

1967年，特里等人提出上诉，理由是他们有罪判决的证据来源于非法搜查，法庭不应采信。最高法院于1968年6月10日宣判“特里诉俄亥俄州案”，裁定警察有权对存在“可能携带武器或其他危险品的”嫌疑对象进行盘查，不违宪。该盘查被称为“特里截停”，也叫截停、盘问、拍身搜查。

所谓拍身搜查是指轻拍外套，不能进入口袋和衣服里面。

美国是典型的判例法国家，法院的判例对其立法及司法实践都有直接而深远的影响。特里案是有关警务盘查的经典案例，其意义重大，确立了新的证据标准，对美国联邦宪法第四修正案的调整范围有了新的理解和认识，对第四修正案判例法具有里程碑意义，直接建立了警务盘查的行为准则。

宪法第四修正案赋予了公民反对不合理的搜查和逮捕的权利，其保护的主体是人而不是地方，因此如同适用于家中或者其他地方的人一样，也同样适用于街上的公民。

**【本章小结】**

盘查是警察为维护社会治安秩序而依法对有违法犯罪嫌疑的人员进行的当场盘问、检查行为。它是公安机关的人民警察在实施治安管理的过程中，预防和制止违法犯罪的职责需求，是警察的职权行为，属于警察现场的当场处置权之一。“可疑”是盘查对象确定的根本标准，“有利”是选择盘查地点的标准。警察应当在合理判断的基础上，依法行使盘查权。对具备被指控有犯罪行为的、有现场作案嫌疑的、有作案嫌疑身份不明的、携带的物品有可能是赃物的等情形的盘查对象，经当场盘问检查后，警察可以将其带至公安机关，经批准对其继续盘问。

**◎ 思考题**

1. 什么是盘查？盘查的实施条件是什么？
2. 如何理解“可疑”是盘查对象确定的根本标准？
3. 如何正确实施盘查？
4. 继续盘问的对象有哪些？如何理解继续盘问的时限规定？

# 第十章　守望勤务

**【学习目标】** 理解掌握守望勤务的实施要求，能够依法开展守望勤务。
**【教学重点】** 守望勤务的含义及特点，守望勤务的内容，守望勤务的实施要求。
**【教学难点】** 守望勤务具体实施方法

“死徙无出乡，乡田同井，出入相友，守望相助，疾病相扶持，则百姓亲睦。”

——《孟子·滕文公上》

“古者匈奴之众，不过汉一大县，然所以能敌之者……其居处以逐水草为常，故无城郭邑居聚落守望之助。”

——北宋·苏轼《进策·策断下》

## 第一节　守望勤务概述

### 一、守望勤务

#### （一）守望勤务的含义

守望之“守”有看守和防守之意，无论看守还是防守，都有在某个固定地点或场所进行保护、防护的含义。

守望勤务，是指公安机关及其警务人员为有效维护特定或指定区域的治安秩序，保障区域内特定目标、人员安全，通过设置岗亭、定点瞭望等方式，执行警戒、警卫、管制等任务，预防、控制和打击该区域各种违法犯罪活动，并受理群众报案、求助，同时实时监控区域治安动态的一种治安勤务方式。它是公安机关的一种最基本的警察外勤勤务方式。

#### （二）守望勤务的类型

按照不同的划分标准，公安机关守望勤务可以有如下几种分类。

1. 依据勤务是否公开：公开守望和秘密守望

公开守望是治安勤务人员在公开的位置或岗亭中观察治安情况，处理治安问题，服务群众的一种勤务方式。公开守望的地点一般设在比较繁华的道路口、商贸业集中地段、公共交通枢纽、案件高发区域以及人员成分复杂的居民区。公开守望的地点、岗亭、哨所一般应具有醒目的警务标志，守望点的周围应具有醒目的到达守望点路线标识，执行守望勤务的警务人员应着警服执行勤务。这一方式是最为常见的守望勤务方式。

秘密守望勤务，即蹲坑守候，是为了监视重点对象、目标人员的活动，以便发现、掌握案情线索和查获有关证据，而在其经常出没的地点或场所，设置隐蔽哨位进行观察与控制的一种勤务方式。秘密守望的地点一般是根据守望的目的和违法犯罪活动的规律而定。通常是违法犯罪分子可能出没或经过的地点，违法犯罪分子经常活动的地方或者可能作案、销赃的场所。执行守望勤务的警务人员应着便衣执行勤务。这一方式因其与堵截勤务相似之处较多(如下面“拓展阅读”中的案例所示)，所以使用较少，因此本章所讲的守望勤务主要是指公开守望勤务。

**【拓展阅读】**

### 刑释男子再盗车　民警守望逮蟊贼

(发布日期：2017-12-19　08：51　来源：梅州市公安局　略作改动)

2017年12月4日20时许，广东梅州市梅江公安分局江南派出所接群众报警，称其停放在梅江区江南客都汇广场门口的红色摩托车被盗。接报后，该所民警迅速赶至案发现场展开调查。通过调取案发现场的监控视频，民警发现一名身材瘦削的男子在1辆红色摩托车旁来回观察，而后直接跨上了该车，左右摆动车头后将该车推走了。办案民警迅速锁定了该名男子，经循线侦查，发现该男子将盗来摩托车停放在梅江区江南路某小区内，遂在此地段进行伏击(秘密守望)。12月7日10时许，当该男子再次出现推着摩托车外出时，被伏击民警抓获，随后在其租住地缴获被盗摩托车和助力车各一辆。经审讯，犯罪嫌疑人彭某海如实交代了其分别于今年11月和12月在梅江区江南客都汇门口停车场作案2宗，盗得摩托车、助力车各1辆，涉案价值约1万元的犯罪事实。

2. 依据勤务的主要职责和目的：治安岗亭、交通岗亭、公安检查站、反恐防暴守护站

治安岗亭是在违法犯罪活动多发地段和公共复杂场所，如繁华街道、集贸市场、重要的交通道口、车站、码头等地点设置固定或者临时岗亭哨所进行守望的一种勤务方式。设置治安岗亭的目的就是通过定点控制的方式维护治安复杂场所的治安秩序，发现、制止和控制违法犯罪活动。治安岗亭是守望最常见、最原始的一种勤务方式。

交通岗亭是设置固定岗亭或者临时检查站观察交通情况、指挥车辆运行、检查过往车辆和驾驶人员的执勤点。交通岗亭通常是在城市的主要交通道口设置。交通岗亭是现代交通信号系统广泛运用之前，交通民警执行交通管理的主要工作方式。随着现代交通信号系统的广泛使用，利用交通岗亭实施守望勤务活动已逐渐减少。但是，目前各大城市都在迅速的进行城市扩张、建设，因城市主干道路扩建，高架桥、地铁建设限制通行导致拥堵的情况日益增多，因此，可以考虑通过增加临时性交通岗亭的方式缓解交通压力，及时处理交通事故，保障城市交通秩序井然有序。

公安检查站是在进出城市的各个要冲点设置固定或者临时岗亭、哨所进行守望的一种勤务方式。它的主要职责任务：查缉、堵截犯罪嫌疑人及其他危害社会治安的人员；盘查、控制各类重点人员；查缉非法携带、运输的枪支弹药、易燃易爆剧毒放射性等危险物品，查缴管制刀具、非法出版物、淫秽物品、毒品及其他违禁物品；检查过往机动车辆，检查发现被劫、被盗、交通肇事逃逸车辆，查处道路交通违法行为等；对周边未设站的道路，开展动态设卡查缉行动；接受群众报警和求助，提供便民服务；配合其他行政执法部门开展查禁走私、制假贩假、治理超载超限和检疫等执法活动。

反恐防暴守护站是在重要区域和重要场所设置防暴岗亭或大型防暴车，进行专项守护任务的守望点。一般临时或长期设置在城市的繁华商业街区、大型公交场站、人流密集的地铁

站、敏感地区以及重点部位等区域场所。

3. 依据守望地点是否固定：固定岗哨守望和临时站点守望

固定岗哨守望是在治安情况复杂，容易发生违法犯罪活动和治安灾害事故的公共复杂场所、交通道口和区域设置固定岗哨执行守望的一种方式。固定岗哨通常有治安岗亭、交通岗亭、公安检查站、反恐防暴站等几类。在固定岗哨进行守望是守望勤务的主要形式。

临时站点守望往往是指根据专项任务设置的守护点，一般性专项任务，以定点车辆为主；特殊性专项任务，如针对特定单位、特定人物的守望。这种守望是固定岗哨守望的一种补充。守望点具有临时性、非固定性的特点，岗哨设置的多少、时间长短、地点等都是变化的。

**(三)守望勤务的特点**

依据守望勤务的含义，可以总结出守望勤务的基本特点：

1. 守望勤务强调静态观察、定点防控

相较于巡逻勤务的线性、动态的特点，守望勤务的定点、静态的特点非常突出，主要表现在两个方面，一是守望区域、地点的固定性，即在固定的区域、场所设置岗亭、哨所或观察瞭望点；二是勤务方式以静态观察为主，通过在固定位置的定点瞭望、观察治安动态，收集掌控治安信息。

守望勤务的定点、静态的特点，体现的"以点控面"的警务工作思路。守望勤务可以更为精准的观察特定区域内的反常现象如人的反常装束、表情、行为及可疑物品等，进而通过对反常现象的分析、判断，识别、发现违法犯罪嫌疑人，从而有效控制勤务区域的治安动态，预防、发现和控制违法犯罪。随着公安科技手段的不断普及和升级，如"天网工程"的完善、"智慧警务"的推进，守望勤务可以利用视频监控、无人机等科技手段对勤务区域进行全方位的瞭望，这将大幅提升守望勤务的工作效率和防控的精准度。

2. 守望勤务具有复杂性、危险性

守望勤务往往是在地理位置重要、建筑结构复杂、人群密集度高、交通流量大以及人财物汇集程度高的治安复杂地区和公共复杂场所开展的，如政府驻地集中区域、城市的商业聚集区、公交场站等，这些区域和场所往来的人员结构复杂，一旦发生案事件，后果严重，极易造成恶劣影响，处置难度大。勤务区域、场所的治安特点决定了守望勤务的复杂性和危险性。

**(四)守望勤务的作用**

守望勤务在整个治安勤务中占有重要地位，目前，我国各大城市在治安复杂区域和公共复杂场所均建有固定或临时守望点。这些硬件设施的投入为不但为公安机关开展守望勤务提供了便利，也为巡逻、盘查等其他勤务活动提供了平台和支撑。从实践来看，守望勤务主要具有以下几个作用。

1. 预防、发现、制止违法犯罪行为

守望勤务可以有效地预防违法犯罪活动。"警之于先，察之于后"。公安机关通过守望勤务，将警力布置在特定的区域内，屯警于街头，有利于提高见警率，减少违法犯罪的机会，增加违法犯罪成本，有效震慑违法犯罪分子，从而减少违法犯罪的发生。

守望勤务可以有效制止违法犯罪活动。公安民警通过守望勤务既可以对控制范围内的人、物、事进行观察，及时发现、排查、确认可疑人员、可疑物品和可疑活动，又可以在守望区域发生案事件之后，立即赶赴现场进行先期处置，救治伤员，控制相关人员，保护现场，控制事态发展，为后续处置工作赢得宝贵时间，大大提高了打击现行、侦查破案的效率。

2. 维护公共安全和社会秩序

公共安全和社会秩序作为国家与社会稳定的底线，需要警察之类的随时准备适用专门法律强制来实施法律规范的外在强制力量来守卫。通过守望勤务，公安民警可以对勤务区域范围内治安情况进行全时段的掌握和控制，对一切危害公共安全和社会秩序活动，均进行制止、取缔和打击，维护正常的社会治安秩序，保护公共利益及公民个人的人身、财产权利不受侵犯。

3. 掌获违法犯罪信息

在大数据时代背景下，要在“顶层”建设智慧公安，打造数据警务，都离不开“基层”情报信息的支撑。如果说派出所是公安机关的“触角”，那么瞭望点、岗亭等就是“触角”上的“触刺”，通过这些“触刺”，可以实时并精确采集、掌获违法犯罪信息，准确把握违法犯罪的方式、手段、特点和规律，从而为制定预防、控制和打击违法犯罪的实施方案，实现对违法犯罪活动进行精确制导和精准打击奠定基础。

4. 密切警民关系

全心全意为人民服务是我国公安工作的根本宗旨，服务人民就是要始终坚持人民公安为人民，牢固树立以人民为中心的发展思想，不断提升人民群众的安全感和满意度。因此，公安民警除了打击违法犯罪以外，为公民提供多种综合服务及救助也是另一项重要职责。执行守望勤务的公安民警其工作地点就在“街头巷尾”，工作环境就扎根于人民群众之中，这使他们有更多的机会为街头寻求帮助的公民提供面对面的服务。例如，救助那些生命处于危险境地的人；现场排除、化解各种冲突、矛盾和纠纷；回答公民提出的各种问题；护送儿童过马路；守望点就像流动派出所，方便公民报案等。事实上，执行守望勤务的人民警察已成为密切联系群众的窗口和纽带。由于守望民警置身于群众之中，为群众排忧解难，提供服务，办好事、办实事，接受群众监督，增强群众安全感，因此，守望勤务无疑是密切警民关系的最佳勤务方式之一。

**【拓展阅读】**

## 万宁市公安局探索“路长+执勤岗亭+路管员”勤务模式

（来源：法制时报，时间：2018 年 9 月 13 日，作者：和婷婷　郭彦，略有改动）

提起海南省万宁市的“路长制”工作，就不得不提在市区主要路口设置的 13 个“路长制”执勤岗亭。这 13 个岗亭不仅使“路长制”工作得到有效开展，更为万宁市深化“放管服”改革提供了空间基础。

2018 年 1 月，万宁市在省公安厅统一部署下开始推行“路长制”警务机制改革，以解决警情多、警力少矛盾为突破口，探索“路长+执勤岗亭+路管员”勤务模式，屯警于街面，一警多能、多警联动，提高出警效率，有效打击各类违法犯罪；将服务前移，在岗亭内设置出入境自助服务点，配备自助服务终端，方便群众就近办理港澳通行证再次签注制证，切实让群众少跑腿。小岗亭发挥了大作用。据统计，自 2018 年 1 月 17 日执勤岗亭投入使用以来，万宁城区重大刑事警情与去年同期相比下降 22.2%，其中“两抢”案件下降 47.5%；治安警情与去年同期相比下降 30%；交通事故警情与去年同期相比下降 30.8%。未发生暴力恐怖犯罪案件，交通事故及各类治安警情出警快速。

**白天见警车晚上见警灯　岗亭成为群众的“一线守护神”**

“不管是白天还是晚上，出门总能看到执勤的民警。”家住万宁市光明南路的市民吴长宇对大半年来发生的改变深有感触，他说，“如今即使是深夜行走在万宁的主要街道上，也能看到巡逻的警车和闪烁的警灯，非常有安全感。”

8月29日上午，在光明南路烈士陵园路段的“路长制”执勤岗亭附近，交警正联合巡警防暴警路管员开展交通违法行为查处。

驾驶电动车要佩戴安全头盔，驾驶摩托车要有证件，机动车要礼让行人……路管员们对机动车逢车必查，对违规电动车驾驶人进行相应处罚，教育后才放行。以“路长制”执勤岗亭为核心点，在各条道路上开展联勤执法，打击路面违法。像这样的执勤岗亭，万宁市一共有13个。

为扎实推进“路长制”快速反应、一警多能、多警联动的工作机制，切实提升社会面动态管控和快速反应能力，万宁市公安局依托在火车站、汽车站、大型超市等人员聚集重点、要害部位设立的13个规范统一的“路长制”执勤岗亭，构建“执勤岗亭、屯警街面、动态备勤”防控新模式，加强岗亭点线面建设，万宁市委常委、公安局长、总路长麦宏章介绍，市公安局在每个执勤岗亭都配备了1辆警用汽车、2辆警用摩托车、武器警械等装备，由市公安局驻站巡警防暴警、交警与辖区派出所民警、协警组成联合警备小组，每天安排至少6名路管员在岗在位，实行24小时全天候值勤。

路管员需按规定佩带武器警械，白天见警车、晚上见警灯，全天候不定时对路段重点部位公开巡逻，在重点时段对重点区域加强巡逻密度，提高见警率，增强对违法犯罪的威慑力，以点控线、以线带面，为市区治安秩序提供了坚强保障，把岗亭打造成为犯罪分子的“一线克星”、人民群众的“一线守护神”。

**2分钟赶到、3分钟抓获　以岗亭为依托快速出警多警联动**

万宁市开展“路长+执勤岗亭+路管员”勤务模式，不仅有效增加了群众的安全感，事实证明，出警和处警效率也明显提升，多警联动、一警多能的优势展现得淋漓尽致。

7月11日下午2点43分，在人民中路与文明中路交叉口的“路长制”执勤岗亭的路管员接到指挥中心指令，在万城镇吴仔村路段发生一起车祸，有人员受伤。接警后，巡警防暴警大队摩托车中队路管员及交警路管员不足2分钟就赶到了事发现场，路管员们疏导交通，妥善照顾好伤者，及时联系市120急救中心将伤者王某送往医院救治。

同时，路管员们了解到交通事故是一辆摩托车与一辆变形拖拉机相撞造成，拖拉机肇事后逃逸。路管员们当即根据现场群众提供的线索，火速追击，不到3分钟就将肇事逃避者抓获。

过去，街面警察分为巡逻民警和交通民警，专业细分，各司其职。因路面警力不够，往往产生“出警慢”“管事率不高”等问题。

“路长制”工作机制运行后，让交警巡警互相“管对方的事”。这样，每一个路口、每一个岗亭就是一个治安守望点，每一组巡逻民警、每一个屯警点又是一队维护交通秩序的执勤力量，最大限度地提高了街面见警率和管事率。“13个岗亭之间也建立了联勤联动机制，有重大突发警情时，各岗亭协同作战。”万宁市公安局政委、副总路长李让金介绍，市公安局还在每个岗亭配备电脑连接公安内网，掌握各类警务资源，与市局、辖区派出所建立联系，共享治安信息情报，遇到突发性、群体性事件，能在较短时间内集中岗亭警力，直接投入实战。

据了解，目前，万宁城区街面的13个治安岗亭承接了城区40%的110接处警，“路长制”工作的开展，彻底扭转了以往警情多、出警慢的局面。

**岗亭内就可办签注业务 将服务前移让群众少跑腿**

执勤岗亭虽然小，但如果充分利用，则能发挥出更大作用。

“非常便民，不用跑到市公安局，出门走几步就可以办理了。”家住建设路动车站路段“路长制”执勤岗亭附近的市民陈丽丽，通过岗亭内设置的自助服务终端，不到1分钟就办完了港澳通行证再次签注制证业务。

负责动车站岗亭的城西派出所所长、三级路长朱志导介绍，市民只需将身份证放在自助服务终端读卡位置，设备便能自动读取身份信息、打印申请表，并免费提供照相服务。同时，服务终端拓宽了缴费方式，提供现金、银行卡、微信缴费方式，真正让市民享受便利。

“这是我们以‘路长制’执勤岗亭为依托，深化‘放管服’改革的具体举措，将服务前移，为更多群众提供便利。”万宁市公安局副局长、一级路长叶必平介绍，接下来，会将出入境办证相关服务业务推广在13个“路长制”执勤岗亭中，并不断探索新思路，将更多服务前移，让群众少跑腿。

同时，万宁市公安局充分发挥执勤岗亭的辐射功能，对接市公安局民意警务、民调评警中心工作，以执勤岗亭为中心，以公安民警为骨干，以社区群众为对象，建立群防群治联系机制，把“两抢一盗”、诈骗、“黄赌毒”等多发性案件作为联防联控重点，组织发动辖区社会各方面力量参加防范工作，编制了一张多方力量参与的“天罗地网”。

2018年6月26日下午5时34分，群众向执勤岗亭反映，万隆街建设银行路段有一疑似精神病人在街上胡乱喊叫，引起群众围观并引发交通拥堵。接警后，正在街面执勤的派出所和交警路管员及时到达现场，疏散群众，疏导交通，并安抚正在吵闹的疑似精神病人情绪，沟通得知他住址后，安排警力送其回家，获得其家人感谢。

记者看到，在执勤岗亭里，茶杯、急救药品、雨伞等便民物品一应俱全，显眼位置更是张贴了服务群众告示，一张张警民联系卡派送到了城区主干道两侧的商店、酒家、企业、学校。除了治安防控外，“路长制”执勤岗亭如今已成为服务群众的窗口、与群众心连心的桥梁、为危难群众送温暖的“爱心港湾”，小岗亭发挥了大作用。

## 二、守望勤务的内容

根据守望勤务类型、目的的不同，守望勤务的内容会各有差别，一般来说，守望勤务主要有以下工作内容。

### （一）对勤务区域进行全时空观察

公安机关要立足于社会治安整体防控，提高打击违法犯罪和社会治安动态控制的综合能力。通过守望勤务全时空的注视社会面动向，及时发现治安问题，提高公安机关在遇到严重暴力犯罪案件，遇到突发事件、自然灾害、群体性事件时应对和决策的能力，实现预防、控制和打击犯罪的目的。

### （二）防范暴力性犯罪活动

暴力性犯罪活动容易引发社会恐慌，影响群众安全感，社会影响巨大，公安机关在做好治安防范的同时，应以打击严重暴力犯罪和严重影响群众安全感的多发性犯罪为重点。当前犯罪呈现出暴力犯罪突出，侵财犯罪突出，流窜犯罪突出的特点，犯罪分子作案具有随意性、突发性，作案快、逃离现场快，一旦失去战机，就有可能形成积案。因此，强化守望勤务的阵地控制十分必要，一旦发现警情迅速出警，在最短的时间内赶到现场，确保及时抓获犯罪嫌疑人和及时有效地处置各种突发事件。

**（三）及时化解纠纷，制止和取缔扰乱公共秩序和妨碍公共安全的行为**

活动于公共复杂场所、街道的各类人员之间容易产生各种矛盾、冲突、纠纷和导致各种事故发生的隐患。一旦发生激烈的矛盾、冲突极易发生连锁反应，诱发治安案件事件，还会引起群众围观、哄闹，造成影响和后果重大的治安事件。及时发现、制止和处置各类治安案件、治安事件可以维护良好的社会治安秩序。

扰乱公共秩序，妨害公共安全的行为大多发生在公共场所或社会面。如果不及时制止和取缔，就极有可能引发治安案件，甚至演变成刑事案件。通过守望勤务，及时发现、制止这类行为，为公共场所提供良好的治安秩序，避免出现混乱和各种灾害事故。同时，及时的发现和制止这类行为，可以消除公共安全方面的隐患。避免不特定多数人的生命、财产可能遭受的侵害。

**（四）对重点人员实施监视，抓获现行违法犯罪分子和在逃人员**

通过守望勤务可以对重点人员进行布控、监视，实时掌握其动向。另外，城市守望区域，通常也是违法犯罪的高发区及违法犯罪分子藏身区域。在这些区域部署警力进行守望，并和巡逻、盘查勤务共同实施，可以有效的对可疑人员进行监视、控制。

根据通缉协查通报，盘查可疑人员，抓获现行犯罪分子和在逃人员是守望勤务一项重要的职责。执行守望勤务的民警要根据“在逃人员信息系统”对负案在逃的人员开展有效的缉捕。勤务中对发现的可疑人员要运用网上查询比对，及时查获负案在逃人员。同时还应根据被盗抢及丢失车辆信息系统网络通报，发现和抓获盗抢机动车，销赃车辆的犯罪嫌疑人，扩大战果，消除社会隐患。

**（五）对特殊人群、特殊情况进行处置，为公众提供救助**

公共复杂场所人员集中、成分复杂、流动频繁，容易发生违法犯罪活动和治安灾害事故。一些乞讨者、酗酒者和精神病人也会聚集和出现在这些场所，容易诱发社会治安问题，加强对这些地区的乞讨者、酗酒者和精神病人的清查和处置，可以保护他们不受不法侵害和自我伤害，减少治安案件或事件的发生。

重点部位、主要的交通干线和公共复杂场所建立守望勤务岗亭、哨所，公民随时可以向执勤的人民警察报案、举报、移送抓获的犯罪嫌疑人，而执勤的人民警察可以答复公众提出的有关治安管理的询问，同时对公众的紧急救助提供帮助。

## 第二节 守望勤务的实施

### 一、守望勤务的实施要求

**（一）守望应与巡逻等其他勤务紧密结合**

守望勤务具有静态性的特征，即通过在固定位置和区域的定点瞭望、观察治安动态，了解、收集治安信息，为人民群众提供服务。但在具体的勤务活动中，守望勤务不是孤立实施的，是以守望点为依托，采取定点观察瞭望与动态巡视相结合的方式进行的，通常在守望点周围进行巡逻、警戒和必要的盘查，以及在必要的时候设卡堵截，只有动静结合，瞭望与巡视相互补充，互为依托，才能做到点面结合，发挥综合效果，从而对勤务区域进行有效的控制。

**(二)守望点的设置要科学合理**

守望是以点控面的一种勤务方式，执勤人员的勤务活动是以守望点为依托进行的，因此，守望点的设置要严谨周密、科学合理。总体上来说，守望点的设置应该从以下三个方面考虑：

1. 守望点的设置与布局要与社会面整体布控相协调

守望点的设置要从整个社会面的控制全局出发，与社会面整体布控相协调。既能充分发挥守望勤务的独特作用，又能够在社会治安整体防控和综合治理中与其他勤务工作相互衔接，紧密配合。这就需要在守望点的设置时，统筹考虑治安巡逻线路的布局及社会面控制方式的协调问题，以充分发挥守望点在区域控制中的作用。

2. 守望点应布建在对治安秩序影响较大的关键区域和场所

为有效的对治安重点区域及治安复杂区域进行有效的控制，守望点一般选择在对社会面治安秩序影响较大的关键区域和场所，以及易于发案的重点部位和主要交通要道地段进行设置。如城市的政治中心，市民文化活动的集中区域，地铁站、火车站人员密集场所等。

3. 守望点应布建在易于观察和控制治安态势的部位、区域和场所

为更好的发挥守望勤务作用，在选择守望勤务的具体位置方面，应选择那些视野开阔，利于观察、控制全局的关键点上。

**(三)守望人员要具备较高的综合素质**

1. 敏锐的观察力、准确的判断力

守望勤务工作要求执勤警务人员要对守望区域进行全时空控制，最主要的勤务方式就是不间断的对守望区域进行观察，掌握守望点周围的人、地、物、事等各方面情况。如果没有敏锐的观察力很难发现疑点，也就不能通过这些疑点发现违法犯罪嫌疑人，进而起不到守望的作用。因此，执行守望勤务的警务人员应在勤务过程中利用自身敏锐观察力灵活采用静态观察、动态观察、跟踪观察、刺激反应观察和技术观察等多种组合观察方式，对可疑的人、事、物和车等进行观察，根据守望区域发现各种现象和问题，通过综合分析，发现、识别疑点，准确判断可疑情况和隐藏的危险，进而发现和揭露违法犯罪分子。

2. 要有危险意识

执行守望勤务的警务人员通过观察，发现可疑人员，可疑人员对执勤民警的构成的危险存在较大的不确定性，因此，执行守望勤务的警务人员一定要有危险意识。危险意识的具体表现就是思想上要有戒备意识，行为上要有戒备措施，也就是守望人员发现可疑分子并进行盘查、控制时，一定要分工明确。有人负责盘问、控制，同时，要有人对可疑人员负责戒备和策应，以及对外围进行戒备，防止同伙的突然袭击或逃窜。根据有利的地形、地物作为依托，把握合适的距离进行合理站位，如可依托执勤人员数量多的优势，形成弧形站位或三角站位，对可疑人员形成威慑和防止其真相败露后的逃跑或袭警。

执行守望勤务的警务人员，对发现的违法犯罪嫌疑人进行控制或缉捕时，要时刻提高警惕。缉捕可疑人员时对方可能会采用逃跑或袭警等方式进行反抗，所以在缉捕时必须要有高度的安全意识。缉捕的安全意识表现在：缉捕时要根据观察和盘查的信息判断可疑人员可能出现的情况，并有针对性的运用警械装备等进行抓捕，如可疑人员涉嫌吸毒等，公安民警在

其逃跑后的追捕过程中，一定要考虑吸毒人员可能随身携带针头等，所以可以利用警械装备，如抓捕器控制其手或脚等将其控制后再进行约束控制；在对其搜身的过程中要戴上手套并用轻按的方式进行检查，以免手被刺伤等。另外，如果抓捕现场围观群众过多，也要注意防止伤及周围无辜群众。

**(四)守望点要配备必要的装备**

“工欲善其事，必先利其器”，美国警政专家威尔逊在论述警察装备的地位时也说：“警察业务的成绩与许多工作的成功，得益于装备，如欲断然处置利用车辆的罪犯，则对交通与通信工具有特殊而迫切的需要。”由此可见，装备对于警察工作乃至守望勤务工作都有着极其重要的作用。毋庸置疑，作为守望勤务主体的警察人员，在发挥守望勤务作用中起着决定性的作用。但执行守望勤务的警务人员为更好的执行任务，还需要以物质装备作为依托。尤其是在因现代化不断发展而带来的犯罪分子装备不断更新的今天。守望点既是观察和控制该地区周围治安秩序的据点和依托，同时也是处置各类治安案件、事件以及其他紧急情况的重要场所。为了保证守望人员能及时有效的处置各类治安事件和其他紧急情况，守望点应根据需要配备必要的器材和装备，如必要的照明设备、通信设施、交通设备、警械等。

## 二、守望勤务的实施方法

守望勤务实施的主要目就是发现、识别和判定各种违法犯罪嫌疑人。一般来说，守望勤务主要通过观察、辨认、盘问和检查等具体方法来实现。

**(一)观察**

1. 观察的分类

从不同的角度，可以将观察方法具体划分为静态观察、动态观察、跟踪观察、刺激反应观察和技术观察。

(1)静态观察

静态观察，是指公安民警在相对静止的对守望区域辖区内不寻常的人、事、物和车进行的观察。静态观察需要“眼观六路、耳听八方”，在日常守望观察中要静态观察、动态观察和技术观察等相结合，才能发挥各种观察方法的最佳效果。

(2)动态观察

动态观察，是指公安民警在相对的动态中对守望区域内可疑的人、事、物和车进行的观察。如接到通报守望区域内来了一伙盗窃犯，根据他们年龄、体貌特征、方言和作案习惯等，有针对性的进行观察。

(3)跟踪观察

跟踪观察，根据群众举报或公安民警执勤过程中发现的可疑人员，进行继续跟踪观察，以便进一步的确定或排除可疑人员的观察。

(4)刺激反应观察

刺激反应观察，是指公安民警在执勤过程中，对发现的可疑人员本人或者周围的人、事、物或车辆施加一定的条件，观察可疑人员的反应，以便确定可疑人员是否真正存在问题的观察。如盘问可疑人员或者其周围的人员，并说要缉拿某某特征的犯罪嫌疑人，观察其神态及反应等。

(5)技术观察

技术观察，是指公安民警通过天网系统、视频巡控系统以及其他高科技技术手段等，对可疑人员的行为或神态进行的观察。如天网系统可连接到守望点内或者公安民警的警务通手机，公安民警可在守望岗亭内或者用警务通手机进行技术观察等；公安民警也可采用视频巡控的方式，在办公室内对重点监控区域、人员进行巡查和观察，进而对守望区域进行有效的控制。

此外，还有定向观察、定位观察、流动观察等之类的分类。

2. 观察的重点

为了提高观察效果，应当从神态、行为可疑，携带物品可疑，关系可疑，痕迹可疑等方面加以综合考虑。

(1)被指控有犯罪行为的

在执行守望勤务时，根据举报，被指控有犯罪行为的人，公安民警应当进行严格盘查；必要时，可以采取强制措施。

(2)神态、行为反常的

反常神态、行为是指行为人表现出来的与所处的特定时间、空间环境不相适应的各种神态、行为。具体表现在面部表情、行为举止、行为实施的时间和空间反常上，如看到警察过来，忽然改变行走方向，躲闪、绕行、低头、转身疾走，或神情紧张、脸变颜色，当被问话时，语无伦次、答非所问。在商场内的扒窃分子，既不购物，又不休息，衣着整洁，却在阴暗角落中暗中观查，眼睛总盯着人们装钱和贵重东西的口袋、提包等，而且总喜欢往人群中挤；负案在逃、被通缉通报的犯罪分子，在遇到警察时往往表现出胆怯心虚不敢与警察正面接触，总会采取扭身转脸、借物隐蔽等方式快速逃离，害怕被发现，另外，见有警察在盘问他人时，自己却急忙走开等情况。行为实施的时间和空间反常是指行为发生的时间、地点，违背正常人的通常习惯及一般人的行为应符合生活规律，如果半夜三更一个人在线路两侧无目的闲逛，在十分偏僻的地方长时间逗留，深夜搬运贵重物资等。

(3)携带物品可疑的

反常物品是指行为人携带的物品与携带者身份、目的、处所等有诸多方面的不相称，或与其自述有矛盾的物品。如携带、转移赃物者，对自己随身携带的物品讲不清来源，不知道物品的具体情况，遇有民警盘查时，便漏洞百出，如带有大量现金的说不清来源，携带的行李里边有各式各样的香烟，牌子很杂，有好有坏等；人们外出旅行或办事时随身携带的物品，大多与旅行目的或工作、生活需要相一致。而犯罪分子往往携带作案工具，或者携带大量的钱物以及与其工作、旅行不相适应的物品，疑似违禁品、作案工具，如大力钳和撬盗工具等。

(4)两个以上的人关系可疑的

反常关系是指当有两个以上的人在一起行动时所表现出来的相互之间的不正常的关系。如：男女两人在一起，却又说不清对方的姓名、住址，可能涉嫌卖淫嫖娼；男女同行时关系不协调，女方被动、神情恐惧不安，向民警投来求助的目光的，可能与劫持、拐卖妇女有关。

(5)痕迹可疑的

反常痕迹是指行为人人身或者其携带的物品等具有非正常的痕迹特征。如面部或头部及身体各部位有明显外伤的，行为人身上的反常伤痕、反常衣着，携带物品、有不明血迹、损伤痕迹等。

**(二)辨认**

辨认是指公安民警在执行守望勤务时，通过比对观察对象与通缉通报对象的相似度，识别和确定犯罪嫌疑人的一种方法。辨认是通过识记和贮存的有关通缉、协查对象的信息，在守望勤务中将嫌疑人与通缉、协查对象在比对中辨别和认定。对通缉、协查对象的辨别和认定是一项具体的细致的工作，只有认真做好充分的准备工作，全面了解、熟悉对象的体貌特征，才能在执行勤务时变得清、认得准，提高工作效率。辨认重点应放在全面把握辨认对象的体貌特征及其差异形态。体貌特征是人体形态的标志，是一个人的身体形态特点不同于他人的具体表现。包括人物的容貌(面容长相，如五官等)、身材(高、矮、胖、瘦)、衣着(穿着打扮)和表情(喜、怒、哀、乐)等。特别要加强对人体轮廓与类型，人体运动、畸形、病变有关的特征，实际这是辨别和确定的基本条件。人的生长发育阶段、性别和年龄特征都是相对固定的，虽然人们可以进行伪装，如整形、易容等，但这种控制和支配是有限的，只能在意识所及的范围内进行伪装，而定型化的特征都会在不自主的情况下暴露出来。因此，在勤务执行中，要根据已掌握的特征和已发现嫌疑人的特征，作整体性辨别和认定，注意差异形态，不要被假象所蒙蔽。

**(三)盘问**

盘问是对盘查对象表现出的疑点进行的查问，但有疑点并不代表一定有问题。因此，盘问要建立在“合理的怀疑”的基础上，要留有余地，注重方式、方法。为此，盘问一般不宜开门见山、直截了当地进行，而应当循序渐进，逐步深入。通常盘问分为告知、启问和盘问三个阶段。

1. 告知

告知是指执行职务的派出所人民警察发现可疑人员以后，出示相应执法证件，表明身份，示意其停止行动，接受盘查的活动。盘查既是公安机关人民警察的一项强制权，但同时也必须依法、按照程序进行。《人民警察法》第 9 条规定：“为维护社会治安秩序，公安机关的人民警察对有违法犯罪嫌疑的人员，经出示相应证件，可以当场盘问、检查。”这就要求进行盘问时，首先必须要表明自己的身份，告知被盘问人要依法对其进行盘查。告知不仅是盘查的法定程序，同时也是公民的一项基本权利要求，盘查民警没有履行告知程序，公民可以拒绝接受盘查。盘查民警在告知时，主要是做到两点：一是出示相应执法证件，如：人民警察证、值勤证等。二是口头告知：“我们是(某某单位)的警察，现依据《人民警察法》第九条之规定对你进行盘查，请予以配合。”

2. 启问

启问是指对盘查对象进行的不直接涉及疑点的询问。如可向盘查对象询问从哪来，到哪去，做什么工作，家住哪里，多大年龄等一般生活和事务性问题，目的是判断他是否说假话，有无更多的疑点。启问时，民警要对盘查对象的面部表情进行细心观察。通过询问观察，可以进一步检验被盘问人说话的真伪。一般来讲，说谎的人，其目光往往游移不定，不敢与警察对视，或者刚刚对视马上又移开。如果当事人有这种表现，就可以初步断定此人可能有问题，需要进一步深入、细致地进行盘问。

3. 盘问

盘问是民警对盘查对象表现出的一点而进行核实盘问。盘问主要是民警有目的、有控制、针对性地提出问题，向盘查对象进行质询或详细核实。盘问时，民警要求盘查对象要尽可能具体详细地讲清疑点问题的来龙去脉、细节特征等方面的问题，促使有违法犯罪嫌疑的人露出马脚。如对携带可疑物品的人，可对其所携带物品的了解情况进行详细询问，要求被盘问人详细介绍物品的有关情况，如果不法分子是刚刚偷来、抢得的物品，是无法了解该物品的品牌、规格、特征和性能的，从而发现或者排除违法犯罪分子。

**(四)检查**

检查是在盘问的基础上，为核实盘问的内容以及进一步发现问题，消除或确认疑点，而对盘查对象的人身及携带物品所进行的用心查看、比对、检验的活动。检查的目的，是为了验证盘查对象所说情况的真伪，发现赃款、赃物、凶器和违禁物品。检查包括人身检查和物品检查两个方面：

1. 人身检查

人身检查是怀疑盘查对象身上携带有凶器、危险物品、违禁物品、赃款赃物等与违法犯罪有关的物品和证据，而对其人身进行检查的活动。由于人身检查直接涉及到被盘查人的人身自由权，因此，最容易产生纠纷。另外，人身检查中警察和被检查人员距离很近，要有一定身体的接触，也最容易出现袭警情况。盘查中并不需要对所有的对象都进行人身检查，是否进行人身检查要根据具体情况而定。有下列情形的人一般应依法进行人身检查：查获持有伪造、变造证件、冒名顶替、企图蒙混过关的；疑似通缉、通报协查的犯罪嫌疑人；群众举报和指认的违法犯罪嫌疑人，或者现场实施违法或犯罪行为被抓获的；身染血迹斑痕，身负一定创伤，有重大违法犯罪嫌疑，形迹可疑的人；盘查中可疑情况严重，需带回继续盘问、留置的人；不讲真实姓名、身份、住址的人；非法携带枪支、管制刀具或发现持有作案工具及携带物品怀疑是赃物的人员；携带危险物品(如易爆、易燃、剧毒、放射性物品)、违禁物品(如毒品、麻醉药品、淫秽物品)的。

2. 物品检查

物品检查包括证件检查和实物检查。证件检查主要是查验盘查对象的居民身份证、工作证、护照、出差证明信等能证明盘查对象身份的证件和铁路运输过程中的有效票证。实物检查是对盘查对象携带的物品，如箱、包等的检查；还包括对盘查相对人骑乘的车辆，如自行车、摩托车、汽车等的检查。

**【本章小结】**

守望勤务是公安机关及其警务人员为有效维护勤务区域治安秩序，保障勤务区域特定目标、人员安全，通过设置岗亭，定点瞭望等方式，执行警戒、警卫和管制任务，预防、控制和打击勤务区域各种违法犯罪活动，并受理群众报案、求助，同时监控勤务区域治安动态，实地实时了解、收集违法犯罪活动信息的一种治安勤务方式。这种勤务方式不仅能够起到预防和制止违法犯罪行为，维护公共安全和社会秩序的作用，还能及时掌握和获取违法犯罪信息，为公民提供服务、密切警民关系。因此，熟悉守望勤务的类型、特点，掌握守望勤务的内容，具备执行守望勤务的能力，是一名人民警察必备的职业素质。

**【延伸学习】**

## 日本的交番制度

(作者李哲宇，刊载于《人民公安》杂志，2002 年第 5 期)

日本警察起源于明治维新时期，发展于“二战”以后，20 世纪 70 年代最终形成了有日本特色的现代警察制度。日本警察的历史与日本社会同步，最初是模仿法、德等国，后来又借鉴美国。日本警察制度的最大特色可以说是交番(KOKAN)制度。现在美国、新加坡、泰国、印度、埃及等许多国家和地区纷纷到日本学习、借鉴，交番制度在世界范围内引起广泛关注。

**一、交番、驻在所是日本警察的最基层组织**

交番最初并不是一个正式的称谓，而是对派出所的一种习惯叫法，1992 年以后才正式得到确认。

交番分散设于城市的商业繁华地区、重要场所和交通路口。交番面积大小不一，大城市内最小的交番只有十平方米左右，一般实行多名警官“轮流倒班制”。驻在所一般设于农村和居民住宅区，原则上由警官夫妻二人居住、生活，共同值勤，实行 24 小时勤务制。妻子作为工作的助手，也着警服并领取工资。据日本警察厅 2000 年 4 月统计，全国城市共有交番 6614 所，农村共设驻在所 8110 所。交番、驻在所可以说是日本最大的国有资产。

**二、交番实行“倒班制”的勤务模式**

到日本旅行的游客经常会听说：“有困难，找交番。”交番的警务人员最少是 6~8 名，最多可达 60 人左右，但因为实行“倒班制”，所以交番内并不显得十分拥挤。

以东京新宿歌舞伎町交番为例，编制是 60 名警官，实行“四班倒”的勤务方式，平时值班的警官应为 15 名。以一勤、二勤、不值班、日勤四种顺序进行倒班。一勤是上午 8 点到交番上勤，午后 4 点返回警署，5 点 15 分勤务结束。二勤是午后 2 点 30 分上勤，到午后 4 点期间与一勤交接警务，到第二天上午 10 点 30 分勤务结束。不值班时要求昼夜在家休息。不值班不等于休息日，必须在家待命，如有紧急警务可能随时上勤。日勤是上午 8 点 30 到午后 5 点 15 分，大部分是步行或骑自行车巡逻、检查。日勤结束后，再轮回一勤，循环往复。这里不包括周日、节日和带薪休假。实际的排班较复杂，合计大约相当于每周五天工作制。

地方警察机关根据本地区的警力、治安情况安排交番勤务，勤务方式不尽相同。如大阪地区的交番，一般实行三班倒，即日勤、值班和不值班。

**三、交番独特的警务方式**

交番的警务方式，各地略有差异，但基本上包括“站班”“坐班”“走访”“巡逻”。站班是指在交番门外站立，监控周围情况。坐班是指坐在交番中，监视外面的情况。走访是指走访辖区内的住宅、商店，听取意见，了解情况，收集信息，并说明近期的犯罪动向、防范注意事项。巡逻时要求警察骑自行车在辖区内巡回检查。明确务实的交番职能根据日本警察法规定，交番、驻在所是社区安全中心，主要职能是：

1. 值班时接受居民的报案，并进行简单的处理，向有困难的人提供咨询和指导。

2. 巡逻时掌握辖区的情况、盘问可疑人员、提供交通指导和实施交通强制措施、保护走失儿童和醉酒者。

3. 定期走访辖区住宅、单位，进行防范诊断，提供预防犯罪、意外事件的指导和建议，在灾害发生时进行紧急联络。听取居民的意见和要求，帮助社区居民排忧解难。

4. 全国有 96.6%的交番和驻在所分别发行自办的“迷你交番报纸”，这些宣传材料，由警察自己编辑，反映辖区内的事件、动态及预防对策等，受到社区居民的广泛好评。

5. 利用业余时间辅导青少年，如柔道、剑道及书法、绘画，以预防青少年犯罪。参加社区活动，加强警民联系。1994 年设立交番谈话室，由精通警察业务的专门人员提供各方面的咨询服务。“交番、驻在所联络协议会”由各界各阶层居民组成，目的是便于听取社区的情况、意见、要求，与居民协商，开展与社区实际相结合的警务活动。交番和驻在所是维系日本良好社会治安的基石，无论从预防犯罪、社区警务，还是从公共关系角度看，都具有重要价值。

**四、日本交番的作用**

（一）交番是警察机关的眼睛和耳朵

交番、驻在所是警察在每个社区的活动据点，具有社区居民“生活安全中心”的作用，是社区警务的主体，社区治安的第一责任者。日本警察有三大法宝：信息、信赖、信条，而对警察来说最重要的武器是“信息”，信息是警察打击预防犯罪和科学决策的重要依据。日本全国近15000处交番、驻在所，形成了一个巨大的网络，不断汲取各种社情、民意和线索，是信息的源头。

（二）交番是警察机关的手和脚

交番处于预防犯罪、打击犯罪的最前沿。1999年交番警察在巡逻中逮捕了约248100名嫌疑人，占逮捕总数的78.7%。交番在打击犯罪的同时还进行大量的防范工作。每年有定期或不定期的专项活动，包括全国的“110日”活动、“全国地域安全运动”“巡回联络强化月”“交通安全运动”等。如为了预防汽车、摩托车、自行车的盗窃案件，警察一方面提醒用户，人车分离时取下钥匙，锁好车，并进行自行车的防盗登记，这是防止自行车被盗，被盗后迅速找还的有力手段。另一方面对停车场的管理人员提出要求，安装防盗监视器。为防范街头抢劫、抢夺案件，利用简报、录像带、防范恳谈会等形式，向社区居民宣传。对金融机构、24小时便利店等易受犯罪侵害的行业，进行职业防范宣传。

（三）交番是警察机关的脸面

警察是看得见摸得着的政府机构，交番则是警察的脸面。遍布全国各地的交番，是国民接触警察的首要窗口。日本全国有三分之一的警力配置在交番和驻在所，如果说每一个警察都是宣传员，那么，交番和驻在所则是实践警察公共关系的主力军。交番是警民之间的一道桥梁，既密切了警民关系，又创造了良好的执法环境，同时对预防犯罪起着重要作用。警察最重要的社会基础是国民的信赖，其宗旨是为国民服务，让国民满意。如果失去信任，不仅执法不能取得国民的支持，而且警察的特殊权力也会遭到国民的反对，警务活动会更加被动。交番左右着国民对警察的信赖程度。

**五、关于借鉴交番制度的思考**

我国与日本的国情不同、警察制度不同。在短期内不可能大量增加警力、装备和经费。只能在我国现有条件下来借鉴日本的成功经验。

（一）交番制度是一种长效机制

交番制度缺乏即效性，无法立竿见影，短期内很难收到明显效果。交番制度在日本的成功也不是一帆风顺的，在战后的一段时期内，甚至有人认为“无效果”，提出要废除交番，用巡逻体制取而代之。我国公安机关正在进一步深化派出所改革，也需要从战略高度分析日本交番制度，建立长效机制，从根本上解决派出所的减负加压问题。

（二）交番制度需要投入大量的警力、装备和经费

交番制度的优越性是公认的，但前期投入过大。交番地点的选择标准很高，必须是城市最繁华、人口最稠密的地方，寸土寸金。建造交番，配备设施，维持交番的运作，增加警力，会给财政带来巨大的负担，这也是引进交番体制的最大障碍。解决这一问题必须把警务

保障工作纳入国家的总体发展规划，依靠政府的支持。增加警力也可以通过内部挖潜，调整业务结构，合理配置加以缓解。

(三)交番运营、管理的效率化

交番的运营及管理左右着交番制度的效果和国民的评价。日本交番运营机制多年来不断探索，积累了丰富的经验，如为了尽量缩短出警时间，设置交番时首先考虑其分布的合理性和科学性。交番由巡查长带班，实行全员勤务。非机关化的特点使其具有极高的工作效率。

### ◎ 阅读思考

日本警察的交番制度对我国守望勤务的发展与完善有哪些启示?

### ◎ 思考题

1. 守望勤务的含义、类型。
2. 守望勤务的作用。
3. 守望勤务的内容。
4. 守望勤务的实施要求。

# 第十一章　堵截勤务

**【学习目标】**熟悉堵截勤务的基本理论和基本知识，掌握开展堵截勤务的实施方法和要求。

**【教学重点】**堵截勤务的含义、类型，堵截勤务实施条件，堵截勤务的内容。

**【教学难点】**堵截勤务的具体实施方法。

**【案例导引】**

### 某县深夜发生一起暴力刑事案件　民警连夜设卡堵截①

一起暴力刑事案件在深夜突然发生，县公安局实战化指挥中心民警部署、指挥沿途4个派出所民警连夜设卡堵截，经过3个多小时的紧张的查缉、追捕工作，犯罪嫌疑人终于落入法网，被警方依法刑事拘留。

2017年10月26日凌晨3时38分，县公安局实战化指挥中心110的报警电话铃声大作，有一名女受害人报警称，在官东镇凤凰山景区一家宾馆被人强暴。110中心负责人李警官在向县局值班领导汇报的同时，立即向官东镇派出所民警下达指令进行设卡堵截。官东派出所民警立即驾车赶到事发地村口附近设卡，部署完毕后几分钟，民警就把一辆小轿车堵截，从车上抓获了3名涉案嫌疑人。经民警当场盘查、询问，发现要抓捕的涉案犯罪嫌疑人李某杰刚刚跳下车窗，已经仓惶逃走。与此同时，县局刑侦大队社控中队中队长曹警官带领值班民警迅速驾车赶到了官东派出所。

县公安局实战化指挥中心110接到官东派出所民警的报告，对沿途卡点视频监控进行实时跟踪，接下来，又向从官东到县城方向的新村派出所、新店派出所、城关派出所下达了设卡指令。

凌晨5点钟，正在值班的城关派出所刘所长突然接到县局110指挥中心指令，他立即通知巡特警大队大队长王警官带领城西中队民警在县城西口警亭设卡，巡特警大队副大队长马警官带领城南中队民警在县城南口警亭设卡堵截。

6点20分，县公安局实战化指挥中心向沿途的三个派出所卡口通报了家住城关镇城西村、现年23岁的在逃犯罪嫌疑人李某杰的衣着特征和搭乘出租车逃离官东时的视频截图。城关派出所刘所长当即与县城出租车公司经理取得联系，顺线追踪，找到了出租车司机。司机说，在4点钟左右，他在县城被一男青年租车到官东镇凤凰山景区接了一个男青年，到新店镇新街村附近时，那名男青年下了车，然后，他和租车的男青年又一同返回到了县城。经过出租车司机辨认图片，确认在新店镇新街村下车的那男青年就是犯罪嫌疑人。刘所长立即带领巡特警大队副大队长马警官和民警开展排查，经过一番询问、查询电话找到了叫出租车

① 根据实际案例改编。

的男青年，在一番思想工作、法律教育之后，该男青年承认他去官东接的就是李某杰，但是李某杰没有回家，而是在新店镇下了车，现在他也不知道李某杰去了哪里。

赵所长带领民警又迅速赶到新店，在新店派出所民警的大力支持下，两个派出所的二十多名民警在嫌疑人下车的新街村附近开始走访排查，终于于7点15分，在新店一家跆拳道馆将犯罪嫌疑人李某杰抓获。

经县局刑侦大队大案四队民警的审讯、调查，犯罪嫌疑人李某杰这才不得不如实交待了犯罪事实：原来25日下午，李某杰四人驾车来到官东镇凤凰山景区一饭店，约来的朋友介绍认识了左某等3名女青年，7个人在一起大吃大喝之后，被酒精灌晕了脑袋的李某杰突然打起左某的主意，趁其他朋友出去，在一家宾馆内他对左某强行施暴。之后李某杰四人驾车向县城方向仓惶逃跑，110接到受害人的报警之后，立即部署、指令沿途派出所，进行设卡堵截、抓捕。

于是就出现了开头的一幕。

11月6日，报经县人民检察院批准，涉嫌强奸的犯罪嫌疑人李某杰被依法逮捕。

根据案例分析：这起暴力刑事案件嫌疑人及时抓获的原因？

## 第一节　堵截勤务概述

### 一、堵截勤务含义

堵截勤务，是指人民警察在违法犯罪行为人或违法犯罪嫌疑人可能逃往的前方组织警力设点卡控，迎头守候、围堵截获在逃人员或者现行犯的一项勤务活动。

堵截勤务是公安机关加强社会治安，维护公共治安秩序，打击各种违法犯罪活动的一项有效措施。堵截往往与缉捕同时使用，相辅相成，即一方面组织力量寻迹追捕，另一方面将逃跑的罪犯或犯罪嫌疑人突出的外貌特征、携带物品等特点迅速通知有关路口、车站、码头、机场、固定的常规哨卡等地，布置力量，进行拦截。

### 二、堵截勤务的实施条件

堵截勤务是缉捕违法犯罪嫌疑人的紧急措施。因此，在实施时应具备一定的条件。一般包括：时间、空间、人身特征、人员流量、交通工具等。

1. 案件发现及时，侦查、巡逻(防爆)等人员赶赴现场迅速。违法犯罪嫌疑人尚不及远遁，有易于识别的特征。在这个前提下，应迅速实施搜索追击、设卡堵截、巡逻盘查。

2. 根据案件实际情况判断，违法犯罪嫌疑人逃离现场不远，且正在逃遁过程中。逃跑的方向、路线比较明确。被害人及目击群众能直接指出其逃跑的方向和路线。如车站、码头、机场或偏僻的地方。

3. 违法犯罪嫌疑人的相貌、穿着等人身特征明显，容易识别。如被害人和目击群众等认识违法犯罪嫌疑人，能详细描述其体貌特征，且其又具有某些特殊的、醒目的特点，在其逃跑途中容易引起人的注意。违法犯罪嫌疑人在违法犯罪过程中受了外伤，或在搏斗中衣物被剥脱、撕裂、沾染了大量的血迹、污迹、泥土、颜料等易于识别、引人注目的附着物。

4. 违法犯罪嫌疑人携带物品特征比较明显。如携带物品数量大，逃跑速度较慢，便于及时追捕；赃物特征明显，便于追缉堵截人员准确地发现目标和进行有理有据的盘问检查。

5. 违法犯罪嫌疑人驾乘交通工具逃跑。违法犯罪嫌疑人为更快逃离，自己驾驶车辆、劫持或搭乘机动车辆。如能掌握车辆特征，如品牌、颜色、车型、车号等，侦查、巡逻(防爆)等人员可在路上前堵后追。如已得到嫌疑人逃跑时乘坐的火车、轮船、飞机的车次、航班号，可在车站、码头、机场设卡堵截。

6. 其他条件。如现场外围违法发展嫌疑人遗留下的足迹、血迹等痕迹、遗留物或现场环境特殊(如只有一条可以通行的道路)，有较好的嗅源可供警犬追踪，使侦查、巡逻(防爆)等人员具有充分的依据判断其逃跑的方向及路线；如堵截人员接到报案后赶赴现场及时，违法犯罪嫌疑人逃跑不久，或因其他原因逃离不远尚在继续逃遁。这种情况下即使事前对其特征掌握不多，也应在勘查现场的同时，组织力量进行追缉堵截。①

### 三、堵截勤务类型

1. 设卡堵截

设卡堵截是指为发现、缉捕犯罪嫌疑人，在其可能逃跑方向的前方，选择恰当的地点(一般为主要的交通道口)，公开或秘密布置警力进行守候拦截的勤务方式。

2. 定点堵截

定点堵截是指为发现、缉捕违法犯罪嫌疑人，对其可能到的社会关系、亲属住址或其他落脚点的周围进行布控、堵截的勤务方式。为了不惊动违法犯罪嫌疑人及其社会关系、亲属，以及不惊扰周围群众，实施定点堵截时，一般着便衣秘密进行，必要时，缉捕人员要进行一定的伪装。

3. 巡查堵截

巡查堵截是指为搜索、发现违法犯罪嫌疑人，在其可能作案或藏身的特定区域和场所布置查缉力量进行巡查的勤务活动。为了不惊动违法犯罪嫌疑人，巡查堵截一般秘密进行，查缉人员为了隐藏身份，可以建立临时掩护点，如化妆成小商、小贩等人员，进行定点守候和巡查。

4. 围捕堵截

围捕堵截是指在追缉堵截违法犯罪嫌疑人的过程中，如果发现违法犯罪嫌疑人已经逃至某个建筑物内、某片山林等特定环境的区域内，缉捕人员应迅速抢占有利地形，将违法犯罪嫌疑人进行包围，然后进行搜查和缉捕的一种勤务方式。

5. 设伏堵截

设伏堵截是指缉捕人员埋伏在违法犯罪嫌疑人可能逃往的区域或经常活动的地方，一旦发现违法犯罪嫌疑人进入埋伏区域内，立即按照预案进行抓捕的勤务方式。

## 第二节　堵截勤务的内容

### 一、准备阶段的基本内容

堵截勤务的准备阶段主要应做好情报信息的收集工作，通过对大量情报的分析、研判，

---

① 臧建国．论堵截勤务的适用条件与实施策略[J]．山东警察学院学报，2009(2)．

确认违法犯罪分子可能藏匿的地点，逃往的方向、地方，然后，制定科学、合理的堵截方案。

**(一)做好情报信息的搜集工作**

搜集情报信息主要包括搜集违法犯罪嫌疑人的个人基本信息(年龄、性别、身高、体重、籍贯等)、基本案情和与犯罪有关的其他情况，为堵截实施做好精细准备。在收集情报信息时，主要应把握违法犯罪嫌疑人的体貌特征(面貌特征，如发型、眼睛、鼻子、嘴唇、耳朵和脸型；体态特征，如身高、体型、肤色、有无残疾、走路有无特殊特点、是否有伤疤或纹身等)、携带物品及所乘做的交通工具的特征(车辆型号、颜色、牌照；车身有无碰撞、擦蹭留下的痕迹；车窗玻璃、车灯、挡风玻璃、后视镜、保险杠有无变形或破损；车轮附着物、车辆四角、车身上是否有血迹和其他斑痕等)、犯罪的基本案情，犯罪嫌疑人同伙情况，携带武器、凶器情况，携带爆炸物的种类、数量及使用的熟练程度和反抗能力等情况。掌握堵截现场环境特点及社情、气候情况和可能出现的其他情况。

**(二)判明违法犯罪分子的藏匿地点或逃往方向**

确认违法犯罪分子可能藏匿的地点，逃往的方向或地方是堵截勤务实施的基础和前提。这就需要对收集的情报信息进行综合研判，准确查询违法犯罪嫌疑人的活动轨迹，从而锁定其逃跑的方向或逃往的地点，这样，才能科学地设置堵截卡点，合理地分配堵截警力，有效地控制和缉捕违法犯罪嫌疑人。

**(三)制定科学、合理的堵截行动方案**

制定科学、合理的堵截方案是堵截勤务有效实施的必备条件，也是堵截勤务准备工作的主要内容。方案应当包括任务目标、卡点布局、指挥关系、协作机制和警力、装备、通信、后勤保障措施以及处置突发情况的应对措施等内容。具体应主要把握以下内容：

1. 确定堵截行动的指挥人员，明确其任务、职责及权限。

2. 根据需要部署警力并进行明确的分工。确定联络方式、手段、方法和信号。

3. 落实堵截行动的保障。根据需要配备武器与警械、通信工具、交通工具、防护器材及其他必需用品。

4. 合理设置堵截卡点。堵截卡点的设置是否科学、合理是发现和抓捕犯罪嫌疑人的关键环节。设置卡点时，要根据不同的案情、具体的地形、地物布建临时堵卡点，常设性堵卡网点亦是不可缺少的依靠力量。应在城乡结合部、交通要道口、车站、码头、机场等部位，建立常设的固定堵卡点。设置卡点应当选择视野开阔、便于拦截检查和展开警力的地点，并尽量避开人群、居民稠密区、密林地、易燃易爆和剧毒化学物品仓库等复杂地段和场所。同时，在卡位的设置上，要注意卡位前后力量的配合协调和补位控制。应该是以“卡”为中心，在卡前处布置前卡警力，及时发现避卡的人，并对其进行询问和检查。在卡后处布置卡后警力，果断地对冲卡人进行堵截缉捕。

## 二、实施阶段的基本内容

在实施堵截行动前，应向参战人员强调法律意识、证据意识，自我防范、保护意识，明确指出行动中应注意的事项。

堵截活动应尽可能以秘密的形式为主，设法以其他身份和名目为掩护，隐蔽堵截的真实意图。

在实施堵截行动时，应由指挥人员下达指令，发出信号，也可以依据堵截预案或根据抓捕小组的行动，实施控制，完成缉捕任务。

要积极调动巡警、交警、治安警、派出所民警等相关警种及保安、联防、治保人员、社区治安积极分子等力量协助配合专门的追堵力量，做到全面布网，重点控制，公密结合，巧妙抓捕。

在实施堵截行动后，要迅速寻找、搜缴一切与案件有关的人证和物证。必要时应对现场进行保护、清理或复原。造成现场物品损坏的要进行登记以便善后处理。将犯罪嫌疑人抓获后，向上级领导报告情况、请求指示，并根据需要按有关规定组织撤离。

## 第三节　堵截勤务的实施要求和方法

### 一、堵截勤务的实施要求

**(一)工作要求**

1. 值勤民警开展堵截工作时需配备必要的装备，时刻保持高度警惕，规范堵截战术，严格做好自身防护，堵截民警和堵截对象要成战术比例。

2. 堵截女性重点人员，必须有女民警参与堵截。

3. 要架设街面电子监控设备，采取全天候不间断监控录像，填补人力堵截的时间、空间空白，让街面电子监控延伸到每个角落。及时发现、记录街面嫌疑人逃跑的方向、路线等治安情况，使其处于警方的视野范围内，为实施追击堵截、抓捕嫌疑人提供可靠线索。

4. 堵截工作要严格依法、依规开展，同时又要讲究方式、方法，防止激化矛盾，造成负面影响。

5. 堵截过程要用执法记录仪进行摄录。

6. 专项堵截时间自下达堵截通知开始，超过堵截布控期限，被通缉、协查的对象仍然在逃的，按日常查缉堵截的要求开展工作，直至《通缉令》《协查通报》等查缉堵截通知撤销。

7. 对堵截的各类违法犯罪嫌疑人员，要建立情报资料，并及时录入信息系统。携带有手机的，要按规定使用专业设备采集其手机信息，及时录入数据库。

**(二)注意事项**

1. 堵截过程中，应注意强化警务联动、合作堵控。卡口民警之间应强化警务联动、合作堵控，实现卡口资源利用的最大化。即和周边民警保持通讯联络，建立伙伴互助机制，约定任何一方提出设卡请求，必须立即组织警力进行联控，实现优势互补。

2. 追堵时，首先要发现、观察犯罪嫌疑人，民警在追堵中，发现可疑人员时，首先要注意对其行为举止进行仔细的观察，寻找异常迹象，其次观察其衣着是否正常，有无藏有武器、爆炸物或其他凶器迹象，如腰部突起，夹着手臂或手臂僵直走路，外衣被东西沉重地拽向一边，所携物品、包裹遮遮掩掩，怕动怕碰，显异常或枪支形状、重量等。

3. 在拦截重大暴力犯罪嫌疑人时，随时可能会发生搏斗或枪战，因此，拦截时，首先要防止误伤群众，同时也要注意保护自身安全。

### 二、堵截勤务方法

**(一)对步行人的堵截**

在执行堵截勤务时，要特别注意对被堵截人的观察识别。对神态、行为可疑，携带物品可疑，关系可疑，痕迹可疑等反常行为的行人，要重点盘查。

1. 对重大嫌疑人员的堵截

重大嫌疑人员的反抗行为具有突然性和不定性等，加之盘查、堵截时敌暗我明，为保障公安民警在盘查、堵截勤务中执法工作中的安全，根据《公安机关人民警察盘查规范》第五条之规定，盘查一般由两名以上民警进行，并明确警戒和盘查任务分工。为此，公安民警必须以堵截小组(保持最小作战单元)的形式进行；杜绝盘查、堵截中警力分散、各行其是，以防止在盘查、堵截过程中袭警事件的发生。如果可疑人员较多，公安民警可采用跟踪的方法等，同时呼叫增援，等增援警力到达再找时机进行盘问检查、堵截，切勿贸然行事。

2. 对持有刀具嫌疑人的堵截

犯罪嫌疑人携带刀具，具有远距离杀伤的特点，在堵截和抓捕携带刀具的犯罪嫌疑人时，应重点判明犯罪嫌疑人携带刀具的位置，携带刀具的种类、犯罪嫌疑人的性质、行为特征以及同伙的基本情况。在明确行动分工配合的基础上，在卡位发现被堵截人员，应采用设伏、跟踪、引诱等方法，寻找和创造战机，实施抓捕。

3. 对持有武器的嫌疑人的堵截

犯罪嫌疑人携带武器具有远距离杀伤和快速构成威胁的特点，在堵截抓捕携带武器的犯罪嫌疑人时，应了解和掌握犯罪嫌疑人所携带的武器的类型、性能、杀伤力，弹药数量以及使用武器的熟练程度等。堵截前对这些信息进行形势评估，评估人数、装备、地点和环境是否有利于民警的堵截和缉捕。然后，对堵截行动进行明确的分工，一旦发现嫌疑人，尽量不要打草惊蛇，应隐蔽接近，伺机抓捕，也可以采取尾随跟踪的方法，秘密将犯罪嫌疑人围控后，在其毫无防备或注意力不集中时，实施突袭抓捕行动。

警用装备是公安民警安全执法的重要保障，因此公安民警在对持有刀具或武器的重大嫌疑人进行堵截时，必须按要求佩带警用装备。应当携带单警装备，每个堵截组应当携带手持电台及手持身份证识别仪器。公安民警执行设卡堵截任务时，应当穿着防弹背心，戴防弹头盔。堵截卡点应当配备轻型冲锋枪、防弹衣、反光背心、防弹头盔、防毒面具、车载电台、停车示意牌、救生器材、急救药箱、搜索灯、强光手电、阻车路障、警戒带等装备，并视勤务需要配置防弹盾牌。

**(二)对乘车、驾车人的堵截**

违法犯罪嫌疑人在乘、驾机动车时，会利用车内不易察觉的特点暴力袭警或对警察进行冲撞，因此，对乘、驾机动车的违法犯罪嫌疑人实施堵截抓捕时，要时刻保持高度的警惕。

1. 对嫌疑人车辆的堵截

按照《交通警察道路执勤执法工作规范》之相关规定，除执行堵截严重暴力犯罪嫌疑人等特殊任务外，拦截、检查车辆应当选择不妨碍道路通行和安全的地点进行，并在来车方向设置分流或者避让标志。遇有机动车驾驶人拒绝停车的，不得站在车辆前面强行拦截，或者脚踏车辆踏板，将头、手臂等伸进车辆驾驶室或者攀扒车辆，强行责令机动车驾驶人停车。

按照《公安机关人民警察盘查规范》之相关规定，对行进中的车辆进行拦截检查时，应当手持停车标志牌或者放置停车标志，在被检查车辆前方向其作出明确的停车示意。

在执行具体堵截勤务时，对经过车辆要按照相关法律规定和要求认真盘查，不放过任何疑点，如果发现车辆临卡有掉头、犹豫不前等反常现象，应重点检查，严密控制，必要时可使用武器和警械，以确保堵截的嫌疑人车辆冲卡逃窜。

2. 对车辆上嫌疑人员的盘查、控制

按照《公安机关人民警察盘查规范》之相关规定，对车辆上嫌疑人员，值勤公安民警应责令驾驶员将车辆熄火，拉紧手制动，将双手放在方向盘上，确认安全后拉开车门责令其下车，必要时应当暂时收存车钥匙。

在对被拦截车辆进行检查时，执行盘查任务的民警应当严格按照法律规定及要求从车辆的驾驶员一侧接近车辆，迅速控制驾驶员和车内其他人员。执行警戒任务的民警应当占据有利位置，从各个角度密切监视车内人员，车上人员应当逐一下车接受盘查。

3. 对嫌疑车辆的检查

按照《公安机关人民警察盘查规范》之相关规定，执勤民警应当：

(1)查验嫌疑人身份证、驾驶证、行驶证和车辆牌照，条件允许情况下，通过公安信息查询系统进行查询比对；

(2)观察车辆外观、锁具和内部装置；

(3)检查车载货物和车内物品；

(4)如驾驶员拒检逃逸，应当立即报告，请求部署堵截、追缉。

检查车辆应从前到后按顺序进行，车辆没有检查完毕，乘车、驾车的任何人都不能放行。要有足够的警力对车辆和人员进行控制，同时要对乘、驾驶人员的各种反应进行观察，发现破绽。

4. 夜晚堵截

由于夜晚的特殊环境，人的视线受到限制，且容易疲惫，犯罪嫌疑人往往会利用夜晚这个特殊环境外逃。因此，夜晚设卡堵截的卡点时可设置双重警戒线。检查时将过卡的人员、车辆置于明亮的灯光之下，并安排充足警力布控，完成控制后，再进行检查。

**(三)车站、码头设卡堵截方法**

1. 车站、码头设卡堵截特点

车站、码头作为公共场所，具有场内人员密集、人流物流量大、环境及内部结构复杂、犯罪嫌疑人易于藏身或借机潜逃的特点。在追堵时，对我们发现、识别和确认犯罪嫌疑人都是不利的，而且在抓捕的过程中，还容易发生混乱、挤伤、踩伤无关人员的现象。在混乱中，犯罪分子极易劫持人质，现场不易控制。同时，现场物理结构复杂，可视范围有限，不易发现和识别犯罪嫌疑人，甚至还可能惊动犯罪嫌疑人，造成犯罪嫌疑人再次逃脱。因此，在车站、码头设卡堵截时应根据已掌握的情报信息，灵活选择抓捕方式，尽量避开各种不安全因素，正确实施堵截行动。

2. 车站、码头设卡堵截基本方法

车站有进站口和出站口，要实施堵截，首先要卡住这两道关口。违法犯罪嫌疑人除了从进站口可以进站外，也很可能从出站口混进站内，因此要把两道关口都卡住，逐一观察。除了在车站出入口进行设卡堵截以外，还应在车站广场候车室进行流动搜索。民警在候车室可伪装成服务员或安检员对候车室里的乘客进行例行检查的同时，注意发现可疑人员。为了不使违法犯罪嫌疑人因检查起疑心而逃跑，还应在候车室门口设伏，以便在违法犯罪嫌疑人经门逃跑时，一举将其擒获。在这种场所执行抓捕任务的设伏人员应站在门外两侧，一旦发现犯罪嫌疑分子出现，应同时出击，采取擒拿动作，以快速准确的招法将犯罪嫌疑人缉获，立即带上准备好的车辆或带进民警值班室、保卫室等，以免影响其他乘客，或招致群众围观，出现不应有的麻烦。

若犯罪嫌疑人从候车室里惊逃，尽量不要在室内乱堵乱截，以防其劫持人质，这样在抓捕嫌疑人过程中又增添了解救人质的负担。如果违法犯罪嫌疑人已经上车，车尚未开动，缉捕人员应先化装成乘客先后上车；若只有一名违法犯罪嫌疑人，则缉捕人员上车后坐或站在嫌疑人的后面或侧面，观察其举动，趁其不备时迅速出击，以锁喉、拧臂等擒拿术将犯罪嫌疑人擒获。若犯罪嫌疑人是两人或两人以上，缉捕人员应分前后顺序上车，尽量分工负责靠近每一名违法犯罪嫌疑人，等全部就位后，一齐动手将犯罪嫌疑人擒获。

3. 列车站台、车厢堵截方法

控制站台，检查车厢。在取得车站部门的支持，到达站台，对车底、站台进行全面观察后，争取列车乘警和列车员的帮助，全面检查所有车厢，以防犯罪嫌疑人提前溜上车。全面检查后，从站台上分段设卡监视进站上车的乘客中有无目标，一旦发现目标出现立即靠上去乘其不备一举将其抓捕归案。若一直没有发现目标出现，则应待到发车为止，以防最后一刻，犯罪嫌疑人突然出现跳上车。

4. 旅客列车上堵截、缉捕方法

若犯罪嫌疑人已登上列车，堵截、缉捕人员应迅速化装成旅客上车，从对面和背面同时靠近犯罪嫌疑人。正面便衣民警可以争执座位或其他借口让其起身，背面队员乘机锁住其喉部将其拉倒在靠背上，正面队员顺势将其铐起来，同时向乘客亮明身份，使其他乘客镇定下来。

**(四)实施堵截勤务的战术技巧**

在堵截、抓捕犯罪嫌疑人的战术应用时，应注意以下几个问题：

(1)主动出击，先发制敌。

主动出击，先发制敌，追缉堵截过程中，民警应把握战机，迅速行动，争取主动。如掌握缉捕对象行踪后，执行追缉堵截任务的民警应按照指令后，第一时间赶赴现场，利用缉捕对象不知情或尚未混入人群之中，完成对堵截、缉捕对象的识别、锁定工作，并迅速形成合围趋势。然后，主动出击，一举抓获。

(2)隐蔽接敌，突然袭击。

追缉堵截勤务一般以秘密形式进行，在公共场所发现和确认缉捕对象之后，缉捕人员要借助各种伪装，巧妙隐蔽的接近对象，在对象毫无准备之时，抓获犯罪嫌疑人。

(3)借口引诱，择地捕获。

在公共场所发现和确认缉捕对象后，为了不影响这些场所的正常秩序或发生意外，要采用各种方法将嫌疑对象引诱到预先设定的区域，实施抓捕。

(4)避免混乱，注意安全。

在车站、码头实施堵截行动，抓捕犯罪嫌疑人时，一旦发现目标，应立即向所有参与堵截的队员发出信号，报告犯罪嫌疑人所处的位置，以便隐蔽地从不同的位置向犯罪嫌疑人围拢。当接近犯罪嫌疑人时，乘其不备采取果断措施一举将其擒获。应注意尽量不要在广场或候车室内追逐缉捕，这样做一方面会使广场秩序大乱，另一方面可能形成犯罪嫌疑人挟持旅客作人质相威胁，伤及旅客的人身安全。要速抓速撤，防止出现混乱。抓捕时要在控制状态下实施，要注意严防可能受到的犯罪嫌疑人同伙的袭击。

(5)清理现场，获取证据。

抓捕行动结束后，抓捕人员一方面要对违法犯罪嫌疑人及时的进行搜查和讯问，固定证据，确认其身份，印证犯罪事实。另一方面应当认真、细致地对现场进行清理和检查，寻找抓捕犯罪嫌疑人可能遗落、扔掉、损毁的各种犯罪证据。

**【延伸阅读】**

堵截勤务是一项危险性较高的勤务方式，在执行堵截勤务时，往往伴随着巡逻盘查等治安勤务方式，在执行这些勤务方式时，如何确保民警的安全是一项非常值得我们关注的问题。

**《人民公安报》2014 年 5 月 8 日第 005 版**

**陕西省眉县公安局巡警大队大队长舒海峰**

**巧用三招，提高民警自我防卫能力**

**阮仕宏**

如何让巡逻盘查民警在暴力袭击面前应对自如，确保自身安全？陕西省眉县公安局巡警大队大队长舒海峰有这样 3 招："巧占地利、三角防护、主动亮剑。"

**巧占地利**

舒海峰一边手指眉县辖区巡防图一边说道，巡逻盘查民警在受领任务后，首先要检查并携带单警装备，迅速赶到指定区域，选择巡逻盘查点。此时，一定要有战术思想和战斗意识，按照有利于民警机动、快速形成包围圈；有利于发挥单警装备的最大效能、快速形成火力压制；有利于民警相互掩护、快速形成战斗整体。巡逻盘查点选择完后，每一位民警都应该尽快熟悉巡逻盘查区域内的地形、地貌，主要包括街道、小巷的名称、走向，主要出入口、通道，周边环境，特别是政府机关、金融单位、商场、公共娱乐服务场所等重点场所的分布做到了如指掌，才能做到心中有数，一旦发现警情，就能迅速抢占有利地形进行有效的围追堵截，提高抓捕率，从而避免不必要的流血牺牲。

4 月 23 日 9 时许，巡警大队接到县局 110 指令，称有一名毒贩可能驾车在法汤路进行毒品交易。巡警快速赶到法汤路口，在该路段选择设卡盘查，张网以待。

20 分钟后，观察组民警发现一辆黑色小轿车走走停停，非常可疑。机动组民警立即换上便衣，随即把停放在麦地里的架子车放至路边，佯装成干农活的村民，对该车贴身跟进。设卡民警立即设置路障，做好战斗准备。

10 时整，该车前行至该路段拐弯处，司机才发现前方 5 米处的道路中央有两个大水泥墩，并有民警设卡盘查。该男子倒车调整车头准备逃窜时，发现轿车后面 2 米处有一辆架子车。该男子还没弄明白是怎么回事，就被机动组民警快速抓获，当场从其车内查获毒品等物。

**三角防护**

犯罪嫌疑人有的可能携带枪支、炸药、管制刀具等，有的可能驾驶机动车辆，有的可能患有严重的传染疾病，在突遇民警设卡盘查时，很可能铤而走险，暴力袭警。因此，巡逻盘查民警要始终保持高度警觉，采取三角防护队形进行盘查。

三角防护就是把巡逻盘查民警分成警戒组、盘查组、机动组、观察组、保障组等多个战斗小组，各个战斗小组要相互配合、相互支撑，形成一个战斗整体。每一组战斗小组最低由 3 人组成，3 人又必须明确分工，合理站位。警戒组以警车为掩护，1 名队员以警车引擎盖为掩护，携带警用装备立于警车前，其余 2 名队员分别以警车前车门为掩护，从而形成三角队形；或 3 人背靠背相互支持。盘查组中 1 人为主查手，其余 2 名为观察手。主查手在前检查可疑人员和车辆时，观察手在主查手身后两侧利用警车、墙角、树木等做好警戒，形成三角队形，一旦发现可疑目标时，第一时间要向其他小组发出警告。机动组随时做好应急战斗准备，观察组全力观察周围情况，随时向盘查组报告可疑信息，一旦发现警情可立即转化为战斗组。舒海峰仔细地介绍道。

1月12日17时，太白县城20多人手持砍刀、棍棒将矿老板的中华牌小轿车和一辆猎豹越野车砸毁，嫌疑人驾丰田中巴车沿姜眉路向眉县方向逃窜。接到情况通报后，眉县警方立即赶赴姜眉路设卡盘查。

17时30分，观察组通过交通视频平台发现该车已改道至西宝高速眉县入口方向。观察组立即把情况反映给盘查组和指挥部，指挥部立即启动应急预案，命令机动组火速赶赴高速路口设卡盘查，在姜眉路进行盘查的小组改为机动组迅速向高速公路路口机动。

18时许，该丰田中巴车快速驶来，欲强行闯关逃窜时，20余名设卡民警在警车的掩护下，有的在高速公路收费岗亭内，有的在绿化带中间，有的驾驶非制式车辆，同时从4个方向迅速将嫌疑车辆团团围住，当场抓获违法犯罪嫌疑人18人，巡逻民警无一人受伤。

**主动亮剑**

狭路相逢勇者胜，这就需要有一定的体能、技能和智能。为此，必须加大体能、技能和实战技巧的训练力度和强度，着力培养民警亮剑精神和主动进攻意识，以其凌厉的攻势和巨大的震慑力量，一招制敌。

4月23日9时许，巡警大队便衣中队民警何少华、范军杰、周明在该县人民医院门诊部巡逻时，发现一名男子形迹可疑。民警随即呈三角夹击队形对其贴身监视。

20分钟后，该男子用刀片将正在抽血的一名中年妇女随身携带的提包划开，用镊子夹出钱包，转身逃离时，被民警当场擒获。事后，3位民警认为：关键时刻我们敢于亮剑，一招制敌，都是平时严格训练的必然结果。

舒海峰认为，面对穷凶极恶的犯罪分子，最好的自我保护方法就是主动出击、敢于亮剑，用迅雷不及掩耳之势，出其不意，一招制敌，不给犯罪分子任何反抗的机会，这样就减少了巡逻民警的伤亡。

## 【本章小结】

堵截勤务，是指人民警察在犯罪行为人或犯罪嫌疑人可能逃往的前方组织警力设点卡控，迎头守候、围堵截获在逃人员或者现行犯的一项勤务活动。

堵截勤务是公安机关加强社会治安，维护公共治安秩序，打击各种违法犯罪活动的一项有效措施。堵截往往与缉捕同时使用，相辅相成，即一方面组织力量寻迹追捕，另一方面将逃跑的罪犯或犯罪嫌疑人突出的外貌特征、携带物品等特点迅速通知有关路口、车站、码头、机场、固定的常规哨卡等地，布置力量，进行拦截。熟悉堵截勤务的类型和适用条件，掌握堵截勤务的内容，具备执行堵截勤务的能力，是作为一名人民警察必备的职业素质。

## ◎ 思考题

1. 堵截勤务的含义、类型。
2. 堵截勤务的适用条件。
3. 堵截勤务的内容。
4. 堵截勤务的实施要求和方法。

# 第十二章　治安纠纷调解

【学习目标】理解掌握治安调解的概念和适用条件，正确理解和运用治安调解的适用原则和适用范围，正确理解、熟练掌握和灵活运用治安调解的程序、调解方法和技巧。

【教学重点】治安调解的适用条件和适用范围，治安调解程序和调解方法。

【教学难点】治安调解技巧的灵活运用。

“如果一个纠纷未得到根本解决，那么社会机体就可能产生溃烂的伤口；如果纠纷是以不适当的和不公正的方式解决的，那么社会机体就会留下一个创伤，而且这种创伤的增多，又有可能严重危及对令人满意的社会秩序的维护。”

——埃德加·博登海默

纠纷之解决，尤以调解办法最为彻底，既可和解当事人的争执，又可使当事人恢复旧感，重归于好，无芥蒂横亘于其胸，无十年不能忘却之仇恨，使调解纠纷办法，不仅减少人民诉累一端，且含有不少教育感化的意义在内。①

## 第一节　治安调解概述

### 一、治安调解的含义

调解是指在第三方的主持下，纠纷当事人双方自愿妥协、合意解决纠纷的活动。而所谓纠纷即“争执的事情”，② 是一种社会主体间的利益对抗状态，隐含着对现存秩序的破坏。纠纷是存在着多个关系人之间的利益对立，他们各自主张自己的利益，处于相互之间没有达成妥协的状态。③ 我国自古就重视纠纷调解，有确切记载的纠纷调解制度最早可追溯至西周，《周礼·地官》中就有所谓“调人”的官名记载，即专门负责调解事务的官员，其作用是“掌司万民之难而谐和之”。经过几千年的发展，中国的调解制度日趋完善，成为一门融情、理、法为一体的“化干戈为玉帛”的艺术，被西方国家誉为“东方经验”并广泛借鉴。当前，我国的调解已形成了由人民调解、司法调解、行政调解等构成一个完整体系，在化解纠纷、妥善解决“人民内部矛盾”、创造和谐的社会环境方面起着至关重要的作用。

而治安调解，作为行政调解的重要门类，是指对于因民间纠纷引起的打架斗殴或者损毁

---

① 摘自1943年12月20日陕甘宁边区高等法院发布的《注意调解诉讼纠纷》的指示信。

② 现代汉语辞典[M]. 北京：商务印书馆，1982年.

③ [日]高见泽磨. 现代中国的纠纷与法[M]. 何勤华等译. 北京：法律出版社，2003年.

他人财物等违反治安管理、情节较轻的治安案件，在公安机关的主持下，以国家治安法律规范为依据，在查清事实、分清责任的基础上，劝说、教育并促使双方交换意见，达成协议，对治安案件做出处理的活动。我国《治安管理处罚法》《公安机关办理行政案件程序规定》《公安机关治安调解工作规范》等法律规范都对治安调解作了明确规定。《治安管理处罚法》第9条规定：对于因民间纠纷引起的打架斗殴或者损毁他人财物等违反治安管理行为，情节较轻的，公安机关可以调解处理。经公安机关调解，当事人达成协议的，不予处罚。经调解未达成协议或者达成协议后不履行的，公安机关应当依照本法的规定对违反治安管理行为人给予处罚，并告知当事人可以就民事争议依法向人民法院提起民事诉讼。

## 二、治安调解的适用条件

**(一)起因条件**

治安调解的案件起因是民间纠纷。所谓民间纠纷，是指公民之间、公民和单位之间，在生活、工作、生产经营等活动中产生的纠纷。常见的纠纷类型主要有：婚姻家庭类纠纷，包括夫妻之间、家庭成员之间涉及家庭暴力、财产分配、老人赡养、子女抚养等；债权债务纠纷，包括所有权纠纷、使用权纠纷、借贷纠纷、合同纠纷、劳资纠纷、租赁纠纷等，往往属于纯粹经济纠纷，一般不属于公安机关管辖范围，但如果在解决纠纷的过程中引发违反治安管理行为，则公安机关需要介入平息现场事态；损害赔偿纠纷，包括因殴打他人、故意伤害、毁坏财物赔偿纠纷等；邻里物业纠纷，包括饲养宠物、乱丢乱放垃圾、噪音污染、物业管理纠纷等。当然，对不构成违反治安管理行为的民间纠纷，应当告知当事人向人民法院或者人民调解组织申请处理。

**(二)行为条件**

引发的违法行为是殴打他人或故意损毁他人财物以及其他违反治安管理行为，即《公安机关治安调解工作规范》第3条规定的殴打他人、故意伤害、侮辱、诽谤、诬告陷害、故意损毁财物、干扰他人正常生活、侵犯隐私等违反治安管理行为。属于有关法律规范规定的治安调解范围的治安案件，公安机关才可以进行治安调解。法律规定不适用治安调解的案件如雇凶伤人、结伙斗殴等则不能进行治安调解，其他纠纷案件或不构成违反治安管理行为的案件，公安机关依法不适用调解，但应当提供帮助。

**(三)性质条件**

适用治安调解的纠纷都是根据治安管理处罚法的规定已构成应受治安处罚的违反治安管理行为，对不构成违反治安管理行为的民间纠纷，应当告知当事人向人民法院、人民调解组织或其他有关行政调解组织等申请处理。

**(四)情节条件**

适用治安调解的治安纠纷都是违反治安管理行为情节较轻的纠纷。“情节较轻”是治安调解适用的必要条件。违反治安管理行为有情节轻重之分，必须是情节较轻的，公安机关才能调解处理。而所谓情节较轻是指违反治安管理行为的性质较轻、手段不恶劣、后果不严重、危害较小、次数少等。如《治安管理处罚法》关于殴打他人、故意伤害行为的规定。其第43条规定：殴打他人的，或者故意伤害他人身体的，处五日以上十日以下拘留，并处二百元以上五百元以下罚款；情节较轻的，处五日以下拘留或者五百元以下罚款。有下列情形之一的，处十日以上十五日以下拘留，并处五百元以上一千元以下罚款：①结伙殴打、伤害他人的；②殴打、伤害残疾人、孕妇、不满十四周岁的人或者六十周岁以上的人的；③多次殴打、伤害他人或者一次殴打、伤害多人的。该条款中，即规定了殴打他人、故意伤害行为等违反治安管理行为的情节要件，即情节较轻的、一般情节、情节较重的三类，其中，显然只有情节较轻的情形才可以适用治安调解。而涉及结伙殴打的、多次殴打的、殴打多人的以及殴打残疾人、孕妇等特殊人群的，则属于情节较重的情形，依法不适用治安调解。而关于“结伙”“多次”“多人”等的认定问题，《公安机关执行〈中华人民共和国治安管理处罚法〉有关问题的解释(二)》(2007年1月8日公通字〔2007〕1号印发)则给出了明确解释，其第8条关于“结伙”“多次”“多人”的认定问题规定：《治安管理处罚法》中规定的“结伙”是指两人(含两人)以上；“多次”是指三次(含三次)以上、“多人”是指三人(含三人)以上。

**(五)意愿条件**

合意是治安调解程序启动的先决条件，也是治安调解顺利完成的必然要求。治安调解必须是双方当事人均同意调解，而是否同意调解完全取决于当事人的主观意愿。在治安纠纷发生后，公安机关可以引导、劝说当事人进行调解，积极化解矛盾纠纷。但是否启动调解、是否接受调解等完全取决于当事人的意愿，公安机关可以尽可能促成调解的启动和完成，但不能强制调解。

**(六)自决条件**

自决条件即公安机关对于治安纠纷的判定条件，只有公安机关认为可以调解处理的才能调解处理。即公安机关可以综合具体违反治安管理行为的影响因素，综合考量危害后果、行为人态度、一贯表现、悔改程度、社会影响等情形，最终衡量该治安案件是否适宜治安调解。对于不符合治安调解范围的治安案件不适用治安调解，对于符合调解条件的治安案件是否适用调解处理，要充分考虑案件的调解处理是否有利于双方当事人消除矛盾、是否有利于当事人的生产生活、是否有利于社会稳定等因素综合衡量。

一般而言，纯粹民事纠纷不是公安机关的处置范围，如合同纠纷、债权债务纠纷等。但当前纠纷的日益复杂化使得治安纠纷与民事纠纷往往交织在一起、错综复杂，有些所谓“治安纠纷”往往是由民事纠纷引发、升级而成，某些纠纷当事人在解决纠纷过程中行为过激，超出法律规定限度而造成违反治安管理行为甚至犯罪行为，或者为达到让公安机关介入解决自己纠纷的目的而刻意制造治安问题。公安机关要明确纠纷性质，合理界定治安调解的适用，尤其对于不属于治安调解范围的应当及时移交其他相应的纠纷调解机构。一般来说，应当进行治安调解的不得适用人民调解，而只要不构成违反治安管理行为的民间纠纷都应当由人民调解委员会或者法院调解。

## 三、治安纠纷调解的原则

1. 合法原则。治安调解应当按照法律规定的程序进行，双方当事人达成的协议必须符合法律规定。

2. 公正原则。治安调解必须以事实为依据，以法律为准绳。调解要做到合情、合理、合法，必须在查清事实、取得证据、分清责任的基础上依法调解。要实事求是地提出调解意见，不得偏袒一方。

3. 公开原则。除涉及国家机密、商业秘密或者个人隐私，以及双方当事人都要求不公开的治安案件外，治安纠纷调解应当公开进行。

4. 自愿原则。治安调解必须以当事人各方自愿为调解处理的前提条件，公安机关不能以行政强制的手段强迫双方当事人接受调解。达成协议的内容，必须是双方当事人真实意思表示。

5. 及时原则。治安调解应当及时进行，使当事人尽快达成协议，解决纠纷。对治安调解不成的，应当在法定的办案期限内及时依法予以治安处罚，不得久拖不决。

6. 教育原则。治安调解应当通过查清事实，讲明道理，指出当事人的错误和违法之处，教育当事人自觉守法并通过合法途径解决纠纷。

## 四、治安调解范围的具体适用

《治安管理处罚法》《公安机关办理行政案件程序规定》《公安机关治安调解工作规范》等法律规范明确规定了治安调解的范围。《公安机关办理行政案件程序规定》第 153 条规定：对于因民间纠纷引起的殴打他人、故意伤害、侮辱、诽谤、诬告陷害、故意损毁财物、干扰他人正常生活、侵犯隐私、非法侵入住宅等违反治安管理行为，情节较轻，且具有下列情形之一的，可以调解处理：

1. 亲友、邻里、同事、在校学生之间因琐事发生纠纷引起的；
2. 行为人的侵害行为系由被侵害人事前的过错行为引起的；
3. 其他适用调解处理更易化解矛盾的。

对不构成违反治安管理行为的民间纠纷，应当告知当事人向人民法院或者人民调解组织申请处理。

《公安机关办理行政案件程序规定》第 154 条规定，具有下列情形之一的，不适用调解处理：

1. 雇凶伤害他人的；
2. 结伙斗殴或者其他寻衅滋事的；
3. 多次实施违反治安管理行为的；
4. 当事人明确表示不愿意调解处理的；
5. 当事人在治安调解过程中又针对对方实施违反治安管理行为的；
6. 调解过程中，违法嫌疑人逃跑的；
7. 其他不宜调解处理的。

故治安调解的适用选择可以分为“可以”“不适用”“适宜”三种选择情形。

### (一)“可以”为选择处理

“可以”为选择处理，即对于符合治安调解范围的治安案件，公安机关可以选择治安调解处理，也可以选择治安处罚。《治安管理处罚法》等法律规范以列举式规定了可以适用治安调解的情形，凡符合规定情形的治安案件均可以适用治安调解，即因民间纠纷引起的殴打他人、故意伤害、侮辱、诽谤、诬告陷害、故意损毁财物、干扰他人正常生活(含制造噪声干扰他人正常生活、发送信息干扰他人正常生活、饲养动物干扰他人正常生活等)、放任动物恐吓他人、侵犯隐私、非法侵入他人住宅以及偷开机动车等治安案件。公安民警在办理这些治安案件时可以依法选择适用治安调解。

### (二)“不适用”为否定性选择处理

“不适用”为否定性选择处理，即对于该种情形的治安案件，公安机关不可以选择治安调解处理，只能依法进行治安处罚；《公安机关办理行政案件程序规定》和《公安机关治安调解工作规范》以列举式规定了不适用治安调解的情形，凡符合规定情形的治安案件均不能适用治安调解，即雇凶伤害他人的、结伙斗殴的、寻衅滋事的、多次实施违反治安管理行为的、当事人在治安调解过程中又挑起事端的、其他不宜治安调解的。公安民警在办理这些治安案件时只能依法进行治安处罚，不能适用治安调解。如殴打快递员者被处行政拘留案：2016年4月17日上午，快递员小冯(男，27岁，河北人，半年前来京做快递员)在北京市东城区某小区外驾驶电动三轮车送快递时与李某(男，57岁，本市人)驾驶的机动车发生剐蹭，事发时小冯曾鸣笛示意司机，要通过时，司机再倒车发生剐蹭。司机李某随即借故对小冯殴打辱骂，连续掌掴，称"见你一次，打你一次"。小冯被打的过程前后持续了5分钟，在这个过程中，他一直都是忍让，没有还手。小冯担心延误快递，决定私了赔司机400元。小冯说，"心里特委屈，打工嘛，都是这样……"事发后，在快递公司员工陪同下，小冯去附近派出所报了案。21时许，东城公安分局东花市派出所接事主报警称与人发生纠纷并被掌掴，警方迅速开展案件查处工作。普仁医院外科急诊出具的诊断报告显示，小冯头部受外伤、软组织挫伤。后有目击者拍下视频并上传到社交网络，引发了网友的关注和愤慨。案件调查终结，东城警方以"寻衅滋事"行为对李某依法处以行政拘留十日的处罚。该案不以殴打他人行为定性量罚，而认定为寻衅滋事行为，原因在于其行为形式上以殴打他人来表现，但行为实质在于"借故生事"。属于借"偶发矛盾纠纷"发泄情绪、逞强耍横。其辱骂的具体言语、殴打的具体动作、行为延续过程相结合，则明显突破了"殴打"的显性表现，不仅仅表现出打人者的愤怒，更表现出打人者的嚣张与戾气，打人者对双方关系的错位认识，对他人的权益不尊重，对他人人格尊严的蓄意践踏，对法律敬畏心的缺乏，完全以"上位"欺辱人的心态和架势显现，完全符合了"寻衅滋事"的认定要件。该案自然不属于治安调解的范围，不符合治安纠纷调解的要件，不能适用治安调解，当然，对于案件当事人所涉及医疗费用等赔偿，可由当事人协商解决，也可由民警协调双方解决，协商不成，可向当地法院依法提起诉讼来解决。

**(三)"适宜与否"应当成为治安调解选择适用的最终衡量因素**

符合调解条件的治安案件是否调解处理，要充分考虑法律的规定，充分考虑案件的调解处理是否有利于双方当事人消除矛盾，是否更有利于当事人合法利益的维护，是否更有利于社会稳定。实践中许多案件起因复杂，双方当事人矛盾较深，往往双方都有过错，为了缓和矛盾，防止矛盾激化，公安民警在办理这些治安案件时应当设法做好双方的思想工作，"能调则调"，帮助他们沟通思想，握手言和，最终调解结案。如果在双方不同意调解时轻易放弃调解工作，轻率采用治安处罚手段结案，往往会加深或激化矛盾，甚至可能诱发刑事案件。相反，切忌滥用治安调解，对不适用治安调解的案件，即使当事人同意调解，公安民警也不应调解处理。对不适宜治安调解的案件进行治安调解必然对违法行为人打击不力，同时也会导致社会公众对法律的曲解，认为只要赔了钱，就可以不受法律追究。对法律的权威乃至警察执法权威产生极其不利的影响。治安案件是否适宜调解应当综合有关法律规范的规定、违反治安管理行为的危害后果、违反治安管理行为人的态度、一贯表现、悔改程度、社会影响等情形作通盘考量。

## 五、治安调解结果的适用

治安调解与人民调解、司法调解等其他类型纠纷调解在类型本质上具有同一性，只不过其限定于警察居中调处，限定为民间纠纷中的违反治安管理行为，否则即适用于人民调解或其他调解形式。治安调解本质上是以"调解"消解"处罚"，同人民调解等调解形式实质上异曲同工，均为化解矛盾、追求和谐。而治安调解不成的，则往往启动治安处罚程序甚至诉讼程序，发挥治安惩戒的社会稳定作用。《治安管理处罚法》第 9 条明确规定：对于因民间纠纷引起的打架斗殴或者损毁他人财物等违反治安管理行为，情节较轻的，公安机关可以调解处理。经公安机关调解，当事人达成协议的，不予处罚。经调解未达成协议或者达成协议后不履行的，公安机关应当依照本法的规定对违反治安管理行为人给予处罚，并告知当事人可以就民事争议依法向人民法院提起民事诉讼。显然，纠纷类型不同，处置要求不同，处理结果也有显著差异，一般有治安纠纷调解达成调解协议并履行、治安纠纷调解未达成协议或者达成协议后不履行、自行和解并履行和解协议、不属于警察管辖范围的民间纠纷、刑事和解等情形。

## 第二节　治安调解程序

治安调解的程序有两种：普通程序与简易程序。普通程序是调解治安纠纷的一般程序，适用于一般治安纠纷调解，实践中大部分治安纠纷的调解适用普通程序。而简易程序又称现场调解程序，适用于事实清楚、双方当事人同意现场调解并当场履行的符合治安调解条件的治安纠纷。

### 一、普通调解程序

普通调解程序的流程一般为受案——调查取证——教育调停——达成协议——履行协议——结案或者为受案——调查取证——教育调停——达不成协议——进行治安处罚——结案。普通调解程序较为规范并附属于一般治安案件调查程序，其运用的程序要件基本等同于一般治安案件办理程序要件。具体包括以下几个步骤：

1. 受理案件

受理案件是普通调解程序的第一个环节。公安机关接到治安案件时对有关案情材料进行审查，如果查明该案属于治安调解范围，公安机关认为可以调解处理，当事人也愿意在公安机关主持下进行调解，则经过受案手续，批准作为治安调解案件进行办理。治安调解案件的受理案件和一般治安案件的受理案件一样，应当严格按管辖权和审批权的要求进行。受理案件时要注意做好对当事人的教育疏导工作。公安机关受理案件时当事人之间的矛盾纠纷可能尚存在甚至仍在激烈进行着，对此公安机关要做好的第一项工作就是教育疏导。通过教育疏导使当事人之间的纠纷冲突停止下来，情绪平静下来。为后面的调解工作打好基础。也只有这样，后面的工作才能开展。

2. 调查取证

调查取证是普通调解程序的基础环节。公安机关治安调解应在查明案情，明确是非责任的基础上进行，这样才能有针对性地对当事人进行有效的教育疏导。如果当取证未取证或当及时取证未及时取证往往造成证据的灭失，而取证困难极可能导致调解时处于被动局面，一旦调解不成功进行治安处罚也与法无据，从而使办案民警陷入尴尬境地。调查取证的对象主要是当事人、旁观者及其他知情人。要对损害情况及时取证并进行证据固定：对当事人的伤势程度及伤势具体表现、损毁的财物都要进行记录并拍照加以固定；要及时对当事人、证人制作笔录：在固定证据后，及时对报案人、受害人和目击证人制作笔录，对于不能当场制作笔录取证的，必须对其工作单位、住址和联系方式进行核实后登记；要收集归档有关医疗证明材料：对需要进行伤害鉴定的，依法进行伤害鉴定，不需要伤害鉴定的，双方或一方当事人的病历、发票和住院治疗的出院小结等有关医疗证明材料都要依法收集归档。

3. 教育调停

教育调停是普通调解程序的关键环节。公安机关进行治安调解，能否最终促使当事人达成并履行调解协议，关键在于教育调停工作。教育调停工作做得好，当事人才能主动地达成并履行调解协议。在教育调停中，公安机关一方面要对当事人的打架斗殴或损毁他人财物等违反治安管理行为进行法制教育，使其认识到其行为的性质和危害，教育其不再继续或重新违反治安管理，另一方面又要对当事人之间的矛盾纠纷、人身伤害或财物损失的赔偿等进行调停，使当事人之间自愿达成合情合理、公正合法的调解协议，两个方面都要做好，避免取此舍彼或一手强一手弱。教育调停应当注重教育疏导，化解矛盾，注意方式方法的恰当使用，要注重化解矛盾、缓解情绪，不急于下结论，在调解失败后处罚时宜从轻处罚避免激化矛盾。

4. 达成协议

达成协议是治安调解的中心环节。公安机关进行治安调解，直接的目的就是教育调停当事人，促使当事人自愿达成调解协议，达成协议的应制作《治安调解协议书》。《治安调解协议书》是前面几个步骤的结晶，又是后面协议履行程序的依据。

5. 协议履行

协议履行是治安调解协议的落实程序。《治安调解协议书》不履行便等于一纸空文。在调解协议的履行上需要明确两个问题：一是治安调解协议书的法律效力；二是治安调解协议的具体执行方式。治安调解协议书只要是依法制作，且经双方当事人签字或盖章认可，就具有法律效力，公安机关不能随意更改，双方当事人也应当自觉履行协议所确定的内容。但协议达成后一方或者双方当事人反悔拒不履行调解协议的，公安机关应当改用治安处罚程序办理案件，对违反治安管理行为人依法作出治安管理处罚决定。

6. 结案

治安调解协议履行完毕后，该治安案件即终结，公安机关应当予以结案，同时制作案卷归档。而经治安调解未达成协议或者达成协议后不履行的，公安机关应当依法对违反治安管理行为人给予治安管理处罚，并告知当事人可以就民事争议依法向人民法院提起民事诉讼。而治安管理处罚决定书作出并履行完毕，该治安案件终结，公安机关应当予以结案，同时制作案卷归档。

其特殊要求为：

1. “委托调解”要求。被侵害人可以亲自参加治安调解，也可以委托其他人参加治安调解。委托他人参加治安调解的，应当向公安机关提交委托书，并注明委托权限。

2. “邀请委托”要求。公安机关进行治安调解时，可以邀请当地居（村）民委员会的人员或者双方当事人熟悉的人员参加。当事人中有不满十六周岁未成年人的，调解时应当通知其父母或者其他监护人到场。

3. “调解次数”要求。治安调解一般为一次，必要时可以增加一次。

4. “调解期限”要求。对明显不构成轻伤、不需要伤情鉴定以及损毁财物价值不大，不需要进行价值认定的治安案件，应当在受理案件后的 3 个工作日内完成调解；对需要伤情鉴定或者价值认定的治安案件，应当在伤情鉴定文书和价值认定结论出具后的 3 个工作日内完成调解。对一次调解不成，有必要再次调解的，应当在第一次调解后的 7 个工作日内完成。

5. “调解协议”要求。治安调解达成协议的，在公安机关主持下制作《治安调解协议书》，

《治安调解协议书》一式三份，双方当事人各执一份，治安调解机关留存一份备查。双方当事人应当在协议书上签名，并履行协议。《治安调解协议书》应当包括以下内容：

(1)治安调解机关名称，主持人、双方当事人和其他在场人员的基本情况；

(2)案件发生时间、地点、人员、起因、经过、情节、结果等情况；

(3)协议内容、履行期限和方式；

(4)治安调解机关印章、主持人、双方当事人及其他参加人签名、印章(捺指印)。

6.“调解协议跟踪履行”要求。治安调解协议履行期满三日内，办案民警应当了解协议履行情况。对已经履行调解协议的，应当及时结案，对没有履行协议的，应当及时了解情况，查清原因。对无正当理由不履行协议的，依法对违反治安管理行为人予以处罚，并告知当事人可以就民事争议依法向人民法院提起民事诉讼。

7.“治安调解案件办案期限”要求。治安调解案件的办案期限从未达成协议或者达成协议不履行之日起开始计算。

## 二、现场治安调解程序

现场治安调解程序的流程相对简单，一般没有固定的法律程序，主要根据纠纷现场实际情况，由现场处理民警自主决定。通常为制止纷争和疏散群众——调查——训诫、教育——责令自行协商——提出纠纷解决方案——纠纷解决——结案。《公安机关治安调解工作规范》第14条规定：公安机关对情节轻微，事实清楚，因果关系明确、不涉及医疗费用、物品损失或者双方当事人对医疗费用和物品损失的赔付无争议，符合治安调解条件，双方当事人同意现场调解并当场履行的治安案件，可以进行现场调解。现场调解达成协议的，应当制作《现场治安调解协议书》，由双方当事人签名。对于现场治安调解结案的治安案件，可以不制作卷宗，但办案部门应当将《现场治安调解协议书》按编号装订存档。

1. 开启执法记录仪等视音频记录设备

公安民警到达纠纷现场后，应当立即开启执法记录仪等视音频记录设备，对处警过程进行视音频记录。视音频记录设备重点摄录纠纷现场环境、现场有关人员(违反治安管理行为人、被侵害人、证人等)的体貌特征和言行举止、重要涉案物品及其主要特征、有关证据材料、现场治安调解民警现场调解和双方协商情况、现场治安强制措施的采取情况等。摄录时间从到达现场开始处理纠纷开始，到纠纷调解结束停止，要进行全程不间断记录。如果现场治安调解失败，须将有关人员带回公安机关，则摄录直至将有关人员带至公安机关办案区为止。

2. 表明执法身份

表明执法身份既是现场治安调解的法定程序，也是执法规范化的要求。到达纠纷现场的警察要向纠纷当事人出示执法身份证件以表明自己是合法的执法人员，有权实施行政处罚。当然警察身着制服巡逻时或接到上级指令到达纠纷现场时可不必出示执法身份证件，因为执勤民警着装就表明其身份。但当事人要求民警出示执法证件的，民警应当出示。

3. 制止纷争和疏散群众

吵闹甚至打砸是纠纷发生的显性表现，现场调解的民警首先要尽量控制现场事态，制止当事人的吵闹行为，平复当事人情绪，防止矛盾激化，事态升级并蔓延扩大。在控制现场的过程中，要尽可能疏散围观群众，防止群众言行影响当事人情绪。如果现场局势恶化，民警应当准确判断现场情势，适时适度采取治安行政强制措施制止纷争，必要时可依法使用警械武器保护被侵害人和警察自身安全。

4. 调查

现场调解的民警到达现场后要迅速调查了解案情，充分听取纠纷当事人的陈述和申辩，弄清楚纠纷当事人个人的基本情况，纠纷的起因、经过、结果等案件事实情况，如有证据，要及时收集固定证据，必要时可向周边知情人员了解情况。如果纠纷当事人一方或双方有不满十六周岁未成年人、聋哑人或者不通晓当地通用的语言文字的人如少数民族人员、外国人等的，则一般不适用于现场治安调解。

(1)不满十六周岁未成年人。如果纠纷当事人一方或双方有不满十六周岁未成年人且其父母或者其他监护人在场，则征求其意愿后可以现场治安调解。如其父母或者其他监护人不在场，则不适用于现场治安调解。《治安管理处罚法》第 84 条第 3 款明确规定：询问不满十六周岁的违反治安管理行为人，应当通知其父母或者其他监护人到场。

(2)聋哑人。如果纠纷当事人一方或双方是聋哑人，则现场应当有通晓手语的人提供帮助，否则不适用现场治安调解。《治安管理处罚法》第 86 条第 1 款明确规定：询问聋哑的违反治安管理行为人、被侵害人或者其他证人，应当有通晓手语的人提供帮助，并在笔录上注明。当然，如果当事人出具书面声明明确表示不需要有通晓手语的人提供帮助即可自行沟通，则可以适用现场治安调解。

(3)不通晓当地通用的语言文字的人。如果纠纷当事人一方或双方是不通晓当地通用的语言文字的人如少数民族人员、外国人等的，则现场应当有通晓当地通用的语言文字的人提供翻译，否则不适用现场治安调解。《治安管理处罚法》第 86 条第 2 款明确规定：询问不通晓当地通用的语言文字的违反治安管理行为人、被侵害人或者其他证人，应当配备翻译人员，并在笔录上注明。当然，如果当事人出具书面声明明确表示不需要有通晓当地通用的语言文字的人提供翻译即可自行沟通，则可以适用现场治安调解。

5. 训诫、教育

对于情绪过激或违反治安管理行为比较明显的当事人，现场调解的民警要及时安抚当事人情绪、制止其过激行为，并适时予以训诫、指出当事人违反治安管理行为表现，教育当事人遵纪守法，询问当事人问题解决意愿，适时提出纠纷解决建议。现场治安调解的纠纷往往属于临时发生，多数不涉及财产利益，当事人往往只求得到一个“说法”，论个谁是谁非，即时涉及赔偿纠纷，涉及的款项数额也不大，现场调解的实际作用无异于对双方的思想教育和心理疏导。现场调解的民警要了解纠纷当事人心态，把控现场局势，说服教育纠纷当事人互相妥协，接受纠纷解决建议。

6. 责令自行协商与提出纠纷解决方案

现场调解的民警要及时询问当事人问题解决意愿，责令当事人自行协商，通过协商达成解决意见，在双方协商未果的情况下，现场调解的民警可根据调查的情况提出纠纷解决建议供双方参考。

7. 履行调解协议、纠纷解决

在自行协商和民警纠纷解决建议的基础上双方达成调解协议并当场履行，则现场治安调解宣告成功，否则现场调解的民警即应当将纠纷当事人带回公安机关处理。

## 第三节　治安调解方法

在治安纠纷调解过程中，民警要在全面了解情况、分析案情的情况下，灵活适用调解方法，要结合纠纷现场实际状况，注意时机的把握，注意场合和注意当事人的状况，做到何时应当说何话，何时能够说何话，何时不能说何话。要注意语气、语调的把握，何时宜轻，何时宜重，何时宜缓，何时宜急，要恰到好处。但要依照法律有关规定，做到立场坚定、是非分明、观点正确，要表现出法律的庄重、威严和威慑力。同时要注意把握纠纷涉及问题解决的先后秩序，要注意纠纷涉及问题的“轻、重、缓、急、难、易”，无论“冷处理法”“热处理法”，还是“快刀斩乱麻法”“说理法”等常见调解方法，都需根据纠纷实际情况、根据当事人个体具体状况而具体选用。可根据抓主要矛盾和先重后轻、先急后缓、先易后难的原则来决定。尤其对待不同案件、不同年龄、性别、气质和经历的当事人，所要采取的策略应当有所不同，灵活处理，方能取得调解的高成功率。

### 一、了解情况，理解想法

民警要及时了解当事人双方情况，如年龄、性格、受教育程度、家庭背景、个人经历等，了解纠纷发生的原因、过程及结果，了解当事人的心理承受能力。每一起纠纷的产生都有一定的原因。调解纠纷不能被表象所蒙蔽，不能被人际关系所左右，切忌先入为主、主观臆断。而不论是什么性质的纠纷，不论双方当事人的情绪、态度、言语如何，都应该认真听取当事人把纠纷的前因后果陈述完毕，对不清楚的问题进行详细询问。在询问的过程中，尽可能理解双方当事人的真实想法，如当事人行为的情感以及其发生纠纷和纠纷后的心理，包括对违反治安管理一方的违法心理和情感的理解，对受到侵害一方的情感的理解等。

### 二、换位思考，分析情感

民警要重视换位思考在治安纠纷调解中的重要作用，包括民警与当事人的换位思考和当事人之间的换位思考。在纠纷调解中，民警应当站在当事人的角度揣摩当事人的心理态度，而后引导当事人之间进行换位思考，推己及人，积极为当事人交流沟通创造机会、搭建平台，使双方当事人在考虑自己利益的同时，其能够站在对方角度上设身处地想问题，即也要设想对方是怎样考虑他的利益，因而在决定和解之前，就要互相“相让”和“想到”，才能促成最大程度上保证双方利益，促使纠纷尽快得到解决。而在事实清楚、想法明确的情况下，对当事人进行情感分析，分析“情、理、法”，讲人之常情，讲邻里交情，讲宽容谅解他人之情。尤其强调要根据当事人之间的不同关系进行分析，如邻里间相互关照的交往之情，兄弟姐妹的手足之情，血浓于水的养育之情，引起当事人感情上的共鸣，达到当事人与民警之间、当事人与当事人之间感情融洽、情感相容的目的。再通过说服教育，劝解双方当事人互相谅解，从而消除隔阂，息事宁人，握手言和。

### 三、找准症结，解开疙瘩

在调解过程中民警应当注意察言观色，对每一个细节都要谨小慎微，不轻易放过。要根据不同的对象和案情，找准纠纷症结所在，有针对性地解除当事人的顾虑，耐心疏导，以人们普遍认同的社会公理、必须遵守的法理、合乎风土人情的情理等解开当事人的“疙瘩”。

同时要确保信息渠道畅通，向当事人及时通报有关信息，及时回应当事人关切，防止疑虑和无端猜忌的产生，进而影响当事人对调解警察的信任，影响到调解的进程和调解结果。如及时看望受伤当事人，及时做调查取证，及时开具伤情鉴定书和财产损失评价书，当伤情鉴定等结果没有及时作出时，要及时对当事人及其亲属作出解释。当当事人有疑问时，要耐心及时对当事人作出合理解释。

## 四、拓宽思路，寻找平衡

在全面弄清纠纷事实的基础上，寻找当事人双方利益的平衡点，从中找出纠纷的“焦点、难点、弱点和结合点”。焦点是纠纷双方争议最大的问题，难点是纠纷一方或双方难以解开或者难以接受问题，弱点是纠纷一方或双方不愿意让对方知晓的问题，结合点是纠纷双方都能认同和接受的问题。要掌握所需要调解案件的案情，搞清楚双方责任过错与承担责任的比例，抓住当事人在纠纷中“软肋”，“暗示”当事人，使双方都能互谅互让，达成和解。

**【实例分析】**

### 游客商贩冲突案

**案情**①：2012年11月的某日，来昆明旅游的山东人郑先生和女友小谢因购买香烟沟通不畅同商贩董女士发生冲突，郑先生报警后，当地派出所民警魏警官等二人到现场处警进行调解，当双方各不相让，调解过程中又发生争执，附近商贩也加入进来，围观人群也越来越多，并有人抓挠警察，事态趋于恶化，魏警官为控制事态对商贩使用了催泪瓦斯，引发商贩不满并投诉魏警官。当事各方各执一词：

商贩：顾客抽烟没给钱

“我要向其他媒体和督察继续投诉这件事情。”昨晚7点10分，在景星街做生意的董女士提起下午发生的事情依旧气愤。她说昨天下午5点左右，有一对男女来她店铺上买东西。男子问她春城烟怎么卖，她说要50元一条。

男子看到旁边有一包已拆开的烟，没经过她允许，就点了一支来抽。看到男子抽烟，董女士以为他要买，就用塑料袋装了一条，等着对方付钱。可这时女子却阻止男子购买，于是她就和两人争执了起来。

争吵中男子打110报了警，几分钟后，护国派出所来了一名警察和一名协警，开始调解。董女士提出，让男子赔偿已经抽了的香烟，而男子则提出让董女士给其女友道歉。在民警现场调解中，双方又发生了争执，附近的商贩都出来了。

这时，民警拿出催泪瓦斯对着她和另外几名商贩就喷，“脸上火辣辣的，眼泪和鼻涕都出来了”。董女士说，民警使用催泪瓦斯后，场面比较混乱，那两名购物的男女也不见了。她认为民警的这种调解方式欠妥。

游客：商贩强买强卖

昨晚8点半，在护国派出所的值班室，记者见到了正做笔录的男子郑先生和女友小谢。说起事发时的情景，这个来自山东的游客觉得特别委屈。

“我们一直躲在民警后边，没有受伤，不过那个民警被他们抓到脖子了。”郑先生说，昨

① 游客购物与商贩起冲突　民警调解无效喷催泪瓦斯，人民网，2012年11月6日。

天下午他和女友看到董女士摊位上的香烟，想着以前有朋友买过这种，看到摊位上还有开过包的香烟，他就抽了一支。

“朋友买的才2元一包，她要50元一条。”郑先生说，女朋友觉得贵，让他不要买。他当时还价30元一条，可摊主嗓门很大，还骂她女朋友，有强买强卖的意思，于是就发生了纠纷。

民警来了之后开始调解，可并没成功。郑先生说，他愿意赔偿摊主，但摊主不愿道歉，还继续骂他女友，旁边还出来3个女的帮着一起骂，还想冲过来打人，吓得他和女友赶紧躲在了民警旁边。

出勤的民警当时一直站在当事人双方中间，一直喊着冷静，可对方还在往前冲，试图抓他和女友，被警察挡住了。郑先生说他和女友两人都没有受伤，不过挡在前面的民警脖子被抓了一下，还留有印记。

紧接着，他们外边围了二三十个人，场面变得很混乱，出勤的民警掏出催泪瓦斯朝摊主方向喷了一下。“才喷完她们就叫‘警察打摊主’了。”郑先生说，这本来是他和摊主之间的矛盾，结果摊主这么一叫，矛盾直接转到警察那去了。

五华公安：已介入调查

“开始调解不了，我要求双方来派出所处理，摊主不愿意来。”昨晚，出警的魏警官接受采访时说，正在调解时旁边又跑来几名女商贩对报警人谩骂，还试图打报警人，而报警人小郑和女友小谢又在请求保护，他只好用自己的身体将双方隔开，并一再要求双方冷静。

“我口头上说了几次你们要冷静，否则采取进一步措施，可当时没人听。”魏警官说，这时一名女子抓向他的脖子，而围观的人群越来越多，导致整条街道都很拥堵，担心事态扩大，他赶紧使用了催泪瓦斯。

**案例评析**：本案是由消费纠纷引发的违反治安管理行为，摊主涉嫌强买强卖、殴打消费者。买卖消费纠纷属于纯粹民事纠纷，不属于公安机关管辖范围，但摊主涉嫌强买强卖，消费者难以摆脱困境而报警求助，则警察有义务帮助被害人。警察到达现场后应当了解情况，告知双方遵纪守法，告知其正确的解决问题的路径，告知其冷静，严防事态扩大升级。并有义务采取措施保护被侵害人不受非法侵害。当事各方有义务遵从警察命令，积极协商解决问题，现场调解不成则应带回公安机关解决。如有阻挠警察执行职务甚至袭击警察的，警察有权力采取强制措施保护警察正当执法权。《中华人民共和国人民警察法》第35条明确规定，拒绝或者阻碍人民警察依法执行职务，有下列行为之一的，给予治安管理处罚：(1)公然侮辱正在执行职务的人民警察的；(2)阻碍人民警察调查取证的；(3)拒绝或者阻碍人民警察执行追捕、搜查、救险等任务进入有关住所、场所的；(4)对执行救人、救险、追捕、警卫等紧急任务的警车故意设置障碍的；(5)有拒绝或者阻碍人民警察执行职务的其他行为的。以暴力、威胁方法实施前款规定的行为，构成犯罪的，依法追究刑事责任。《中华人民共和国人民警察使用警械和武器条例》第5条明确规定：人民警察依法使用警械和武器的行为，受法律保护。第七条规定，人民警察遇有下列情形之一，经警告无效的，可以使用警棍、催泪弹、高压水枪、特种防暴枪等驱逐性、制服性警械：……(5)以暴力方法抗拒或者阻碍人民警察依法履行职责的；(6)袭击人民警察的；(7)危害公共安全、社会秩序和公民人身安全的其他行为，需要当场制止的；(8)法律、行政法规规定可以使用警械的其他情形。人民警察依照前款规定使用警械，应当以制止违法犯罪行为为限度；当违法犯罪行为得到制止时，应当立即停止使用。本案中，摊主依仗人多势众，不服从警察命令，伙同他人辱骂殴打消费者，当警察制止时抓伤警察，警察为保护被侵害人和自身安全，防止局势进一步恶化，迫于无奈使用催泪瓦斯，其警械的使用合法合理，摊主等人应当以妨碍警察执行公务受到治安管理处罚。

【拓展阅读】

## 借鉴区域经验，构筑适应区域实际的纠纷调解衔接新机制

“他山之石，可以攻玉”，借鉴区域在纠纷调解衔接新机制建设方面的典型做法，结合本地实际情况选择使用，必将对区域纠纷的有效化解和社会公共安全的实现起到有效促进作用。

1. 山东平阴：在公安派出所设立“联合调解工作办公室”

山东省平阴县安城派出所在所内设立“联合调解工作办公室”，联合调解工作办公室由镇纪委书记为组长，司法、民政、综治办、派出所等部门负责人为副组长，由安城镇司法所向安城派出所派驻人民调解员、律师调解员，辅助民警共同负责对派出所受理的案件中能够依法调解的矛盾纠纷开展调解工作。“联合调解工作办公室”由派出所所长主要负责调解工作的运行。建立了严格的联合调解工作责任制，确保各个环节、各项工作有人抓、有人管、有人负责。按照“首次接访、全程跟踪、负责到底”的原则，随时掌握工作进度，及时了解调处结果。严格遵守“先调查，后调解”原则，按照治安案件的处理规程，调查取证，在查清事实的基础上，根据当事人的个人意愿，审查并决定是否移交联合调解工作室进行调解，避免了推诿责任、浪费资源的现象发生。在实际工作中，安城派出所联合其他部门坚持“早、情、恒、法、和”五字工作法，法德并用、约谈恳谈，同时发动组建“五老”说和团，充分利用社会资源。突出一个“早”字，治安查体、主动摸排、小病早治；利用一个“情”字，深入群众、体察民情、倾听民意；坚持一个“恒”字，坚定信心、持之以恒、锲而不舍；依靠一个“法”字，专家会诊、准确定性、对症施策；落实一个“和”字，化解矛盾、破解难题、平安和谐。2016年，安城派出所纠纷类接处警198起，其中派出所独立调解114起，移交联调办公室联合调解84起，及时排查化解了矛盾纠纷，防止了重大群体性事件、恶性事件和集体上访事件发生。①

2. 河北衡水：建立联合调解工作机制

河北省衡水市建立了人民调解与治安调解的联合调解工作机制，在公安派出所成立联合调解工作室，由乡、镇（街道、社区）人民调解委员会（社会矛盾纠纷调处中心）人民调解员派驻公安派出所，与派出所专职、值班民警在联合调解工作室合署办公，共同接待群众报警和来访，对受理的矛盾纠纷依照各自职责进行分流和调处。联合调解工作机制重点解决群众在生活、工作、生产经营等活动中产生的民间纠纷、因民间纠纷引发的治安行政案件、因民间纠纷引起的轻伤害案件等轻微刑事案件等方面的内容。衡水市公安局和衡水市司法局2011年1月14日专门制定出台《关于实行人民调解委员会与公安机关联合调解工作机制的意见（试行）》（衡公法制〔2011〕1号），有效保障了人民调解与治安调解的有效衔接。《关于实行人民调解委员会与公安机关联合调解工作机制的意见（试行）》明确规定：乡、镇（街道、

① 平阴：2016年“大调解”机制化解基层矛盾114起[N]. http://news.163.com/17/0106/15/CA40CIJU00018AOP.html.

社区)人民调解委员会(社会矛盾纠纷调处中心)在公安派出所设立的调解工作室全称为“乡、镇(街道、社区)人民调解委员会(社会矛盾纠纷调处中心)驻××公安派出所社会矛盾纠纷调解工作室(人民调解工作室)”，简称派驻“××所人民调解工作室”；联合调解工作室原则上与公安派出所治安调解室实行一体化运作。联合调解工作室由派出所负责日常管理，乡、镇(街道、社区)司法所负责指导民间纠纷调解工作，公安派出所长兼任联合调解室主任，司法所长兼任副主任；对外公示联合调解工作室的地址、电话，增设便民指示标志，在联合调解工作室内公示联合调解室工作流程、公安机关调解治安纠纷规定、人民调解委员会调解民间纠纷规定等；依据司法部《人民调解工作若干规定》等规定制作协议，联合调解工作室出具的人民调解协议统一加盖人民调解委员会印章；公安机关接报民间纠纷警情后应当先期处警，开展调查取证和现场调解，能当场化解的及时化解。先期处警时，可视情要求派驻人民调解工作室人民调解员赶赴现场，参与现场调解；对受理的一时难以调解的纠纷由公安派出所值班领导进行甄别、分类，将不同性质的纠纷分别交由联合调解工作室的民警和人民调解员进行处理；对违反《治安管理处罚法》情节较轻，依法可以调解处理的案件，由联合调解工作室民警或人民调解员在双方当事人自愿的原则下进行调解，不同意调解或调解不成的由公安机关依法给予行政处罚；对属于民间纠纷的由联合调解工作室人民调解员负责受理，人民调解员不能当场处理的，告知当事人由乡、镇(街道、社区)人民调解委员会(社会矛盾纠纷调处中心)解决；对于不能当场调解或法律法规规定应由其他专门机关解决的矛盾纠纷，及时以书面形式告知当事人合法解决途径或直接分流到相关部门处理；建立健全调解保障机制。各级公安机关和司法行政部门要积极争取当地党委和政府的支持，把调解工作经费纳入财政预算，加大对调解工作的经费投入。要争取专项经费支持，为参与调解的民警和人民调解员提供经费保障，对在调解工作中成绩突出的民警和人民调解员，要予以表彰和奖励。

3. 福建莆田：在虚拟空间化解现实矛盾

2017年6月15日，福建省莆田市成立了“莆田市网上大调解中心”，开发了网页版、APP版、微信公众号版三个端口，构建网上调解、部门调解、行业调解、商会调解、协会调解等联调联处的纠纷多元调处工作机制。网上大调解中心与现实中的部门调解、行业调解、商会调解等多种调解渠道无缝对接，当事人通过网络提交调解申请后，网上大调解中心按照矛盾类别自动将调解任务分配到相应调解组织，调解组织和各方当事人约定时间共同上线，在视频对话中完成矛盾调解。① 网上大调解为市民找到了一条经济、方便、快捷、有效解决矛盾纠纷的途径，有效化解全区各类矛盾纠纷。

**【本章小结】**

调解，既是一门科学，也是一门艺术，中国的调解被西方称之为“东方经验”并广泛借鉴，其融情、理、法为一体，强调止纷定争，追求“化干戈为玉帛”，妥善解决矛盾纠纷，最大限度地增加和谐因素，最大限度地减少不和谐因素，创造“和谐社会环境”，堪称“依法治国”与“以德治国”有机结合、和谐统一的治安治理之道。治安调解作为行政调解的重要门类，是指对于因民间纠纷引起的打架斗殴或者损毁他人财物等违反治安管理、情节较轻的治安案件，在公安机关的主持下，以国家治安法律规范为依据，在查清事实、分清责任的基础

① 在虚拟空间化解现实矛盾[N]. http://news.163.com/17/0809/09/CRCSKHBJ000187VF.html.

上，劝说、教育并促使双方交换意见，达成协议，对治安案件做出处理的活动。《治安管理处罚法》等法律规范规定因民间纠纷引起的殴打他人、故意伤害、侮辱、诽谤、诬告陷害、故意损毁财物、干扰他人正常生活、侵犯隐私、非法侵入住宅等违反治安管理行为可以适用治安调解。治安调解的适用应当准确界定治安案件性质，确定治安纠纷调解范围，秉承治安调解原则，遵循治安调解程序，注重治安调解方法，灵活运用治安纠纷调解技巧，情理法相结合，有效化解治安纠纷。

**◎ 思考题**

1. 分析治安调解的适用条件，思考现阶段治安调解范围的确定。

2. 比较人民调解协议书和治安调解协议书效力的差别，思考现阶段如何做到治安调解和人民调解的有效衔接？

3. 毛泽东同志曾强调指出："射箭要看靶子、弹琴要看听众，写文章做演说倒可以不看读者不看听众么？我们和无论什么人做朋友，如果不懂得彼此的心，不知道彼此心里面想些什么东西，能够做成知心朋友吗？做宣传工作的人，对于自己的宣传对象没有调查，没有研究，没有分析，乱讲一顿，是万万不行的。"思考这段话的内涵，分析治安调解方法的运用？

4. "枫桥经验"强调"及时化解矛盾纠纷"，做到"坚持矛盾不上交，就地解决问题"，这是"枫桥经验"最突出的特点。而其诞生、实施、传承和发扬有赖于当地礼让谦和、以理争理的文化传承。尊文崇教、崇学尚礼，哺育了枫桥人相对较高的人文素养，陶冶枫桥乡民急公好义，遇事爱说理、好讼争、讲道理的传统，信奉"君子动口不动手"；尤其身处"低头不见抬头见"农耕社会熟人圈，在处理人际关系时，信奉"和为贵""让为贤"的信条，遇事（矛盾纠纷）更多的是妥协忍让，避免小事化大。请结合新时代枫桥经验推广应用实际，分析如何创新治安调解工作。

# 第十三章 特定勤务

**【学习目标】**理解掌握特定勤务的概念、内容和基本要求，正确理解、熟练掌握警戒、警卫和现场管制的实施方法和工作内容。

**【教学重点】**特定勤务的概念；特定勤务的内容；特定勤务的的基本要求；警戒的实施方法；警卫的规格；警卫的任务；现场管制的内容。

**【教学难点】**警戒哨位；要害目标的警戒；专项警卫；警卫队形；现场管制的法律依据；现场管制的实施方法。

**案例导引**

**“12·31”上海市黄浦区外滩陈毅广场拥挤踩踏事件调查报告(节选)**

2014年12月31日23时35分，上海市黄浦区外滩陈毅广场东南角通往黄浦江观景平台的人行通道阶梯处发生拥挤踩踏，造成36人死亡，49人受伤。

**一、事件发生地基本情况**

(一)外滩风景区

外滩风景区是黄浦区辖区内的公共区域，东起黄浦江防汛墙、西至中山东一路和中山东二路西侧人行道、南起东门路北侧人行道、北至苏州河南岸，面积3.1平方千米。

(二)陈毅广场

陈毅广场位于外滩风景区中部(与中山东一路335号至309号段隔路相望)、与南京东路东端相邻、与中山东一路相连，公共活动面积约2877平方米。陈毅广场通过大阶梯及大坡道连接的黄浦江观景平台，是外滩风景区最佳观景位置。此外，陈毅广场附近交通便捷，距离轨道交通2号线、10号线南京东路站约580米，是外滩风景区人员流量最大、密度最高的区域。

(三)拥挤踩踏事发现场

事发现场位于陈毅广场东南角通往黄浦江观景平台的上下人行通道阶梯处。阶梯自上而下分为两组共17级，两组阶梯间距2.3米，阶梯两侧有不锈钢条状扶手。阶梯宽度6.2米，最高处距地面高度3.5米，纵深8.4米。

**二、新年倒计时活动变更和准备情况(略)**

**三、事件发生当晚外滩风景区人员流量变化及应对情况**

(一)事发当晚外滩风景区人员流量总体情况

事发当晚8时起，外滩风景区人员进多出少，大量市民游客涌向外滩观景平台，呈现人员逐步聚集态势。事后，根据上海市通信管理局、上海市公安局、地铁运营企业(即申通集团)等部门单位提供的数据综合分析，事发当晚外滩风景区的人员流量，20时至21时约12万人，21时至22时约16万人，22时至23时约24万人，23时至事件发生时约31万人。

(二)外滩风景区人员流量监测和报告情况(略)

（三）黄浦公安分局警力调配情况（略）

（四）上海市公安局指令和警力增援情况（略）

**四、事件发生和应急处置及救援情况**

（一）事件发生经过

22时37分，外滩陈毅广场东南角北侧人行通道阶梯处的单向通行警戒带被冲破以后，现场值勤民警竭力维持秩序，仍有大量市民游客逆行涌上观景平台。23时23分至33分，上下人流不断对冲后在阶梯中间形成僵持，继而形成"浪涌"。23时35分，僵持人流向下的压力陡增，造成阶梯底部有人失衡跌倒，继而引发多人摔倒、叠压，致使拥挤踩踏事件发生。

（二）现场救援情况

23时35分拥挤踩踏事件发生后，在现场维持秩序的民警试图与市民游客一起将临近的摔倒人员拉出，但因跌倒人员仍被上方的人流挤压，多次尝试均未成功。此后，阶梯处多位市民游客在他人帮助下翻越扶手，阶梯上方人流在民警和热心的市民游客指挥下开始后退，上方人员密度逐步减小，民警和市民游客开始将被拥挤踩踏的人员移至平地进行抢救。许多市民游客自发用身体围成人墙，辟出一条宽约三米的救护通道。现场市民游客中的医生、护士都自发加入了抢救工作，对有生命体征的受伤人员进行紧急抢救。

（三）事发后应急处置与善后情况（略）

**五、原因分析**

对事发当晚外滩风景区特别是陈毅广场人员聚集的情况，黄浦区政府和相关部门领导思想麻痹，严重缺乏公共安全风险防范意识，对重点公共场所可能存在的大量人员聚集风险未作评估，预防和应对准备严重缺失，事发当晚预警不力、应对措施不当，是这起拥挤踩踏事件发生的主要原因。（略）

**六、事件性质（略）**

**七、责任分析（略）**

**八、对事件有关责任人员的处理建议（略）**

**九、整改建议**

（略）

（三）切实加强监测预警，进一步提升突发事件防范能力。

这起事件反映出，相关管理部门对监测信息研判不够、对人群高度密集产生的后果估计不足。要健全"谁主管、谁监测，谁预警、谁发布"的预警管理机制，针对不同突发事件，完善预警标准和响应措施。进一步加强重点环节、重点领域和重要时段的现场情况监测，结合大规模人员聚集、大流量交通等情况变化，加强分析研判，及时发现苗头性、趋势性问题，及时启动相关应急预案，采取限流、划定区域、单向通行等交通管控措施，重点加强台阶、扶梯、连接通道等特定区域的人员流动管理。要适时在全市重要场所设立显示屏和高音喇叭等安全提示设施，充分利用应急广播、新闻媒体、网络等平台发布预警信息和相关提示，规范引导市民游客采取合理避险措施。要利用大数据加快构建全市统一的公共安全信息平台，实现信息共享，进一步加强预警信息沟通。

（略）

"12·31"外滩陈毅广场拥挤踩踏事件联合调查组

2015年1月20日

（摘自《观察者网》2015-01-21，https：//www. guancha. cn/society/2015_ 01_ 21_ 307011_ s. shtml）

**问**：“12·31”上海市黄浦区外滩陈毅广场拥挤踩踏事件是一起对群众性活动预防准备不足、现场管理不力、应对处置不当而引发的拥挤踩踏并造成重大伤亡和严重后果的公共安全责任事件，该事件对公安机关大型群众性活动现场管制工作有何教训与启示？

## 第一节　特定勤务概述

公安机关除依法承担常规勤务之外，有时还按照上级公安机关指派承担一定的特殊勤务。这些特定勤务干系重大，且往往涉及多部门、多警种的共同配合，因此，公安机关要高度重视，认真完成特定勤务。

### 一、特定勤务的概念

《公安派出所执法执勤工作规范》第 84 条规定：“特定勤务是指执行上级公安机关指派的专门任务。”具体来说，特定勤务是指上级公安机关针对突然发生的特别重大的群体性事件、暴力犯罪、治安灾害事故和针对特定人员或特定场所的安全，依法实施警戒、警卫和现场管制措施时，指派一定的公安机关执行的专门任务。

特定勤务是上级公安机关指派的专门任务，不是公安机关法定职责范围之内的常规任务，而是上级公安机关根据特定目的和需要确定由公安机关执行的特殊任务。特定勤务是由上级公安机关确定下达，各党委、政府及其他机关组织、组织、企事业单位均不得给公安机关指派特定勤务。特定勤务这一规定性，有助于理顺公安机关与基层党委、政府的关系，有效地防止和避免一些基层党委、政府非法越权给公安机关指派下达非警务任务。

### 二、特定勤务的内容

**（一）警戒**

警戒是在一定时间内，对特定地区实施的戒备措施。包括在紧急状态下对特定区域的警戒、宵禁警戒、交通管制警戒；集会游行示威中依法对特定区域的警戒；处置群体性事件中的警戒；抢险救灾中的警戒；通缉追捕现行犯、逃犯中的警戒；重大暴力犯罪现场和重大灾害事故现场的警戒；警卫特定人员、特定目标、特定场所的警戒等。

**（二）警卫**

警卫是对特定人员或者特定场所实施的安全防卫措施，即根据警卫对象的身份、职位和作用的不同，警卫目标与重大活动的性质、规模和重要程度不同，实施不同规格的警卫类别和警卫标准。警卫类别分为住地警卫、随身警卫、路线警卫、现场警卫、列车警卫、乘船警卫等。

**（三）现场管制**

现场管制是在一定时间和区域内，对人员或者车辆实行强制管理。《人民警察法》第 17 条规定：“县级以上人民政府公安机关，经上级公安机关和同级人民政府批准，对严重危害社会治安秩序的突发事件，可以根据情况实行现场管制。”现场管制是一种对特定区域所采取的非常管制措施，适用于严重危害社会治安的突发事件。

### 三、特定勤务的基本要求

《公安派出所执法执勤工作规范》第 85 条规定：“执行特定勤务的民警着装及携带警械、

武器等装备，应当按上级指令执行。”根据执行的特定勤务的内容，按照上级的要求着制式警服或者着便衣，或者按照上级的指令携带枪支、防弹(防刺)背心、警棍、头盔、盾牌等警械装备。

执行上级公安机关指派的警戒、警卫、现场管制等特定勤务时，应当遵守以下要求：

**(一)了解工作任务，掌握工作要点**

要求民警全面了解所执行的特定勤务的内容与特点，根据勤务的内容、重点等因素，认真研究、严密确定需要实施警戒、警卫或者现场管制的场所、路段、人员的情况，掌握执行该勤务所采取的非常措施与特定办法，制订勤务计划，从而做到心中有数，较好地完成上级交给的任务。

**(二)按时到达指定地点，严格工作交接制度，不得擅离岗位**

民警执行特点勤务时，必须按时到达指定地点，在执行警戒、警卫或者现场管制等勤务过程中，按规定严格工作交接制度，下岗与上岗之间必须交代面临的敌情、案情、社情、灾情，清点现场的警械、武器装备，情况许可时应作交接记录，任何时候不得擅离岗位，每个民警都要恪尽职守。

**(三)沉着冷静，认真负责，高度戒备**

执行特定勤务往往面临更复杂、更紧急的形势，担负更重大、更艰巨的任务，因此，执行特定勤务的民警面对严重危害社会治安秩序和公共安全的闹事群体，进行暴力犯罪的亡命之徒、造成群死群伤与财产重大损失的灾害以及可能危及警卫对象、警卫目标的阴谋暗害和责任事故时，不得临战惊慌失措、马马虎虎、松松垮垮、毫无斗志，必须保持高度戒备状态和沉着镇定的战斗作风和认真负责的工作态度。

**(四)发现情况迅速处置，确保安全**

民警在执行特定勤务时，应当保持高度警惕，善于捕捉有可能危害警卫目标安全、影响警戒或者现场管制区安全的迹象、苗头，一旦发现情况应立即采取相应措施果断处置，确保安全。应注意的是，民警在执行特定勤务过程中仍应依法使用警械、武器。

## 第二节 警 戒

### 一、警戒的实施要求

为了更好地完成在一定时间内对特定地区的戒备措施，警戒人员应当熟记警戒目标范围内的基本情况，如工作人员、使用的证件、车辆样式和牌号，物资进出手续以及规章制度等；了解、掌握警戒目标的安全防范情况，如水源、消防器材、报警设施等；熟悉警戒区域内的地形、地貌、建筑物等的特点；熟悉使用警戒器材；了解警戒的重点目标等。为了便于在发生情况时及时与外界取得联系，警戒人员还应熟悉警戒区域内可供使用的电话位置和使用方法；当地公安机关、值班室、友邻单位，联防治保组织的位置电话号码等。警戒人员在执勤时，要忠于职守，保持高度警惕，严禁嬉笑打闹，严格执行请示报告制度，遇到问题要请示，事后要汇报，处理问题要有结果，结果要有登记。

### 二、警戒的实施内容

在充分调查了解警戒目标及周围治安情况的基础上，根据警戒力量的情况，本着全面部署、突出重点、灵活掌握的原则，制订切实可行的警戒实施方案。实施方案应包括：警戒的责任范围，警戒人员的组成分工，警戒的形式、采取的主要方法、注意事项，遇有情况处置的原则和方法，特别要求等。

执行警戒任务前，警戒人员按照规定，着好执勤服装，携带好照明、通信、器材等执勤物品，并检查使其保持良好状态；同时，还要力求备足食品、饮用水等生活用品；此外，还应携带登记簿和书写工具，记录警戒中发生、发现的情况和处理的结果；最后还要规定好发生情况的联络暗号和使用方法。

警戒人员到达岗位后，应先观察哨位有无异常情况，并根据不同气候变化和警戒范围的地理情况，在规定的区域范围内，选择既便于观察发现情况，又能主动出击并保护自己的部位，作为警戒的岗位。警戒人员在观察时，要保持高度的警觉性，充分发挥眼、耳、鼻的作用。观察时视线可采取由左至右、由右至左、由近到远、由远到近的方法，反复观察、不留死角，对地形、地物复杂的区域和重点目标要特别注意仔细观察。在夜间，或遇有浓雾、大风、暴雨等恶劣天气时，要眼、耳、鼻并用，通过看、听、嗅准确辨别各种声响、光亮、气味和物体形态等，作出正确分析判断和处理，并如实做好当班记录。

警戒人员要根据警戒目标的规模、地形、人员、车辆出入等具体情况，区别不同的时机和对象，采用逐个验证、重点验证和免验三种不同的方法，对进出的人员、车辆进行查验。查验证件要快、细并讲究礼貌。对人员要采用认证和认人相结合的办法，对进门者以查身份证为主，对出门者以查验携带物品的手续为主。

在查验人员、车辆、物资的过程中，会遇到各种各样的情况和问题，既有一般情况，又有重大突发情况，既有人民内部矛盾问题，又有敌我性质的问题，但绝大多数是人民内部矛盾问题，因此，警戒人员要严格遵守党的政策和国家法律，坚持原则，讲究方法，区别不同情况，及时妥善处理。警戒人员发现一般可疑人员时，应严密监视，认真观察，加强控制，防止犯罪，发现行为鬼祟、穿着反常、图不轨或携带可疑物品、神态慌张的人，要特别观察其动向，可进行询查、盘问，弄清状况，但要注意方式方法，避免引起其反感，并提高警惕防止其行凶。

## 三、警戒的实施方法

1. 设置必要的警戒哨位。

根据警戒目标的范围、特点及其周围环境不同，要设置一定数量的警戒哨位，配备适当的警戒力量。一般情况下可采取固定哨位、游动哨位、瞭望哨位三种。

(1)固定哨。是指派适当数量的警戒人员在固定位置执行警戒任务。它一般设在警戒部位的出入口、必要通道、机密部位、要害部位等处，以有效地控制人员、车辆的出入，防止不法分子的进入，防止人为破坏和自然灾害事故的发生。在固定哨执勤的警戒人员，必须熟悉有关地形、环境和特点，认真履行出入手续和验证制度的职责，掌握防范、安全设备的位置、性能和使用方法，保持通讯设备的顺畅联络。

(2)游动哨。是指为了弥补固定哨的不足，在警戒范围内针对某些薄弱环节和易发生问题的部位、区域，派出适当数量的警戒人员进行巡逻。它一般设在警戒目标的重要地段和区域，与固定哨相配合。游动哨要为执勤人员规定联络口令和信号，按指定的线路或区域进行巡逻守护。尤其在节假日和夜间气候恶劣，社会治安情况复杂的时候，更要加强游动巡查。在游动巡查中发现可疑情况及时报告，发现违法犯罪行为要立即处置。游动哨在游动时，应根据具体情况，目耳鼻并用，采取时走时停、时快时慢或突然改变方向等灵活多样的方法。路线可采取往返式、循环式、交叉式或几种方法交替使用的方法，防止不法分子摸清规律。但无论采取哪种方法、何种路线，都要以防止不法分子突然袭击为原则。游动的具体要求是：白天仪态要大方、威武雄壮有震慑力；夜间要保持肃静，眼明、耳灵、脚轻，仔细判断各种情况。游动时要机智灵敏，提高警惕，如夜间要沿墙边和树木阴影处行走，行至墙拐角处，应提前放慢脚步，稍作停留，先利用墙角的暗处观察前方的动静，待没有发现可疑情况时再拐弯通过，以防不测。

(3)瞭望哨。是指在警戒范围较大的区域内，选择便于观察的制高点，配备适当的警戒人员，对警戒对象或范围进行瞭望观察和监视，以确保警戒目标的安全。担负瞭望任务的警戒人员，应熟悉与有关人员、部门联系的方法和信号、配备专用通讯器材和设备，与固定哨、游动哨形成一个相互联络的通讯网，以便有效地发挥每一个哨位的优势和特点，相互协作，保证警戒任务的完成。

2. 依法使用警戒带。

由于使用警戒带涉及维护社会治安和相对人的切身权益，对于需要戒备的场所、路段，特别是禁止无关车辆、人员进入的场所、路段，警戒人员要根据上级部署依法使用警戒带。《公安机关警戒带使用管理办法》第5条规定："对警戒带的使用做出具体规定。公安机关及其人民警察履行职责时，可以根据现场需要经公安机关现场负责人批准，在下列场所使用警戒带：(1)警卫工作需要；(2)集会、游行、示>活动的场所；(3)治安事>的现场；(4)刑事案件的现场；(5)交通事故或交通管制的现场；(6)灾害事故的现场；(7)爆破或危险品实(试)验的现场；(8)重大的文体、商贸等活动的现场；(9)其他需要使用警戒带的场所。"勤务民警依法使用警戒带，受法律保护。任何单位和个人不得阻碍、干扰人民警察依法使用警戒带。警戒人员在使用警戒带设置警戒区时，在场人员应当服从警戒人员的指令，无关人员应当及时退出警戒区；未经许可，任何人不得跨越警戒带进入警戒区。对破坏、冲闯警戒带或者擅自进入警戒区的，经警告无效，可以强制带离现场，并可依照《治安管理处罚条例》的规定予以处罚。构成犯罪的，依法追究刑事责任。

3. 加强要害目标的警戒。

所谓要害目标，是指对社会或企业生产、经营活动产生重大与关键影响的单位、部位或人员。主要有两大类：一类是系统、单位、部门或人员，如党政首脑机关或人员、广播电视系统、邮电通信系统、重要科研单位、重要金融单位和机要档案部门等；第二类是部位、物品或环节，如重点工程建设、重要物质仓库、珍贵文物、武器弹药仓库、公路铁路交通枢纽等。对要害目标的警戒采取的措施主要有：

(1)认真掌握警戒要害目标基本情况。认真掌握警戒的要害目标的规模、功能、范围、特点、周围环境与警戒要求，并据此制定切实可行的警戒方案及备选方案，包括警戒的目的、要求，警戒点的确定和警戒力量的部署，警戒的职责范围与区别，警戒的具体措施，警戒勤务中警急情况的处置等项内容。

(2)认真组织要害目标警戒的实施。一是警戒前的业务培训及思想教育。明确警戒任务和职责范围，训练特殊的业务规范及动作要领及警戒要害目标的重要意义。二是做好警戒前的物资准备，包括着装、警戒器材、通讯工具、照明设备、特殊用品等。三是规定警戒纪律及约定联络方式与暗号、交班制度及注意事项等。

(3)加强要害目标警戒的领导和指挥。要害目标警戒的方案及具体措施开始实施后要注意加强对要害目标警戒的具体领导与指挥，包括督促、检查警戒措施与方案的落实情况，组织力量巡查各警戒点，加强与各警戒点的通讯联络与指挥，看望慰问警戒人员。

(4)加强要害目标警戒的技防措施。一是充分利用各种报警设备装置。其中用于防盗、放破坏的报警器，如玻璃破碎报警器、开关报警器、声控报警器等；用于防火、防爆方面的报警器，如烟感报警器、可燃气体报警器、温感报警器、红外线火灾报警器等。二是充分利用各种加固保险设备装置。如保险箱安全装置安全保险柜、保险开关装置、门窗自控组合装置、防盗锁等。三是充分利用监视控制设施。如出入监视器、红外线监视仪、电视监视装置，以及由报警、录音、录像组合而成的光电监视控制设备等。

## 第三节 警 卫

### 一、警卫的性质和地位

**(一)警卫的性质**

警卫是公安机关的一项重要职能，是行使国家法律赋予的权力以保卫警卫对象和警卫目标的安全的公安专门业务。

**(二)警卫的地位**

警卫是公安机关直接承担的保卫党和国家领导人的安全，保卫我国重要的机关和单位的安全，以保障我国的改革开放和社会主义建设事业能顺利进行的重要警务活动；是公安机关保卫我国的设施和目标，保障社会正常的秩序，保护社会主义建设成果的重要警务活动；是公安机关保障我国国际交往，增进友谊，为我国的和平外交政策的实施而进行的重要警务活动；是公安机关为保障重要会议和大型活动的顺利进行，促进社会文明、进步、发展的重要警务活动。

### 二、警卫的规格和任务

**(一)警卫的规格**

警卫规格，是指对不同层次的警卫对象、警卫目标和重要会议、重大活动规定不同的警卫措施和要求，是警卫部门部署和实施警卫工作的基本依据。

1. 对人员的警卫

(1)党和国家领导人。

中国共产党中央委员会总书记，中央政治局常务委员会委员，国家主席、副主席，全国人民代表大会常务委员会委员长，国务院总理，中央军事委员会主席，中国人民政治协商会议全国委员会主席，是警卫工作的重点，配备随身警卫干部，部署住地、现场警卫。外出活动，视情况增派随卫力量，部署路线警卫。对此，通常称“一级警卫规格”。上述警卫对象，通常称“重点警卫对象”。

中央政治局委员、候补委员，中央书记处书记，全国人民代表大会常务委员会副委员长，国务院副总理、国务委员，中央军事委员会副主席，配备随身警卫干部，部署住地、现场警卫。到基层活动时，视情况加强交通指挥。对此，通常称“二级警卫规格”。

中国人民政治协商会议全国委员会副主席，最高人民法院院长，最高人民检察院检察长，配备随身警卫干部。到基层活动时，视情况部署住地、现场警卫。对此，通常称“三级警卫规格”。

对退出领导岗位的原警卫对象，警卫工作原则上仍按原规格部署。

(2)来访重要外宾。

外国国家元首、政府总理以及按此规格接待的外宾是警卫工作的重点，应组成专门的警卫班子，部署住地、现场和路线警卫，为“一级警卫规格”。

外国国家副元首、政府副总理、议会议长以及按此规格接待的外宾，派出随卫干部，部署住地、现场警卫。其外出活动，应加强交通指挥，为“二级警卫规格”。

外国议会副议长、最高法院院长、最高检察院检察长、重要政府部长以及按此规格接待的外宾，派出随卫干部，部署住地、现场警卫。其外出活动，视情况加强交通指挥，为“三级警卫规格”。

(3)其他人员。

国家认为应当给予警卫的人员(如一些重要岗位的干部、著名科学家等)可以为“三级警卫规格”。

2. 对重要目标的警卫

对重要目标的警卫，能保障国家机构正常发挥功能，社会生活正常有序地进行，维护国家之间的正常友好的关系。包括：

(1)重要机关，执政党的领导机关；国家机关(人大、人民政府、法院、检察院)人民政协机关；人民团体机关。

(2)重要单位、重要企事业组织，国家重要科学研究单位(如中国科学院、中国社会科学院、核工业研究单位)；国家重要企业(如核电站、重要的国防工厂、卫星发射基地、黄金冶炼厂、印钞厂)；国家重要事业单位(如电视台、新华通讯社、中央党校)。

(3)国家重要建设工程和公共设施国家重要建设工程(如三峡工程、青藏铁路建设工程、高速公路建设工程)国家重要公共设施(如重要桥梁、隧道、陕西北京时间测控中心、人民大会堂、国际机场)。

(4)外国驻中华人民共和国外交代表机构驻地各国驻中华人民共和国大使馆、领事馆；联合国驻中华人民共和国办事机构；其他国际组织驻中华人民共和国代表机构；来华访问的重要外宾下榻的饭店、宾馆。

(5)我国党和国家领导人的住地、活动和下榻的处所；我国党和国家领导人的居住地；我国党和国家领导人在国内外出视察和工作时下榻处所；我国党和国家领导人参加公务活动进行和经过的处所和沿途。

**(二)警卫任务**

一级警卫规格的任务是全线控制、重点部署、加强巡查。由公安交通管理部门派出清障车、交通报信车、收尾车、巡逻车。清障车主要是疏通道路，清除障碍物，及时排除警卫对象车队先进过程中发生的紧急障碍；交通报信车的作用是引导车队安全行进，通报车队运行情况。行进中，要掌握好车速，加强交通指挥，跨地区行车，要选择好交接地点，搞好配合，车队不停顿；收尾车负责制止无关车辆穿插车队，报告车队行进情况，处理行进中发生的有关问题；巡逻车负责任务中的巡视、检查工作，对路面发生的情况及时报告，妥善处理。一级加强警卫规格，除上述部署外应增加警力，控制各路口，并适当扩大沿线两侧控制范围；全程增派交通带路车、收尾车和武装护卫车。

二级警卫规格，实行重点部署。对沿线主要桥梁、涵洞和复杂路口、路段进行控制，加强交通指挥；派出前卫警车；副元首级外宾到远郊区活动时，增派交通带路车。

三级警卫规格，沿线主要路口加强交通指挥；派出前卫警车。

虽然国家明文规定了警卫等级，可各地在执行时，往往是向上高靠一级，即二级参照一级；三级参照二级；无级(正省部级)参照三级。

## 三、专项警卫

专项警卫工作按照“谁主管谁负责”和属地管理的原则，由主管警卫部门组织实施。

**(一)住地警卫**

一级警卫规格，实行全面部署。组成住地警卫组，对主宾住楼或楼层进行区域封闭式控制。设置专用停车场，武装守卫。对主楼或主宾住房进行全面安全检查加强周围社会面控制和交通指挥，并备有一定的机动力量。主宾及其随员包楼单独居住时，楼门口和外围设固定哨，增派带班人员；与其他旅客混住时，控制专用电梯或通道，主宾下榻楼层设固定哨，严格人员控制。

一级加强警卫规格，除上述部署外，对主楼门口和其他重要部位增加警力控制，主楼外围增设巡逻哨。

二级警卫规格，实行重点部署。组成住地警卫组，对主宾住楼或楼层进行重点区域控制，视情况加强住地交通指挥。主宾及其随员包楼单独居住时，楼外围设固定哨；与其他旅客混住时，主宾下榻楼层设固定哨，控制一定区域。

三级警卫规格，对主宾住房实施控制，加强停车场管理。主宾及其随员包楼单独居住时，楼外围设游动哨；与其他旅客混住时，主宾下榻楼层设游动哨住地警卫工作应注意与环境气氛相适宜，警卫执勤人员一般应着便衣。视住地条件设礼宾哨。下榻涉外宾馆饭店时，一般不设礼宾哨。

**(二)现场警卫**

一级警卫规格，配备足够警力，实行全面部署。现场内外一般可部署三道防线进行控制：第一道为外围控制，由当地公安机关负责；第二道为现场警戒，由当地警卫部门负责；第三道为随卫，由主管警卫部门负责，当地警卫部门协助。加强要害部位和外围社会面控制，加强交通指挥和车辆看护。对公共游览场所，一般不清场、不闭馆，特殊情况可采取临时控制游览人数和局部清场、分段管制等措施。对上下车点、复杂场所的活动现场，要严密近身护卫圈，必要时可形成“真空”。

一级加强警卫规格，除上述部署外，应增加警力，部署阻截车辆和设施，并事先进行全面安全检查。

二、三级警卫规格，配备适当警力，实行重点部署。主要控制要害部位、重点区域，加强现场随卫，防止无关人员接近警卫对象。加强交通指挥和车辆管理等工作警卫部署应注意从实际出发。除安全受到威胁或代表团人数较多、现场情况复杂外，一般应在保证安全的前提下，相对减少现场执勤人员，缓和警卫形式。

**(三)路线警卫**

一级警卫规格，实行全线警戒，特别是对桥梁、涵洞、制高点和主要路口严格控制。沿线两侧加强治安管理。部署交通路线，保证车队畅通无阻。派出主车和前、后卫车。主宾到远郊区活动时，增派交通带路车、收尾车和武装护卫车。正式访问抵离首都、欢迎仪式和向人民英雄纪念碑献花圈时，增派礼宾护卫摩托车。到其他城市活动，有条件的可增派摩托车开道，但原则上不在主车周围护卫。

一级加强警卫规格，除上述部署外应增加警力，控制各路口，并适当扩大沿线两侧控制范围。全程增派交通带路车、收尾车和武装护卫车。

二级警卫规格，实行重点部署。对沿线主要桥梁、涵洞和复杂路口、路段进行控制，加强交通指挥。派出前卫警车。副元首级外宾到远郊区活动时，增派交通带路车。

三级警卫规格，沿线主要路口加强交通指挥。派出前卫警车。公安警卫部门应主动参与重要外宾车队的组织管理和编排。

**(四)专机、班机警卫**

一级警卫规格，部署现场警卫。乘坐专机时，严格专机警戒看护，落实机上各项安全措施。会同航空主管部门做好专机飞行的组织和准备工作，进行机械检查和试飞，严格选配机组人员。根据需要配合有关部门对交运、手提行李和机上食品进行安全检查和检验。有关航空警卫部门派员添乘。外方专机在我境内停留期间部署专机外围警戒。外国专机由其自行铅封的，机上安全及启封由外方负责；由中外双方共同铅封的，启封必须由双方共同进行。乘坐班机时，参照专机的要求开展工作。有关航空警卫部门派员添乘。随团警卫人员应靠近主宾就座。

二级警卫规格，航空部门要采取相应的安全措施。有关航空保卫部门派航空安全员跟机工作。随团警卫人员应靠近主宾就座。

三级警卫规格，机上安全由随团警卫人员负责；没有随团警卫人员的，由接待单位的随团人员负责。

**(五)专列、包车警卫**

一级警卫规格，乘坐专列时进行重点部署，主要加强车站、平交道口、桥梁、涵洞、沿线两侧重要制高点、复杂地段的控制和专列宿营地的警戒。对线路、机车车辆设备和有关设施进行安全检查。配合铁路有关部门做好专列乘务、服务人员的选配和饮食安全检验。铁路和地方公安警卫部门派员添乘，在主车车厢两端设武装哨。乘坐包车时，对始发、停车、通过、终到站和停车宿营地及复杂地段适当部署警卫。对旅客行包、邮件等物品和机车车辆(邮政车)、线路和车站重点设备、设施进行安全检查，加强列车治安管理。铁路和地方公安警卫部门派员添乘。

二级警卫规格，乘坐包车或本编软席时，对始发、停车、通过、终到站部署警卫。对车站设备和线路重点设施、要害地段进行安全检查，加强列车治安管理铁路公安警卫部门派员添乘。

三级警卫规格，乘坐包车或本编软席时，铁路公安机关对始发、停车、终到站部署警卫。对车站重点设备、设施进行安全检查，加强列车治安管理。铁路公安警卫部门派员添乘铁路和地方要明确分工，各负其责。铁路公安机关负责车站内(原则上以车站进出口和进站信号机为界)的现场警卫和车站及线路行车设施的技术安全检查；地方公安机关负责车站周围和线路的安全警卫、邮政车和邮件的安全检查以及地方驻站单位内部的安全工作。

**(六)专船、班船警卫**

一级警卫规格，部署船(舰)上警卫和靠泊港现场警卫。江河两岸一般不部署警戒，但对专船航行安全构成威胁的制高点和沿岸有易燃易爆物品的单位，要派出适当力量进行控制。港航和地方公安警卫部门分别派员添乘。乘坐专船、专舰时全程水域、航线派出引航、护航艇。乘坐班船时，参照专船的要求，采取必要的安全措施。船上加强治安管理，严格划定警戒区域，设警卫游动哨巡查控制。警卫对象居住的客舱楼层及其上下楼层对应客舱不安排普通旅客。

二、三级警卫规格，乘坐班船时，船上适当划定警戒区域，加强船上巡查二等以上舱室及警卫对象居住舱上下楼层对应客舱不安排普通旅客，不售五等散席客票。

## 四、警卫安全措施

1. 人员审查。对参加执勤任务的公安民警、武警官兵，由所在单位进行严格的审批教育，确保内部人员纯洁可靠。对参加接待服务的工作人员和群众欢迎队伍的审查教育，由各派出单位党委和保卫部门负责，有关公安部门协助。

2. 安全检查。根据需要，对住地、活动现场和乘坐的交通工具和进入警卫现场和住地的中外记者及其携带物品、器材，使用技术手段进行安全检查。

3. 记者管理。参加采访的中外记者统一由新闻管理部门管理组织，有关警卫部门协助。根据需要，制发记者证。必要时可分远、近距离两种证件，限制记者人数和采访时间。重要活动现场，要为记者设置工作架或控制绳。参观游览场所要适当限制记者人数和活动范围，实行定点分段管理。

4. 侦察控制。有关侦察情报部门要加强对可能危及人员安全的情报信息工作，及时通报情况，严密防范，严格社会面控制和出入境管理。

5. 保密工作。要严格执行保密制度，遵守保密纪律。有关警卫人员，要增强保密观念，对活动日程要严格保密，通讯联络采取保密措施，警卫部署上要防止规律性暴密。对外事接待、新闻等有关部门，要提出要求，加强教育，保守机密。

6. 食品卫生。主宾所用食品、饮料、由主管单位指定专人负责采购、运输、烹调，保证来源可靠、新鲜卫生。外事接待如对方提供食品需中方烹调、储存时，要留出样品，以备化验。飞机、列车、轮船上的配餐，安全工作由主管单位负责。

7. 医疗保健。一级警卫规格各地均应指定专门医院做好医疗救护准备工作，必要时派出医护人员和救护车随团活动。

## 五、警卫战斗指挥活动

警卫战斗指挥活动，是指警卫指挥员为达成确保警卫对象安全的目的，在警卫战斗组织指挥过程中进行的思维和行为活动。主要内容包括：掌握情报信息、建立指挥系统、组织现场勘察、制定应急预案、组织各种保障等。

### (一)掌握情报信息

在警卫工作中要想有效应对各种复杂的战斗场面，确保警卫对象安全，就必须把掌握情报信息作为一项必不可少的重要环节。警卫部门在平时工作中应注重建立警卫情报信息系统，疏通情报信息渠道，对各种相关情报信息进行分析处理，是情报信息工作达到灵敏、准确、及时的要求。在任务前和任务实施过程中更要强化警卫情报工作，更好地用于警卫战斗指挥决策。掌握情报信息主要包括：国内外敌对势力、敌对分子针对警卫对象、警卫目标和重大活动的行动破坏动向，重点控制对象的活动情况，社会不满分子可能报复社会、危害警卫安全的情况，以及警卫任务涉及区域的社会治安情况，警卫住地、路线、现场的现实情况，群体上访事件的苗头及动态等。

**(二)建立应急指挥系统**

建立应急指挥系统，是发挥参战单位和人员的整体作战功能，提高处置各种突发事件能力的关键。任务前要针对任务中可能发生的紧急情况建立应急指挥机构。其机构与相应警卫任务重的工作机构相一致，成员由各参战单位的领导组成，以便在发生突发事件时，集中各方智慧，发挥各方面力量的作用，提高决策的科学性和指挥的灵敏度。在指挥系统的组织层次上，要按照谁主管谁负责和属地管理原则，明确第一指挥人，确定每个环节、每个区域的负责人，并赋予相应的责任的指挥权限。只有这样才能避免出现令出多门，指挥混乱的局面。在战斗指挥的方式上，应强调按级指挥，但在特殊情况下，也可越级指挥。以保证决策指挥的及时性和有效性。

**(三)组织现地勘察**

组织现地勘察是警卫指挥员在组织实施过程中一项不可缺少的重要环节。现地勘察的目的是让警卫执勤人员熟悉情况，为有效处置各类突发事件，在警卫战斗中争取主动奠定基础。勘察中重点熟悉和掌握警卫住地、现场和路线等场所的紧急避险点、紧急疏散通道、机动力量隐蔽地点、备用路线等情况，此外，对发生突发事件时的应急救护医院情况也要进行勘察。紧急避险点和疏散通道的选择要按照就近原则，既能躲避袭击，又便于控制和撤离；机动力量的隐蔽地点选择在便于机动、便于指挥、便于隐蔽、便于处置突发事件的位置上；备用一定的力量，适时对备用线路进行部署和控制；应急救护医院在按照就近原则确定，应急医疗小组的构成及应急救护预案等应列入平时基础工作范畴并抓好落实。

**(四)制定应急预案**

警卫应急预案，是警卫部门针对警卫工作中可能发生的突发事件所制定的行动计划。它是所有参勤单位和人员处置各类突发事件的基本依据。从警卫实践来看，经常拟制的警卫应急预案有警卫工作总体预案和警卫工作分支预案两大类。总体预案立足点较高，内容涵盖较为全面，而且具有较强的指导性、协调性和对策性特点。分支预案又分为常备和临时性两种，分支预案的特点是针对性强，具有较强的可操作性。

**(五)组织协同动作**

组织协同动作，就是指所有参勤单位和人员，根据可能发生的紧急情况，按目的、任务、时间和地点，协调一致地行动，既要确保警卫对象安全，又要抵御敌对分子的攻击，控制现场。组织协同动作应做到以下几点：

1. 明确执勤单位的职责和任务。警卫指挥人员除了明确警卫部门的职责和任务外，还应明确各参战单位的职责和任务范围。

2. 树立高度的整体观念和大局意识。各警种和相关单位在完成各自任务的同时，要主动配合，相互协作，加强信息交流。

3. 组织协同动作演练。在任务前的临战训练中，要有针对性地组织演练，以进一步熟悉突发事件时各参战单位和人员的协同动作和要求。

**(六)准备装备器材**

准备装备器材是警卫战斗指挥活动中的重要内容。主要内容有：

1. 防护类装备器材。主要包括防弹器材和阻车器材。防弹器材有防弹车、防弹衣、防弹公文包、防弹盾。阻车器材主要有阻截车、阻车器、阻车钉等。

2. 攻击类装备器材。除警卫人员常备的手枪、微型冲锋枪外，根据任务需要，可适当配备自动步枪、狙击步枪等火力较强的武器以及便于携带的非致命性武器。

3. 检查类装备器材。如金属探测器、爆炸物探测器等。

4. 通信类装备器材。主要配备集群移动通信设备，如车载、手持无线通信器材。

5. 车辆类装备器材。根据任务需要通常配备前卫车、后卫车、备用车、救护车、消防车、武装护卫车等。

## 六、警卫队形

警卫队形，是指警卫人员为确保警卫对象安全以乘车或徒步等形式，在其周围展开所形成的防卫队形。利用合理有效的警卫队形来保护要人的安全，已为世界上大多数国家的警卫部门所重视和采用。警卫队形的种类既有徒步警卫队形，又有摩托车、马队警卫队形；既有乘坐汽车时的警卫队形，又有乘坐飞机、轮船时的警卫队形。本节根据目前我国公安机关、警卫部队常用的几种警卫队形，结合国外警卫部门的队形表现形式，介绍警卫战斗队形的编成、队形样式以及队形防卫的基本要求。

**(一)摩托车警卫队形**

摩托车警卫队形，是为保证警卫对象乘坐汽车从事政务活动时的安全，在主车周围或车队前后派出摩托车进行开道护送保卫时所形成的队形。1988年，公安部警卫局在深圳进行了外宾警卫摩托车开道护卫试点工作，确定了摩托车开道护卫队形的深圳模式。试点取得经验后，在部分省市进行了推广和应用。

1. 摩托车开道护卫队形的样式

摩托车开道护卫队形，由清道摩托车、护卫摩托车和收尾摩托车组成、清道摩托车通常由5~7辆摩托车形成“箭标”形队形，位于指挥车前，负责清理车队前方道路；护卫摩托车队一般由3辆摩托车组成，位于主车前面和两侧呈“品”字(三角)队形，担负主车的护卫任务；收尾摩托车(一辆)部署在整个车队的最后。依据警卫规格或警卫等级的不同，开道摩托车的数量和样式以及护卫摩托车的派遣也是有所区别的。以“品”字形出现的护卫摩托车队形，通常在一级外宾警卫任务中派遣和运用。

2. 摩托车开道护卫的行动要求

(1)滚动前进，交替控制。

在车队行进过程中，前方一辆摩托车堵住一个路口，示意车辆、行人避让警卫车队，当指挥车通过该路口后，摩托车立即加速前进，再封堵下一个路口。如此循环交替进行完成开道任务。清道摩托车在前进中，如发现有靠近警卫车队的车辆，要命令其靠边慢行或停车。

(2)分工明确，密切配合。

负责开道护卫任务的摩托车驾驶员，应穿着整齐，统一佩带手枪，头车驾驶员为开道车队的指挥员，执行任务中与指挥车保持密切联系，接受指挥车的命令和指挥。收尾摩托车主要负责拦阻后面企图超越警卫车队的车辆，处置车队行进过程中发生的一般性事件。每个队员都要严格遵守各自的职责，保持与其他队员不间断的协调。

(3)提高警惕，勇敢果断。

行车途中，驾驶员必须提高警惕，随时做好处置紧急情况的思想准备，如发生意外情况，应果断处理，处理不了的，要立即向头车和指挥车报告，必要时要舍生忘死，直接撞击肇事者。在路口堵截的驾驶员要命令车辆和行人与路口保持一定的距离，并密切注意路口车辆和行人，发现情况，及时处理，绝不能让任何车辆和行人冲入道路内。

### (二)汽车警卫队形

汽车警卫队形，是指警卫对象乘汽车外出活动时，车队行进中的前后编队和警卫对象上下车时车辆的停放所形成的队形。警卫车队的编排应由警卫部门负责。汽车警卫队形可分为首长警卫车队队形和外宾警卫车队队形两种。

1. 汽车警卫队形的样式

(1)警卫车队行进时的队形样式

首长警卫车队队形样式。党和国家领导人在京活动或到外地视察工作期间，通常情况下乘坐面包车(中巴)活动。在行车途中，领导同志要求“轻车简从”，警卫形式自然、缓和，避免张扬暴露。因此，首长警卫车队队形样式，应注重从实际情况出发，灵活安排。由于各地的具体情况不同，在车队编排上各地做法也不尽一致。一般情况下，在车队前安排一辆前卫车，必要时在前卫车前面派出一辆交通疏导车；在车队后准备一定的机动力量和部署一辆后卫车(或收尾车)。整个车队队形呈“1”字形排列。

外宾警卫车队队形样式。外宾乘坐汽车外出活动时的车辆排列队形样式要视地形、敌情、任务情况而定。通常有前后保护队形、三角队形、方阵队形等队形样式。前后保护队形一般在主车前设前卫车，主车后设后卫车，呈“1”字形排列；三角队形一般在主宾车前方设前卫车，在主宾车左后方、右后方各设一辆后卫车；在敌情严重，路面较宽阔等条件下，根据上级有关部门的要求可采取方阵队形。即在主车前设左前卫车、右前卫车，在主车后设左后卫车和右后卫车。

(2)警卫车队停车时的队形样式

主车在建筑物前停车时，其停放位置应尽可能靠近建筑物的出入口，以缩小警卫对象在外暴露的时间。其他车辆则形成一定的防护队形，三车停放时可成前后停放或成三角摆放，四车停放时可成前后停放或半弧形停放。

2. 警卫车队各种车辆的职责

在实践中，由于各地警卫部门的具体情况不同，习惯做法各异，其车队排列顺序也不一样。一般情况下，车队通常以清障车、带路车、前卫车、主车、后卫车、备用车、武装护卫车、收尾车为序进行排列。从安全角度而言，车队顺序不应遵循某一种固定模式，而应坚持常规排列顺序和特殊排列顺序相结合，因情制宜。若车队排列形成规律，一旦被敌对分子掌握，就会给警卫对象安全带来严重威胁。此外，首长警卫车队和外宾警卫车队中各种车辆的职责基本一致。警卫车队中各种车辆的职责是：

(1)清障车。其职责是检查沿线警卫部署落实情况，指挥道路上的车辆靠边慢行或停车，排除因交通事故导致的道路障碍以及临时发现的其他紧急情况，及时与带路警车取得联系。清障车的行动要求是，提前出发，与带路车保持一定距离。

(2)带路警车(开道车)。排列在车队的前面，其职责是观察前方道路和沿途交通及治安动态，掌握好车速，加强交通指挥，保持警卫车队的完整，引导车队安全行驶。在发生突发事件又没有前卫车时，护卫主车离开现场，并及时与基地或应急领导小组联系，果断指挥，紧急处置。

(3)前卫车。排列在主车的前面，其职责是负责主车的护卫，主要防范和处置来自道路前方的紧急情况，指挥车队安全行驶，发生突发事件时，负责警卫对象安全，护送主车迅速脱离危险区。

(4)后卫车。排列在主车的后面，其职责是负责主车的护卫，严密监视主车两侧和后部安全情况。发生突发事件时，接受前卫车的指挥，保护警卫对象的安全，护送主车脱离危险区。

(5)备用车。通常排列在后卫车的后面。主要职责是一旦主车发生故障或遭遇袭击受损，不能继续使用时代行主车职责。

(6)收尾车。排列在车队的后面，其职责是制止无关车辆穿插超越，保持车队的完整，联络掉队车辆，处理车队进行中发生的有关情况。

(7)武装护卫车。排列位置视警卫任务需要而定，即可排列在备用车后面，也可以排列在车队的后方跟进。其职责是接受前卫车的指挥，发生突发事件时，快速机动，配合当地公安机关实施紧急处置。

3. 前卫车和后卫车的作用及行动要求

在执行任务中，无论是首长警卫，还是外宾警卫，通常都要部署前卫车和后卫车。这是因为，前卫车和后卫车在整个车队中具有十分重要的地位和作用，能否有效地发挥前卫车和后卫车的作用，直接关系到警卫对象的人身安全和整个车队的行车安全。

(1)前卫车和后卫车的作用

前卫车和后卫车的作用主要表现在以下几个方面：

第一，保证车队行驶安全的作用。确保警卫对象外出活动中的路途安全是前卫车和后卫车的首要任务，是其他警卫措施不可替代的。前卫车要关照和控制整个车队的行驶，确保行车安全。后卫车要保障主车后方的行车安全，防止其他车辆接近主车或超越主车。

第二，保证通信联络畅通的作用。警卫对象远离住地，随时都有事情上传下达，这就需要利用公安通信网络，通过前卫车的车载台及时准确地传递有关情况或信息。

第三，协调和指挥的作用。前卫车不仅是在行驶过程中发挥着开道和保证主车安全的作用，还对整个车队以及其他活动起着指挥和协调作用。

第四，保护主车的作用。在行驶中若遇到各类紧急情况或突发事件时，要迅速，果断，准确地进行处置，要以勇敢的战斗行动，阻挡，防御敌对分子的攻击，保护主车实施安全撤离。

要充分发挥前卫车和后卫车的作用，必须做到：一是要选择机械性能好，通信设备齐全的车辆作为前卫车和后卫车。二是指定开车技术娴熟，业务素质好的警卫人员驾驶前卫车和后卫车。要求驾驶人员心理素质好，反应敏捷，不仅要有熟练的驾驶技术，而且要具备较强及警卫实战能力。三是执行任务前要对指定的前卫车和后卫车进行反复检测和保养，以确保前卫车和后卫车处于良好的技术状态。

(2)前卫车和后卫车的行动要求

第一，准确掌握情况，果断处理问题。执行任务前指挥员或驾驶人员要明确从出发地到目的地的之间的道路状况。行驶中，要注意观察道路前方和两侧情况，同时要利用汽车的回视镜观察车队行驶情况，或用电台同其他车辆保持联络，防止车队前后脱节。一旦遇到前方交通堵塞或其他紧急情况时，能灵活自如地选择其他路线绕行，严防意外事故发生。

第二，控制行车速度，保持适当车距。合理掌握行车速度，保持适当的车辆距离，是保证车队安全行驶的关键。正常行驶时，要准确判断路面其他车辆及行人情况，根据里面质量和车辆行人状况，灵活地掌握好车速，该快则快，该慢则慢。如果遇有桥梁，路口，弯道，上下坡或视线较差的路段，尤其是对面来车与车队会车时，不宜超车。在正常超车时，根据季节和天气情况，利用警灯，警报或喊话器使被超车辆减速或靠边后，方能超车。要正确把握超车，会车，使用警报器，喊话器的时机，密切同交警的协调配合，以确保车队行驶保密，畅通，安全。

第三，变换行车位置，确保主车安全。正常情况下，前卫车应骑道路中心线(稍靠右)行驶，但在乡村土路上，遇侧风行车时，若前方没有行人和车辆，应尽量在风向的下方行驶，以确保主车良好的行车视线。后卫车应根据道路和环境的具体情况灵活确定和变换行车位置，防止后方车辆超车或靠近主车。

**(三)徒步警卫队形**

徒步警卫队形，是指警卫对象在现场徒步行进或处于静止状态时，近身警卫人员在其周围展开所形成的队形。

1. 徒步警卫队形的基本样式

徒步警卫队形的基本样式有：方块队形，前三角队形，后三角队形，棱形队形，圆形队形，“U”字形队形，梅花点式队形等。上诉保护队形可在日常警卫工作中根据情况灵活运用，尤其是在警卫工作遇到有高度威胁时更应灵活地加以运用。

(1)方块队形

其基本编成是：以警卫对象为中心，在其左前方，右前方，左后方，右后方各部署一个人(组)。随卫小组的组长(或卫士长)位于最贴近警卫对象的一侧。其防御方法是：来自前方的危险由左前方，右前方警卫人员负责处理；来自右前方的危险由右前方，右后方警卫人员负责处理；来自左侧的危险由左前方，左后方警卫人员负责处理。方形队形的优点是：不影响警卫对象的视野，四角据守，稳定性强。在某种程度上它也是组成360度的圆形队形。方块队形的缺点是不便于进行中动态控制，一般只限于警卫对象在现场慢行或处于静止状态的警卫。方块队形可适用于多种执勤场所，如警卫对象游览某个风景区，警卫对象视察某个活动现场等均可采用方块队形。在选用方块队形时应考虑活动现场是否具备能够展开队形的地形条件。

(2)三角队形

三角队形包括前三角队形和后三角队形两种。

前三角队形。基本编成是；以警卫对象为中心，一个人(组)在正前方，两个人(组)分别在左后，右后方，构成一个前三角警卫队形、其防卫的方法是：危险来自前方时，由前方的警卫人员负责处理；危险来自右方时，由右后方的警卫人员跨前处理；危险来自左方时，由左后方警卫人员跨前处理；危险来自后方时，由左后方，右后方警卫人员协同处理。前三角队形的优点是：节省人力，便于在人员众多和情况复杂的场所进行，同时也便于紧急情况下的战斗配合。前三角队形的缺点是：如果正前方的警卫人员距警卫对象较近，会挡住警卫对象的视线，有喧宾夺主之嫌；反之，如果距离较远，则前卫和警卫对象之间容易造成空挡，形成失控。前三角队形通常是在后方威胁和压力较大时采用，1989年美国总统布什访华时，美国特工人员就采用了前三角队形实施保护。即一名特工手持防弹公文包走在前面，总统左右各有一名特工负责两侧安全，另有四名特工在总统后侧成一线展开，这样从总体上构成了前三角队形。

后三角队形。基本编成是；以警卫对象为中心，一个人(组)在左前方，一个人(组)在右前方，一个人(组)在正后方。其防御方法是：左前方和右前方警卫人员，共同负责处理来自前方的危险，并协同正后方的警卫人员一同处理来自两侧的危险。正后方的警卫人员督责后方警卫，并协助处理来自两侧的危险。后三角队形的优点是：前方力量配置较重，便于疏通前方道路，且不遮挡警卫对象的视线，便于警卫对象从事政务活动。后三角队形的缺点是：警卫对象两侧的防卫力量比较薄弱，必须是在左前方与后方警卫人员，右前方与后方警卫人员的协调配合下才能完成。前后配合难度较大，后方及两侧力量较弱，易失控。后三角队形较适用于警卫对象在比较窄的路面上行走等情况。香港重要人物保护组在对要人实施保护时，就曾采用“二二一”的阵形，即在要人两侧各有两名警卫人员，后面一人负责指挥，并负责在发生紧急情况时掩护要人实施快速撤离。

(3)菱形队形

其基本编成是：以警卫对象为中心，在正前方、正后方及左右两侧各部署一个人(组)。优点是：既可排除前方危险，也可防御来自两侧的袭击，又有后方的掩护，在应用中能适用多种场所。菱形队形通常在遇到很大阻力时采用，便于疏通和打开前方通道。如群众夹道欢迎，警卫对象前进、后退或固定一处活动时，都可采用此队形。

(4)圆形队形

其基本编成是：以警卫对象为中心点，警卫人员在其周围形成环形护卫圈。其防御方法是：当遇到异常情况时，内圈靠近警卫对象的两名警卫人员一名在前面用身体挡住警卫对象，一人在后护住警卫对象，其余在外圈的警卫人员面向外警戒。若是近距离袭击，面向袭击者的警卫人员应冲上前去制服罪犯，其他人形成一个屏障，情况允许时，警卫人员应形成一个面。圆形队形的优点是：可防御来自各个方向上的袭击，队形变化灵活，安全系数较大，且可进可退动静皆宜。该队形最适用于特殊的重要警卫场所，或异常危急情况下的防卫以及车辆受损不能继续使用时的紧急换乘等。

(5)“U”字形队形

其基本编成是：以警卫对象为中心，在其左前方、右前方、左后方、右后方以及正后方各部署一个人(组)形成“U”字形配置防卫阵式。“U”字队形是在方块队形基础上形成的一种加强队形，此队形适宜于警卫对象徒步行进且后方压力较大时的各种场所。其防御特点是，除具备方块队形防御功能外，还加强了警卫对象后方的防卫力量。

(6)梅花点式队形

梅花点式队形，是遇有紧急情况时，根据现场的敌情、地形及周围环境而采用的一种超常式保护队形。是一种用于防止近距离进攻或威胁的编队形式。一旦出现紧急情况时，周围的几名警卫人员立即缩成一个圆点，对警卫对象进行保护。

除上述六种队形外，常用的还有点状和线状警卫队形，这两种情况大多在警卫规格不高，所需警力较少的情况下采用。

2. 警卫对象上下车时徒步警卫队形及行动

当车辆到达停车位置后，前后卫人员要迅速下车，下车后疾步到达自己的位置，通常情况下，前卫人员位于主车前端两侧，后卫人员位于主车后端两侧，按照分工，各负其职。外宾警卫车队主车门通常由主车卫士长或前卫人员打开车门。具体行动是：前卫车上的警卫人员下车后，疾步奔向主车，其中一人负责开车门，另一人立于主车前端一侧。开车门时，在确认周围无异常情况后，一手打开车门，一手附于汽车门框上方，以防碰撞主宾头(一些佛教国家不让摸头或发髻较高的女宾例外)。后卫车上的警卫人员也同时奔向主车，立于主车后端两侧，主宾下车后，一般由现场警卫人员负责打开建筑物的大门。若现场没有人员，前卫车上应有一人先行打开建筑物的大门。两名前卫直接进人大门，进入后要注意观察门内或大厅内的情况并分别站立于门内两侧。两名后卫随警卫对象行进，并一直护送主宾到达指定地点，然后退出。

主宾走出建筑物准备乘车离开时，应按进入的相反顺序进行。随卫小组负责人要在警卫人员已到位、车辆引擎已发动，一切安排妥当的情况下，适时安排主宾离开大门登车。前卫车警卫人员，在主宾进入主车的同时，应迅速跑向前卫车并在行进中上车。后卫车警卫人员在保护主宾安全进入主车后，快速奔向后卫车，在进行中上车(也可视情况随主车跑动，之后再上后卫车)。

3. 徒步警卫队形防卫的基本要求

(1)环形部署，多层配置。

环形部署，多层配置是指近身警卫人员以多种样式的警卫队形，形成环形、纵深、多层的防卫态势，以保证任何方向上发生紧急情况时都能得到及时有效的控制。

敌对分子要达到其谋杀要人的目的，会千方百计地寻找突破口和攻击点，而且攻击行动隐蔽、突然。作为保护警卫对象安全的近身警卫人员，必须采取封闭性保护措施。警卫队形的编成要严密，不能留有任何缺口，保护圈要形成封闭性环形防卫态势以抵御和防范来自各个方向上的攻击。需要说明的是，这里的环形部署是针对力量衔接和警力控制而言的，并非是指警卫人员在警卫圈的弧线上平分警力、密集排列、摩肩接踵。

从理论上讲，在警卫对象周围配置的有效层次越多，则安全系数越大。在某些公共场所，为提高安全系数，增大防御弹性，除了几名近距离较为显眼的警卫人员外，还应在不同距离、不同方向上部署警卫人员或以群众身份出现的秘密保卫力量。实行近距离控制与远距离控制相结合、公开保卫与秘密保卫相结合的多层配置体系，以便及时发现问题，提前采取措施。

如出现可疑迹象时，警卫指挥员要调集其他力量，增加近身保护圈人员，形成加强警卫队形，在配置上形成一定的防御纵深。具体措施有：

第一，前后延伸。即在原有警卫队形的基础上，前方和后方各增一人(组)或若干人(组)，以加强对前、后方危险因素的排除控制。

第二，左右拓展。即在原有警卫队形的基础上，左右两方各地加一个人(组)或若干人(组)，从而加强对两侧的纵深控制。

第三，环形辐射。即在原有警卫队形的基础上，前后左右四方(或周围)均增加警卫力量，对中心点加强保卫，以提高对警卫对象的保护能力。

(2)攻防兼备，明确分工。

一般来讲，对近身警卫人员的原则要求主要是采取各种措施保护警卫对象免遭伤害，总体上强调的是一种防御性措施，但这种防御性措施应当是积极的而不是消极的，必须强调防中有攻，攻中有防，攻防兼备。为此，近身警卫人员必须进行明确分工。只有分工明确，才能保证在紧急情况下，紧张有序，忙而不乱，措置裕如地处置各种情况。反之，就会出现混乱局面，导致保卫工作失败。因此，要求每个成员对其位置的前与后、发生紧急情况时的攻与防以及观察视角及方位都要准确明了。指挥员在分工时要明确以下几点：

第一，队员的数量。随卫人员的数量要根据警卫对象的情况、现场地形、危险因素以及上级指示而定，一般强调少而精。

第二，各自的位置及职责。指挥员要明确每个队员的位置、观察控制的区域和范围，要求队员尽量不插手自己责任区域以外的事情，以防出现漏洞。

第三，各种紧急情况下的分工与合作。指挥员应明确发生紧急情况时由谁负责掩护撤离，谁负责反击，谁负责控制现场等。

第四，队员的着装及武器佩带。指挥员根据环境和气候等条件明确队员穿着的服装以及携带武器的方式方法。执勤中，要牢固树立协同作战的思想，服从统一指挥严守协同规定，主动配合，相互支援，协调一致地处置突发情况，确保警卫对象安全。若队形中某个方向出现了空位，附近的其他警卫人员应及时替补，以保障防卫圈的严密性。

(3)灵活变换，正确站位。

警卫队形的运用不是单一队形的死板套用，而是规则与不规则、规则与衍生、单一队形与多种队形的交叉变换使用。因此，保护圈中的所有成员，无论采取何种队形，都不能墨守成规。要根据发生危险的方位及威胁程度，现场地形、地物的变化，周围群众的密集程度等灵活地变换战术队形，或交替补位，或适时机动，或加强警力，以适应现场周围环境。比如，警卫对象上下山、出入房间或山洞等，由于道路狭窄，不可能形成一层层包围的态势，而只能采取前后保护的方式。队形变换的时机通常有：警卫对象进出大门时；警卫对象上下坡时；警卫对象上下车时；动静交替时；警卫对象步行中改变行走方向时；警卫对象穿行或处于拥挤的人群时；某一方位威胁较大时；现场发生突发事件时等。在上述情况下，都应不失时机地变换队形。变换队形时，指挥员要以必要的口令或手势指挥队员行动，所有队员的行动要果断、准确、迅速，绝不可欲变不变，或变换过缓。否则，就会使保护圈出现空位或漏洞，给敌对分子以可乘之机。

警卫工作的从属性决定了随卫队员的行动必须随警卫对象活动的变化而变化，具体的站位不会是“定势”的、固定不变的，要根据现场的不同情况灵活地选定和适时地调整位置。因此，近身警卫人员的站位须把握以下几点原则：

第一，有利于警卫对象从事政务活动。要尽量避开记者镜头，不遮挡警卫对象的观察视线，要方便当地领导同志为警卫对象介绍情况。

第二，有利于观察判断情况。近身警卫人员的站位不能处于看不到警卫对象的位置上，不能被人群和物体遮挡。

第三，有利于在紧急情况下作出快速反应。要针对警卫对象的身体状况以及周围敌情、地形、围观人员等情况灵活地选择位置和调整位置，所处位置应能保证警卫对象一旦遇到险情即可及时有效地实施保护，因此，近身警卫人员与警卫对象之间的距离能过远，要求跨一大步就能够挨到被保护的对象。

(4)面外向心，严密观察。

面外，是指保护圈的每个成员要面向周围，要把视线辐射于队形之外，以便于及时发现情况；向心，是指所有成员要把注意力集中到处于中心位置的警卫对象身上，以保证整个队形中各成员之间行动的统一性。在实践中，当警卫对象处于静止状态、警卫对象上下车、警卫对象处于拥挤的人群之中等诸多情况下都要求警卫人员要面外向心。在观察中要求每个成员根据任务分工，认真履行各自的职责，同时要根据现场情况灵活地采取措施。无论是警卫对象在现场处于静止还是在运动之中，都要始终保持高度的警觉状态。要一直不停地进行搜查，注意把整个场景当作一个整体进行观察，不要只盯着一点看，否则会形成观察盲区。要努力排除现场各种复杂情况的干扰，密切注意现场周围的动静。观察中要本着“既要怀疑一切，又不草木皆兵”的原则，通过自己的感知来观察和判断各种异常现象。保护圈中的每个成员都要注意保护自己的“眼睛”。因为，警卫人员的“失明”，意味着警卫对象失去了保护。

(5)反应敏捷，处置果断。

反应敏捷，要求近身警卫人员在面临突发事件时，无论是心理上的反应速度，还是动作上的反应速度都必须做到快速准确。这种反应实质是一种精神上的内在意识和身体上的外在表现相互结合的体现。反应敏捷，首先体现在精神和心理方面，然后从动作的速度上表现出来。也就是说内在的心灵反应是抽象的无法体现的，它需要通过外部动作形态展示出来。心理反应速度快，动作速度也就会自然加快。就近身警卫人员而言，心理反应速度主要取决于特定的心理状态、高度的警觉性、敏锐的观察力和准确的判断力。动作反应速度又取决于坚定的自信心、勇敢的献身精神、动作的熟练性和身体的协调性。处置果断，要求近身警卫人员必须时刻保持高度警惕，牢固树立实战意识，做好临战心理准备，在关键时刻，应当机立断，迅速处理，任何迟疑、怠慢都可能丧失有利时机，导致被动失利，甚至造成无法挽回的损失。

## 第四节 现 场 管 制

### 一、现场管制的法律依据

1.《人民警察法》第 9 条规定："为维护社会治安秩序，公安机关的人民警察对有违法犯罪嫌疑的人员，经出示相应证件，可以当场盘问、检查……"

《人民警察法》第 17 条规定："县级以上人民政府公安机关，经上级公安机关和同级人民政府批准，对严重危害社会治安秩序的突发事件，可以根据情况实行现场管制。"

2.《突发事件应对法》第 50 条第一款规定："社会安全事件发生后，组织处置工作的人民政府应当立即组织有关部门并由公安机关针对事件的性质和特点，依照有关法律、行政法规和国际其他有关规定，采取下列一项或者多项应急处置措施：(1)强制隔离使用器械相互对抗或者以暴力行为参与冲突的当事人，妥善解决现场纠纷和争端，控制事态发展；(2)对特定区域内的建筑物、交通工具、设备、设施以及燃料、燃气、电力、水的供应进行控制；(3)封锁有关场所、道路，查验现场人员的身份证件，限制有关公共场所内的活动；(4)加强对易受冲击的核心机关和单位的警卫，在国家机关、军事机关、国家通讯社、广播电台、电视台，外国驻华使领馆等单位附近设置临时警戒线；(5)法律、行政法规和国务院规定的其他必要措施……"

3.《集会游行示威法》第 22 条规定："集会、游行、示威在国家机关、军事机关、广播电台、电视台、外国驻华使领馆等单位所在地举行或者经过的，主管机关为了维护秩序，可以在附近设置临时警戒线，未经人民警察许可，不得逾越。"

《集会游行示威法实施条例》第 20 条规定："主管公安机关临时设置的警戒线，应当有明显的标志，必要时还可以设置障碍物。"

4.《公安机关处置群体性事件规定》第 11 条规定："公安机关处置群体性事件，当地公安机关领导应当赶赴现场，在党委、政府的授权下，按照法律法规和有关规定，行使下列职权：(1)统一组织使用各警种警力、装备和调用的其他人员、器械、救护车、宣传车、交通工具、通讯工具以及其他物资、装备；(2)决定采取控制现场事态的管制措施；(3)决定采取平息事态的紧急处置措施。"

《公安机关处置群体性事件规定》第 12 条规定："公安机关处置群体性事件，可以根据现场情况，经现场指挥批准，依法采取下列管制措施：(1)封闭现场和相关区域；(2)设置警戒带、隔离设施等，划定警戒区和新闻采访区，隔离围观人员；(3)实施区域性交通管制；(4)守护重点目标；(5)查验现场人员身份证件和随身携带的物品。”

5.《道路交通安全法》第39条规定：“公安机关交通管理部门根据道路和交通流量的具体情况，可以对机动车、非机动车、行人采取疏导、限制通行、禁止通行等措施。遇有大型群众性活动、大范围施工等情况，需要采取限制交通的措施，或者作出与公众的道路交通活动直接有关的决定，应当提前向社会公告。”

《道路交通安全法》第40条规定：“遇有自然灾害、恶劣气象条件或者重大交通事故等严重影响交通安全的情形，采取其他措施难以保证交通安全时，公安机关交通管理部门可以实行交通管制。”

6.《居民身份证法》第15条规定：“人民警察依法执行职务，遇有下列情形之一的，经出示执法证件，可以查验居民身份证：……(3)发生严重危害社会治安突发事件时，需要查明现场有关人员身份的；……有前款所列情形之一的，拒绝人民警察查验居民身份证的，依照有关法律规定，分别不同情形，采取措施予以处理。”

7.《中华人民共和国消防法》第33条规定：“公安消防机构在统一组织和指挥火灾的现场扑救时，火场总指挥员有权根据扑救火灾的需要，决定下列事项：……(3)划定警戒区，实行局部交通管制。”

8.《公安派出所执法执勤工作规范》第84条规定：“现场管制是在一定时间和区域内，对人员或者车辆实行强制管理。”

## 二、现场管制的内容

1. 封闭现场和相关区域。

发生严重危害社会治安秩序的突发事件时，公安机关可以在该事件中心现场设立管制区域，对事件现场进行封闭，禁止无关人员进入。同时，也可以对现场周边及其他可能受到冲击的要害目标等单位及其周边区域进行封闭。

2. 设置警戒带，划定警戒区。

公安机关要根据突发事件的不同情况，划定需要控制的警戒区范围，在警戒区的周边设置警戒带、隔离设施(如路障)等，将围观人员和其他人员阻于警戒区外，对已经在事件现场的围观人员，应劝离至现场警戒区外。警戒区的设置范围要根据现场的具体情况而定，以能控制重点区域的治安秩序，又不会干扰群众正常生活为宜。在划定警戒区域内，未经执行人员批准，任何人不得擅自进入。根据《治安管理处罚法》第50条规定，对强行冲闯公安机关设置的警戒带、警戒区的，可以予以治安处罚。

3. 实施区域性交通管制。

交通管制，是在突发事件发生后，采取其他措施难以保证交通安全，公安机关采取的在一定区域内限制人员、车辆通行或者停留的强制措施。通过实施交通管制，可以减少突发事件对社会的负面影响，为事件处置提供良好的交通保障，减轻中心现场处置的压力。在实施交通管制时，公安机关要发布交通管制的通告，告知公众交通管制的原因、区域和时间等；要设置交通管制区域的标志、路障，布置交通管制的警力，封锁交通要道，禁止无关车辆和行人出入管制区域，做到车辆、人员只出不进，防止增援人员和无关人员进入控制区域；同时，要做好疏导行人、车辆的工作，让其绕道行驶，尽量减小群体性事件对社会的负面影响。

4. 守护重点目标。

当发生冲击党政机关或者其他重点目标或者有冲击这些重点目标的可能性时，公安机关要调集警力，使用警棍、盾牌等防护性警械，以“人墙式”或“堵塞式”的方法进行守护、防止发生冲击事件。所谓“人墙式”守护，是指用尽可能紧凑的间距排除一字队形，直接进行阻挡；所谓“堵塞式”守护，是指用警力占满必经的狭窄地段或通道，如走廊、楼梯，使参与人群无路可走，从而达到阻止其前进的目的。必要时，可以调集车辆等障碍物，与警力相结合，提高抗冲击能力。同时，应及时派出部分警力，对现场外的其他可能受到冲击的重点目标进行守护。

5. 查验现场人员身份证件和随身携带的物品。

在发生突发事件后需要查明现场有关人员身份时，公安机关可以要求在现场的有关人员出示自己的身份证件，进行查验，并将有关个人的身份信息进行登记，但不得扣留公民的身份证件。公安机关还可以对现场人员随身携带的物品和过往车辆进行查验。对检查中发现的管制物品和用于非法宣传的标语、横幅等宣传资料，应当予以收缴，并依法传唤携带上述物品的违法犯罪嫌疑人。

## 三、现场管制的实施方法

### (一)责令立即离开现场、责令立即解散、责令限期离开现场的实施方法

责令立即离开现场、责令立即解散、责令限期离开现场，是指公安机关对在突发事件现场围观的人群、群体性事件的组织者、参与者及其他在现场聚集的人群，通过发布命令或者通告的方式，责令其立即或者在限定的时间内，按公安机关指定的通道和路口，主动离开现场的一种行政强制措施。公安机关在实施责令立即离开现场、责令立即解散、责令限期离开现场的措施前，应通过发布命令或者通告的方式，向在突发事件现场围观的人群、群体性事件的组织者和参与者指明其行为的违法性及其违法后果，向围观者指明可能产生的误伤等后果。发布命令或者通告时，要利用现场的广播设备、确保在场的每一个人都能听到。在处置命令或者通告中，要明确指出要求其离开现场的最后时限、离开现场的路线。发布处置命令或者通告应通告严厉的口气明示警察权威的不容质疑性，并要辅以必要的震慑措施，如少量多次增派处置警力、聚集处置队伍、展开处置队形、调试处置器材、通过广播设备和举牌等方式不断提醒其离公安机关强行处置的时间间隔等，不断给其心理上的施加压力，使部分人员迫于公安机关的压力而主动离开现场。在发布命令或者通告的同时，公安机关应调整处置队形，留出疏散的通道，向现场群众作出心理上的暗示，使其自觉向公安机关预定的方向运动，自觉离开现场。此时，公安机关不可在人群离去时攻击人群。在下达责令限期离开现场命令或者通告时，要正确估算疏散所需要的时间，留出合理的时间让参与者自动离去。预定的驱散通道，要避免经过重要地段及重要重要设施，处置警力应注意与事件参与者保持一定距离，避免冲突，紧密跟随，直至将其驱散至公安机关的警戒范围之外。

### (二)强行驱离的实施办法

强行驱散，是指公安机关对不服从公安机关的命令超过限定时间仍滞留现场或者袭击人民警察、强行冲越警戒线的群体人员，采取强制手段迫使其解散并离开突发事件现场的行政强制措施。使用强行驱散的对象是超过规定时间仍滞留现场和有袭击人民警察、强行冲越警戒线行为的人员。在使用强行驱散前，公安机关要先进行警告，经警告无效时再使用。公安机关在进行强行驱散时，可以依照《人民警察使用警械和武器条例》的规定条件，依法使用

警棍、盾牌、催泪弹、高压水枪、防暴枪等必要的驱逐性或者制服性警械。在使用警械前，现场民警应当以广播、举牌等方式明确告知聚众群众，并将告知方式以录像、照相、录音等适当形式记录在案。当处置队伍遭到闹事人员抗击，特别是使用石块、瓶子、砖头等袭击时，民警在使用盾牌等防护警械加强防备的同时，要迅速逼近闹事人员实施近身控制和警械威慑，也可以利用警犬对闹事者进行驱散。当少数人以暴力手段直接威胁处置民警时，可视情运用警棍等警械进行防卫和控制。当闹事人员不断聚集，一时难以驱散，可根据上级命令，向闹事人群密集、抵抗激烈的部位投射催泪弹、使用高压水枪冲击、喷射催泪瓦斯气体、使用震爆弹等方法，以削弱其对抗，迅速将闹事人群驱散。公安机关使用警械处置群体性事件时，压迫坚持慎用武器、警械的原则，能和平驱散的，就不能使用警械；能用警棍、催泪弹、高压水枪、特种防暴枪等驱逐性、制服性警械达到驱散目的，就不能动用武器，防止伤及无辜，激化矛盾。应当以制止违法犯罪行为限度，当违法犯罪行为得到制止时，应当立即停止使用，防止发生不必要的人身伤害。

**(三)强行带离现场或者予以拘留的实施方法**

强行带离现场，是指公安机关对经强行驱散后仍旧不离开突发事件现场的人员，采取的强行带离现场，并在现场以外其他地点予以释放的行政强制措施。强行带离现场以不使用警械和武器为原则，对服从公安机关带离命令的，可以不强制。但如果不使用强制措施无法将人带离的，也可以使用手铐、警绳等械具，但要注意不能对被带离人造成不必要的伤害。立即拘留，是指公安机关对在突发事件现场实施违法犯罪行为的人员，在无须使用拘留证的情况下对其现场执行拘留，并带回公安机关进行审查处理的行政强制措施。立即拘留是在处置突发事件过程中适用的一种临时性法律措施，不需要向被拘留人出示法律文书，只要公安机关认为其实施了违法犯罪行为，并取得必要的证据后就可以实施。在处置实践中，如出现冲击党政机关和重点要害单位、卧轨拦截列车、阻断交通干线、聚众滋事、械斗等情况以及发生打砸抢烧等严重违法犯罪行为的，应当采取果断措施立即制止，并选择有利时机将首要分子和骨干人员强行带离现场或者予以拘留。在采取强行带离现场或者予以拘留的强制措施时，现场指挥员要善于抓住瞬间出现的有利时机，果断处置，平息事态。具体来说，要注意把握以下有利时机：一是把握对方力量最弱之时，即利用事件参与者疲劳、松散，有较多的事件参与者离开群体(如轮换吃饭、回家休息)，围观群众减少等有利时机，迅速出击，平息事态；二是对方严重危害社会管理秩序的行为发生之初，如刚开始实施打、砸、抢、阻断交通等违法犯罪行为时，闹事者的行为虽为“患”，但它尚未造成较大危害，公安机关可借机根据法律、法规赋予的职权，依法使用强制手段，果断平息事态，变“患”为“利”。

**(四)现场抓捕的实施方法**

对突发事件中涉嫌严重违法犯罪的首要分子和骨干人员，在现场抓捕前，一定要制定周密的方案，包括抓捕方案、押解方案、羁押方案，并掌握好抓捕时机。在处置突发事件中，确实需要当场抓捕的，应当充分考虑事态的发展和现场情势。只能在不立即抓捕可能会导致事态的严重恶化、可能会造成更严重的后果，不立即抓捕不足以制止严重违法犯罪，如群体性事件的参与者开始实施打砸抢烧等暴力犯罪、实施卧轨拦车等，且具备必要条件的情况下，才能对涉嫌严重违法犯罪的首要分子和骨干人员进行抓捕。现场抓捕的必要条件包括：第一，抓捕对象的行为已经涉嫌犯罪，并已获取充分证据。在抓捕前，要确认对拟抓捕对象的行为是否已经构成犯罪？构成什么罪名？现有的证据能否足以支持拟认定的犯罪？只有在已经取得充分的证据的情况下，公安机关才可以对涉嫌严重违法犯罪的首要分子和骨干人员进行现场抓捕。第二，现场局势得到控制，群众情绪趋于平稳，当场抓捕有利于震慑犯罪，教育群众、缓解矛盾、平息事态。现场抓捕要在控制现场局势之后进行，如果现场抓捕涉嫌严重违法犯罪的首要分子和骨干人员，会导致群众情绪的进一步升级，将冲突的矛头转移到公安机关那里，形成以释放被抓捕人员为主要目的的新的事件时，不能实施现场抓捕。第三，有充足警力确保抓捕成功。在抓捕时，要确保一次抓捕成功，要准备充足的警力和调配相应的装备，其中抓捕行动人员要2：1以上的人数对付被抓对象。在抓捕行动实施时，要组织精干小分队，安排必要的接应力量，并事先考虑到被捕人员的押送方式、运送车辆停放位置、押送车辆的运送路线、关押场所等，做到抓得住、撤得出、运得走，确保抓捕成功。

现场抓捕可以根据不同的情况，采取引诱抓捕、化装抓捕、突击抓捕和分隔抓捕等方法进行。引诱抓捕是为了摸清突发事件的幕后情况，在不惊动他人的情况下，采用欺骗的方法将了解情况的骨干分子引诱到事先所布置好的地点并将其抓获的战术方法。引诱抓捕的关键应突出一个“诱”字，应根据被抓捕对象的性格特征以及现场的实际情况，采用相应的、逼真的引诱方法。担负引诱任务的人员一定要装扮得逼真，以适当的借口引诱到预定地点。引诱抓捕必须确保成功、不然会激化矛盾，引起群体性事件的其他参与者的不满。采用化装抓捕的方式执行抓捕任务时，应当混入闹事人群，秘密跟踪目标，在跟踪到现场外围适宜抓捕的地点，以突然、勇猛的动作将抓捕对象擒拿制服，然后迅速押解撤离。采用突击抓捕的方式时，应采用纵队队形或楔形队形，以突然隐蔽和勇猛果敢的行动，直接向目标位置穿插，力争用最短的时间，最快的速度接近目标。必要时，可以使用非致命性武器，打开突破口。靠近目标后，掩护人员应当迅速展开，将抓捕对象与人群分隔，抓捕人员应当使用警械和擒拿战术，以勇猛的动作，将抓捕对象制服。分隔抓捕是将警力编成具有较强战斗力的穿插分队，从不同方向和地段，多路而有目的地穿插，将现场人群分割成若干块，分别抓捕。

**(五)现场取证的实施方法**

对在突发事件中涉嫌违法犯罪的人员，公安机关应当依法采取公开和秘密相结合的方式及时取证，为现场处置和事后依法处理提供证据。负责取证的民警要根据现场指挥员的统一布置和要求，巧妙利用地形、地物，选择最有利位置，密切注意嫌疑人及其违法事实，对已确认的嫌疑人及其违法事实，要立即记录备忘。现场取证的方法主要有公开取证和秘密取证两种。公开取证是公安机关的民警利用现场已有的摄录设备进行摄像，也可占据现场周边的制高点，利用照相机、摄像机对现场情况进行拍照、摄像。对一些情绪激动，有违法过激行为的闹事者，也可以通过现场公开摄像的方法，这样不仅为果断处置事件和事后依法处理提供依据，而且也会对现场的不法分子产生震慑和约束作用。新闻记者进入现场采访的资料也可以作为证据使用。秘密取证的主要方法有以下两种：对没有条件进行公开取证的突发事件，可以运用便携式或微信摄像机、照相器材和录音器材，派出秘密人员进入现场，及时摄录、抓拍有价值的现场资料。对带头呼喊反对口号、张贴反动标语、散发反动传单、进行打砸抢烧破坏活动的人员及其他核心人员，要派出取证小组进行跟踪，提取证据(录音、照片等)，收缴宣传品，以保证事后能有足够的证据处理违法犯罪人员。现场取证时要注意保护取证人员的安全。为排除对方妨碍或防止暴露，一般要落实专人对秘密取证的人员进行保护，一旦取证人员被纠缠、围攻，要迅速将其解救，并确保摄录不被抢夺、毁坏。取证要全面反映事件的概况、过程和重点。在现场拍摄中，除拍摄违法行为外，还要以时间、场所来划分阶段，系统地拍摄违法行为发生的经过；在拍照或摄像的过程中，要能看出组织的指挥者、煽动者同群众违法行为之间的关系，以证明闹事的指挥者、煽动者的责任；在违法行为发生实际危害的情况下，除拍清违法行为同受害者之间的关系外，也要把目击者、参考人等拍进去；要记载拍照或摄像的事件、方向及拍照现场的状况等。对有拒绝阻碍执行公务行为的群体性事件，在现场取证时，不仅要注意记录投石头、厮打民警等具体行为，还要记录民警、武警执行任务受到了多大程度的妨碍，掌握民警受伤状况。在现场录音时，要注意录入喧闹骚扰状况及被怀疑为指挥者、煽动者的语言等，也要录下警方发出警告的内容，这些录音如果同照片、摄像配合可以再现现场状况。

**（六）现场采访管理工作的实施方法**

在突发事件现场，如发现有记者在现场采访或者要求进行采访的，公安机关应检查其是否具有采访资格，对经审查具有采访资格的记者，应将其带至划定的新闻采访区内进行采访活动。在现场采访区，要安排专人担负警戒，不能让记者进入指挥决策圈内和中心区域。对在警戒区内进行采访活动的记者，现场民警应要求其立刻离开，并带到新闻采访区；故意拖延或者拒不离开的，可将其带离现场，并收缴其采访的资料。对记者的采访资格的检查，可通过要求其出示相关采访证明的方式进行。对外国记者，国务院《中华人民共和国外国常驻新闻机构和外国记者采访条例》（2008 年 10 月 17 日）第 17 条规定："外国记者在中国境内采访，需征得被采访单位和个人的同意。外国记者采访时应当携带并出示外国常驻记者证或者短期采访记者签证。"根据以上规定，对外国记者是否具有采访资格，公安机关可以通过检查其是否携带有外国常驻记者证或者短期采访记者签证来确定其采访资格。对境内记者，根据新闻出版总署《关于保障新闻采编人员合法采访权利的通知》（2007 年 10 月 31 日）第 6 条规定："在采访活动中，新闻记者应主动向采访对象出示新闻记者证。暂未领取新闻记者证的采编人员，必须在本新闻单位持有新闻记者证的采编人员带领和指导下开展采编工作，不得单独从事新闻采访活动。"因此，公安机关可以通过检查其是否携带新闻记者证来确定其采访资格。对未能出示相关采访证明的记者，国务院《中华人民共和国外国常驻新闻机构和外国记者采访条例》第 20 条规定："外国人未取得或者未持有有效的外国常驻记者证或者短期采访记者签证，在中国境内从事新闻采访报道活动的，由公安机关责令其停止新闻采访报道活动，并依照有关法律予以处理。"根据以上规定，对外国人未取得或者未持有有效的外国常驻记者证或者短期采访记者签证，在中国境内从事新闻采访报道互动的，公安机关应责令其停止新闻采访报道活动，并责令其交出摄录的现场音像胶片磁带和文字资料；拒不交出的可扣留本人证件和摄录器材以及采访本，处理后及时发还，并商有关部门对其依法严肃处理。对其他无记者证的人员在现场进行的录音、录像等非法采访活动，公安机关要予以制止，并收缴其拍摄到的影像声音等资料。现场民警严禁擅自接受记者采访，遇记者询问，应礼貌地告知其应向负责新闻宣传的部门和人员了解情况，而不应用"无可奉告"等语言推托，更不应粗暴、随意遮挡镜头。

**【拓展阅读】**

## 龙透关一级警卫方案

一、对现实情况的分析

龙透关地处四川警察学院西南角，周围山林茂密，周围制高点多，地势复杂。由 3 个烽火台和两道关门——大关门和小关门组成。出入口多，人员进出多。后山直通警校驾训场，左接山顶球场和大梯步，右通二球场和警校大门。

二、任务范围和工作要求

1. 提高认识，加强领导，精心组织。要按照总体方案的要求，认真研究制定具体实施方案，精心组织、周密部署、层层动员、各司其职；各级领导要率先垂范，按照方案要求和职责分工逐警种、逐单位、逐人落实责任，确保人人有事做，事事有人做。

2. 抓住重点，确保各项安全保卫措施的落实。要按照总指挥部的统一部署，认真做好本职工作，保证领导、警力、时间、装备、措施到位。特别是要对警械、交通、消防、通讯以及防爆排爆设备、器材进行认真检查，确保处于良好状态。

3. 组建警卫班子。根据一级警卫的规格和特点，组建警卫班子，明确职责分工。召开必要的协作会议，布置任务，协调关系。

三、组织领导和各部门的分工

此次警卫工作的实施由泸州市公安局统一指挥部署，成立由市公安局局长为指挥长的警卫指挥部，同时按照省公安厅和中央警卫局的指示，按照既定方案，实施各项警卫工作，并根据变化情况，及时调整警卫部署，逐项组织落实。遇有重要情况和重大问题，及时请示报告上级领导和主管警卫部门。同时动员各方面的力量，多管齐下，综合治理，全警动员，全力以赴，顺利圆满完成此次警卫工作。

1. 警力调配组：负责警卫工作所需警力的调配，下达相关通知等；负责全市公安机关各警种、各部门的协调与配合，整合警力资源；同时配合省厅警卫部门和中央警卫部门做好相关工作。

2. 警务督察组：负责制订执勤制度、纪律、规定和要求，监督检查各单位及所有执勤民警履行职责情况，保持警令畅通。督察各项警卫措施的落实。

3. 安检组：负责制定安检工作方案和进行各种安全检查，加强安检人员的培训，严格进校安检，未经安检不得入校。负责搜排爆器材的选购、租借和安装，搞好安检执勤民警的搜爆排爆技能培训，负责警犬的培训和使用。

4. 搜查排爆组：负责对龙透关周边区域防爆安全检查，做到“三净”，即：场地净、人员净、车辆物品净，及时发现和排除可疑物品。确认安全无隐患后，移交警卫部门封闭守护。

5. 情报信息组：充分发挥维稳信息员、特情耳目的作用，努力掌握深层次、内幕性情报信息。对情报信息及时分析报告，并提出相应的对策建议供总指挥部领导决策参考。

6. 机动联络处置小组：对突发的事件进行处置，对可疑人员进行控制处理。

四、警卫力量的部署、哨位的配置、哨兵的职责范围划分和任务交接的规定

1. 加强外围控制，由泸州市江阳区大山坪派出所负责警校周围路线的警卫配置；加强交通指挥和车辆看护，部署阻截车辆和设施，并事先进行全面安全检查。沿线两侧加强治安管理，由市公安局局部署交通路线，保证车队畅通无阻。派出主车和前、后卫车，摸清道路两侧和通行情况。

2. 实施现场警戒，由泸州市警卫部门和省厅警卫局负责。

3. 配备随卫，由中央警卫部门负责，泸州市警卫部门协助。

4. 在二球场和龙透关的城楼布置警卫力量，对制高点进行控制，随时观察情况，防止突发事件。

5. 在龙透关路口隔50米设置一个哨兵，加强对周边情况的控制。

五、发生紧急情况时的处置原则

突发情况一旦出现，警卫人员的首要任务就是采取果断行动，运用各种手段，甚至包括牺牲自己的生命，全力保护警卫对象脱离险境，立即撤离，确保警卫对象的人身安全。同时应遵循以下原则：

1. 快速反应，争取主动。

2. 严密观察情况，争取超前控制。

3. 准确判明情势，区分性质，依法处置，果断采取措施。

4. 坚持集中指挥和属地指挥相结合的原则。

如发生枪击。在龙透关遇有枪击时，随卫人员应设法掩护主宾尽快脱离现场；现场警卫执勤人员应迅速制服凶手，控制要害部位，维护群众秩序，配合随卫人员完成转移任务。在行车途中遇有枪击时，随车警卫人员应迅速辨明方位，前卫人员负责掩护转移，后卫人员负责制服罪犯，处理善后事宜。如主车司机负伤，随卫人员应设法接替主车司机开离出事现场。

如发生拦车。行车途中遇有拦车造成主车停车时，随车警卫人员应立即锁紧车门，前卫车和主车应立即开离现场，其他警卫人员迅速下车处理。拦车人应交执勤人员处理，如没有执勤人员或需要留人时，由后卫人员负责。

六、执勤人员守则、纪律的规定

1. 密切配合，要求所有参战人员在处置突发情况时，要处变不惊，行动有序，配合默契，发挥整体作战的优势。要灵活应变，就近处置。

2. 严格请示报告的原则，警卫人员在处置各种突发事件时，必须严格坚持请示报告的原则。

3. 严禁警卫人员擅自离岗，私下攀谈，交头接耳，对违法规定者予以纪律处分。

4. 坚持保密原则。

七、各项制度的建设

1. 人员审查制度。对参加执勤任务的公安民警、武警官兵等警卫力量，由所在单位、部队进行严格的审批教育，确保内部人员纯洁可靠。对参加接待服务的工作人员和群众欢迎队伍的审查教育，由各派出单位党委和保卫部门负责，有关公安部门协助。

2. 保密工作制度。要严格执行保密制度，遵守外事保密纪律。有关警卫人员，要增强保密观念，对活动日程要严格保密，通讯联络采取保密措施，警卫部署上要防止规律性暴露。

3. 密切配合，团结协作。事先要进行明确的任务分工，警卫工作中对突发事件的处置具有很强的战斗性，公安机关内部及社会各有关方面应加强协调配合，实行整体作战。

（https：//wenku. baidu. com/view/689412c5d5bbfd0a7956735c. html）

**【本章小结】**

特定勤务是指执行上级公安机关指派的专门任务，主要包括警戒、警卫和现场管制。警戒是在一定时间内，对特定地区实施的戒备措施。执行警戒任务时需要设置必要的警戒哨位，依法使用警戒带和加强要害目标的警戒。警卫是对特定人员或者特定场所实施的安全防卫措施。警卫规格是对不同层次的警卫对象、警卫目标和重要会议、重大活动规定不同的警卫措施和要求，是警卫部门部署和实施警卫工作的基本依据，包括“一级警卫规格”（一级加强警卫规格）、“二级警卫规格”和“三级警卫规格”。专项警卫工作有住地警卫、现场警卫和路线警卫等。警卫队形是指警卫人员为确保警卫对象安全以乘车或徒步等形式，在其周围展开所形成的防卫队形。现场管制是在一定时间和区域内，对人员或者车辆实行强制管理。现场管制内容包括：封闭现场和相关区域；设置警戒带、隔离设施等，划定警戒区和新闻采访区，隔离围观人员；实施区域性交通管制；守护重点目标；查验现场人员身份证件和随身携带的物品。现场管制的实施方法有责令立即离开现场、责令立即解散、责令限期离开现场；强行驱离；强行带离现场或者予以拘留；现场抓捕；现场取证；现场采访管理工作等。

◎ **思考与练习**

1. 如何根据警戒目标的范围、特点及其周围环境不同设置相应的警戒哨位？
2. 如何组织实施住地警卫、现场警卫和路线警卫等专项警卫工作？
3. 现场管制的法律依据有哪些？实施现场取证时需要注意哪些内容？

# 参 考 文 献

1. 李健和. 治安学原理[M]. 北京：中国人民公安大学出版社，2013.

2. 宫志刚. 治安学导论[M]. 北京：中国人民公安大学出版社，2014.

3. 商小平、冯锁柱. 治安管理学[M]. 北京：中国人民公安大学出版社，2015.

4. 王占军. 治安管理实务与实训教程[M]. 武汉：武汉大学出版社，2018.

5. 王宏君. 公安派出所工作[M]. 北京：中国人民公安大学出版社，2014.

6. 谷福生、李斌杰、张先福. 新时期公安派出所工作全书[M]. 北京：中国人民公安大学出版社，2005.

7. 赵志云. 行政强制法条文解读与案例解析[M]. 北京：国家行政学院出版社，2012.

8. 陈天本. 行政强制法释义与典型警察行政强制案例评析[M]. 北京：中国人民公安大学出版社，2011.

9. 王丽英. 公安机关适用行政强制法规范与指引[M]. 北京：中国法制出版社，2011.

10. 公安部政治部. 警卫勤务战术学[M]. 北京：群众出版社，2007.

11. 尹伟主. 警务战术基础教程[M]. 北京：中国人民公安大学出版社，2013.

12. 王勇主. 公安特警基本战术训练教程[M]. 北京：中国人民公安大学出版社，2015.

13. 廖志恒等. 治安勤务教程[M]. 北京：中国人民公安大学出版社，2006.

14. 贺电、张兆端、钟岩. 公安警卫工作创新论[M]. 北京：中国人民公安大学出版社，2014.

15. 公安部警卫局. 警卫人员训练教程[M]. 北京：中国人民公安大学出版社，2000.

16. 武警学院警卫人员素质教育研究课题组. 现代警卫人员素质[M]. 北京：中国人民公安大学出版社，2000.

17. 周忠伟，丁跃文，阿不力克木. 公安机关处置群体性事件教程[M]. 北京：中国人民公安大学出版社，2009.

18. 刘山勋. 保安勤务[M]. 北京：中国人民公安大学出版社，2005.

## 公安院校创新应用型精品规划系列教材

☆ 犯罪学教程
☆ 治安学
☆ 治安社会防范教程
☆ 安保勤务与安全检查
☆ 危险物品管理
☆ 公安监所管理工作实务
☆ 犯罪心理学教程
☆ 治安学专业实训教程
☆ 治安学概论
☆ 治安学通论
☆ 道路交通管理学
☆ 治安管理实务与实训教程
☆ 治安秩序管理理论与实训
☆ 治安勤务
公安基础理论
治安案件查处
治安管理处罚法
侦查学
法医学
物证技术学
现场勘查
文件检验学
道路交通事故司法鉴定
警察职业道德
警察学原理
警察心理健康
安全防范技术应用
安防工程设计
监狱学基础理论
法院执行实务
书记员工作实务
警察防卫与控制技术
公安内勤工作手册
公安应用写作教程
信息化警务
乘警勤务
警察法学
道路交通事故处理
刑事影像学
刑事科学技术概论
车辆和驾驶员管理
社区警务
户政与人口管理
消防管理
保卫学
计算机应用技术
网络信息安全
逻辑学
公安机关办案程序

欢迎广大教师和读者就系列教材的内容、结构、设计以及使用情况等，提出您宝贵的意见、建议和要求，我们将继续提供优质的售后服务。

联系人：田红恩
电　话：137 2030 4986
E-mail：113391595@qq.com

武汉大学出版社（全国优秀出版社）